旅と観光の人類学

「歩くこと」をめぐって

橋本和也

新曜社

はじめに

世界的なCOVID−19の感染状況下で、世界中で移動に関する見方が変化している。なかでもこれまでにないほど観光に対する批判が噴出すると同時に、観光を希求し切望する声も多く聞かれるようになった。それは「観光」が近代高度産業化の申し子であり、近代化の進展とともに人びとが人間としての本来の自己の姿を見失い、なにか「真正なもの」を「ここではない、どこか」に求めて「観光」に出かける動きが活発になったことと関係する。このコロナ禍のなかで移動が制限され、本来あるべき「われわれ」の姿を見失う度合いが強まるほど、「観光」を希求する度合いも強まるのである。

本来の自分を探すのであれば「旅」への言及がなされるべきであるが、不思議なことに、この状況下において「旅」についての言及はほとんど見られない。緊急事態状況下では「旅」などと悠長なことはいっていられず、せめて「観光」でもと最低限の願望実現を優先しているからであろうと思われる。大衆観光の大きな特徴は「よく知られたものを確認する」ための移動であり、あらたな「発見」を目的とするのは「旅」である。しかし、今日の状況下で強調・見直されるべきは「歩くこと／徒歩旅行」である。コロナ以前に比べて、早朝ウォーキングで出会う年配者の数が倍増した。

このウォーカーたちをはじめいわゆる「マイクロツーリズム」実践者は近隣を歩くがゆえに、小さな変化に敏感になり、ささやかな「発見」を楽しみとすることになる。「観光」でも「旅」でもなく、「徒歩旅行者」の歩きが焦点化されることになる。本書では旅における「発見」を埋め込まれた「観光」のひとつの形態として、「徒歩旅行者」の概念を媒介に「旅／観光」のハイブリッドについて考えることにする。

1 「徒歩旅行者／狩人」の歩き

近年観光学の領域では、ジョン・アーリの『モビリティーズ――移動の社会学』(2015) 出版以降「移動」研究に注目が集まっている。私も二〇一七年から「現代社会におけるツーリズム・モビリティ」に関する研究会に参加し、「地域芸術祭」における「歩くこと」を焦点化した研究を始め、そこでティム・インゴルドの研究と出会った。

インゴルドは、点と点をむすぶだけの「運搬」(transport) のための移動ではなく、「線にそって」動く「徒歩旅行」(wayfaring) に焦点を当てた。大衆観光者は「よく知られたものを確認」するために日常的な場所から別の場所へ、点から点へ移動する。よく知られているものを確認するためだけの移動では、観光者の「変化／成長」は期待できない。それに対して、「線にそって」動く「徒歩旅行者」は、道中での出会いや発見に重きを置く。このような移動を日本では「旅」の領域にいれ、「観光」とは異なるものとして概念化している。旅は「成長・生成変化」を前提に語られる。大衆観光者は「ものの来歴」を「尋ね／訪ね」ることはない。「ものの来歴」を「尋ね／訪ね／たど」ることは、おのずと「旅」の領域にはいる。旅では「時間／空間」の制約から解放されて、心の赴くままに「ものの来歴」をたどることが必要だが、今日の世界では「観光的なるもの」を排除して「旅的なるもの」だけを求めても、現実社会からドロップアウトでもしないかぎり、実現不可能である。そこで本書では、インゴルドの「狩人／徒歩旅行者」の概念を媒介に、「旅／観光」のハイブリッドを提案する。

インゴルドの「狩人」は、獲物の道をたどって、あらゆる獲物の「来歴／生き様」を追跡・追想する。旅人もまた道にそって思いをめぐらし、道に刻まれた地域の人びとの生きるあり様を感じとり体感する。これは旅人の「歩きかた」であった。しかし現代のわれわれは常に「旅にある」ことは不可能であるがゆえに、現実の場面で「観光」と「旅」のハイブリッドを引き受け、新たな形態を模索することになる。

インゴルドのいう「徒歩旅行者」の代表的な例が「狩人」である。文化人類学者のヘオニック・クォンによれば、ロシア極東サハリンに住むオロチョン族は飼い慣らしたトナカイに鞍をつけて乗り、トナカイ狩りに出かける。彼らのとる小道は「腸のように曲がりくねり、いたるところで鋭角に折れ曲がり迂回している」。狩人たちは道筋にそって広がる風景とあたりに住む動物たちに絶えず注意を払い、あちこちで獲物を仕留める。その場に獲物を置き去りにし、後でキャンプ地に戻りながら回収する。狩人は獲物を回収すると、その屠殺体が換金される場所へとまっすぐ橇《そり》を走らせる。その橇道は「ほぼ一直線であり、キャンプと目的地の最短距離をむすんでいる」（Kwon 1998:

118; インゴルド 2014: 127-128)。生が営まれるのは鞍をつけたトナカイに乗っていく道にそってであり、始点も終点ももたず、果てしなく続くその道は「地上旅行者のライン」となる。それに対して、橇道は輸送ラインである。それは始点と終点をもち、両者をむすびつける。橇の上で動物の死体は、殺された場所から流通・消費される場所へ「運搬」されるのである。

しかし人間の身体を超える動力源の利用が「運搬」となるわけではないという。狩人と「動物／機械」とのハイブリッドなネットワークが構築される場合は「徒歩旅行」となる、とインゴルドは指摘する。オロチョン族の狩人はトナカイに跨《またが》っても徒歩旅行者であるし、ヨーロッパの船乗りは帆を使って推進力を得ても海上旅行者である。旅行者は「道にそって」現れる環境を知覚によって監視し、それに自らの動きを絶えず反応させるのである。徒歩旅行者は前進しながら凝視し、耳を澄ませ、肌で感じ、その振舞いを周囲にあわせよと促しつづける無数のわずかな合図にも敏感になる。今日の徒歩旅行者は、オートバイ、スノーモービルといった機械の力を借りることもある。「観光者／旅人」、そして生活を営む「徒歩旅行者」の生活世界のあり様と「歩き」を注意深く観察するべきである。

2 「旅／観光」のハイブリッド――アフターコロナ時代の観光

八〇歳を超える詩人吉増剛造が、二〇二一年八月二九日、長野県大町市木崎湖畔にある畳敷きの広い信濃公堂で開催された「原始感覚美術祭」で自らの詩を朗読し、そのなかで「スラッシュ！」

と何度も雄叫びを放ち、観衆を魅了した（二三五頁参照）。「／」（スラッシュ）には切るという意味もあるが、本書では前後のものを「and」か「or」でむすぶ記号として使用する。「旅／観光」は、両者のハイブリッドな結合を示す。近代社会ではわれわれは恒常的に旅の「空間／時間」にあることは不可能であり、可能なのは観光に出かけることぐらいであった。しかし現在の高度情報化社会では空間・時間が変容し、「旅／観光」の新たなハイブリッドが出現している。自宅にいながら仕事もする「リモートワーク」、観光地にありながら仕事もこなす「ワーケーション」も出現した。そこで重要な要素として焦点化されたのが、「歩くこと」である。通勤のための朝夕の「移動」が省略され、観光地などへの別方向の「移動」をする「脱・通勤」の日常化である。あらためて「移動」する必要のない身近な環境内で「徒歩旅行者」となって「歩くこと」が注目されるのである。

しかしながら、それは同時に仕事空間の「うち化」現象であり、リゾート空間の「仕事化」現象でもある。コロナ禍における「旅／観光」のハイブリッドには、さらに「うち」なる要素をつけ加えなければならない。「うち」と「そと」との相互関係の変容である。コロナ禍において日本では外出自粛要請、海外の国によってはロックダウンによって、「うち」なる空間に閉じ籠ることが要請・強制され、あらためて「そと」なるものの価値と意義を考える機会となった。「うち」を要請・強制されると息苦しさを感じ、「そと」を希求する。逆に洪水や震災などで家を壊され避難所などの「そと」での滞在を強いられた場合には、「うち」が希求される。「うち」と「そと」がバランスよく「とともにある」ことが求められるのである。「旅」的なものと「観光」的なるもののむすびついたハイブリッドな「旅／観光」、さらに「うち」がむすびつきバランスよく「うち／旅／

観光」とスラッシュでむすばれ、「ともにある」ことが求められている。そのあり方を探すのが、本書である。

3　フィールドワーカーと徒歩旅行者

次に「旅における生成変化」の実現について考える必要がある。コロナ禍の状況ではせいぜい「観光」、よくて「観光／旅」しか望めない。しかしながら「徒歩旅行者」たるフィールドワーカーは、「フィールド／旅」における「生成変化」の過程の重要性を忘れてはならない。旅における「発見」とは、新たな知を身につけることである。知ることは、その身に変化をもたらす。「発見」による新たな知は、それまでの状態で満足することを認めない。新たな世界に見合うより深い「存在論的世界におけるフィールドワーカー」の実存的な「理解／生き方」が求められるのである。

インゴルドは『メイキング』（2017）のなかで、人類学と民族誌の仕事は両輪であるが、全く同じものではないという。人類学は誰か〈とともに〉研究しそこから学ぶことであり、人生の道を前に進み、その過程で生成変化をもたらすものである。それに対して、民族誌は何かに関する研究で、何かについて学ぶことであり、長期保存されることになる成果物は記録するための記述であり、資料収集の目的に従事する。民族誌家は経験によって「生成変化」し、この変化は彼または彼女が書くものに反映されるべきであるが、これまでそれが反映されることはなかったという（インゴルド 2017: 16-18）。人類学することと民族誌の仕事は同じものではないが、インゴルドは両者に共通する要素である「生成変化する主体」に注目する。旅人の「生成変化」を旅人自身が語る必要性を述べているのである。旅行記の場合には旅人自身の心情や認識の変化についての記述が見られることもあるが、あらためて存在論的世界における「徒歩旅行者／フィールドワーカー」の実存的「生成変化」に意識的に注目すべきことを指摘したい。

「参与観察／フィールドワーク」とは人類学者にとっての鍛錬である。観察によって素材にかかわり、知覚を研ぎ澄ませ、いま生じていることに従って順々に反応していく。これが参与観察の方法であり、訓練である。参与観察は「内側から知る」方法である。自分がすでに世界の一部であり、自分が注意を向ける存在や事物〈とともに〉旅をする仲間だという理由からだけではなく、研ぎ澄ました感覚と自らの反応を通して私たちは世界内の存在や事物を観察することができる。そして「参加することと観察することのあいだに矛盾は存在しない。むしろ、一方が他方を補完しているのだ」（インゴルド 2017: 22-23）。こういう考えは、研究対象となる社会に影響を与えることなく調査者によるデータ収集が可能であると考える研究方法に疑問を投げかける。世界に「取り込まれ」てある人類学者は、自分が住まうホームと同様にフィールドにおいても生を営み、対象社会の生成過程にかかわっていることを自覚しなければならないのである。

ここにフィールドワークの重要な視点が見られる。あらかじめテーマを決めて対象地域に赴き、資料を回収することは「運搬」にあたる。道にそって現れる環境を近くで観察し、絶えずそれに反応しながら振る舞い、周囲に敏感になって、何を明らかにすべきか、何をテーマとすべきかを発見していく「徒歩旅行者」はフィールドワーカーである。これはまた、「発見」をせずに「よく知られたものを確認」するために「運搬」されるだけの大衆観光者と、自らに「発見」することを課す「徒歩旅行者／地域文化観光者」との違いということになる。

インゴルドの指摘を受けて、民族誌を書きあげることで変わる自分とフィールドの経験〈とともに〉変わる自分とは、「生成変化」の仕方が異なることに気づいた。テーマにそって書きあげる民族誌ではテーマの理論的な変容と深化、すなわち世界理解のあり方が変わるのに対し、フィールドワークでは世界感知のあり方、すなわち世界内でのあり方（家屋内での身の置き方、地面や空気の感じ方、裸足での大地の歩き方、食物の摂り方など）が存在論的に変容する。フィールドにいる自分とホームにいる自分を往還しながら、自己のあり方の違いに意識的になり、「道にそって」現れる環境を監視し反応し、敏感になって発見していく「徒歩旅行者」として生成する過程のなかにフィールドワーカーは存在するのである。

本書の後半では「地域芸術祭」をとりあげるが、そこに参加するアーティストもまた「フィールドワーカー」となることが求められているといえよう。地域に「住まう」ことになるアーティストは地域の人びと〈とともに〉「歩くこと」で地域の人・モノ・コト・環境・歴史などについて学んでいく。彼・彼女らは民族誌という形ではなく、地域の人びとを「巻き込んだ」制作活動を通して、作品を「地域のもの」にしていくのである。まさに「生成変化」する過程のなかに「アーティスト／フィールドワーカー」は存在するのである。

コロナ禍の現在、われわれはフィールドワーカーのように旅に出かけて他者がいかに自らの生を営み、どのような生活世界を築きあげているのかを観察するのは難しい。しかしホームにおいて、またはせめて短い「旅／観光」を繰り返すなかで、感覚を研ぎ澄まし、内側からの観察を通していま生成していることに反応しながら、あらたな「発見」をするという経験を意識的に積み重ねることは可能である。心置きなく「旅」ができる日にそなえて、「徒歩旅行者」としての感覚を研ぎ澄まし、人間／非－人間によって形成される世界への存在論的な認識を鍛え上げ、「旅人／観光者」のハイブリッドなあり方の構築に努めよう。

旅と観光の人類学——「歩くこと」をめぐって　＊目次

装幀――岡澤理奈事務所

第一部　観光と出会い、広がる・つながる観光研究

第一部では、私が調査地でどのようにして観光と出会い、観光を研究対象とするにいたったかを述べるとともに、観光研究のこれまでの流れを概観することにする。

観光者は他の観光者と遭遇することを避け、人類学のフィールドワーカーは観光者と間違われることを嫌う。なぜ観光者はこのように避けられ・嫌われるのであろうか。そこに昔も今も「大衆観光者」（マスツーリスト）の特徴が現れているのである。大衆観光とは「（観光者にとっての）異郷において、よく知られているものを、ほんの少し、一時的な、楽しみとして、売買すること」（橋本 1999: 55）と定義されるものであり、少し意識的な観光者や専門的な調査をするフィールドワーカーは、「よく知られたものを確認」し「通過するだけ」の観光者と思われることを避けたいと思っている。

人類学研究者のフィールドは以前植民地となり、一九六〇年代以降に独立した国々であることが多く、さらに高度産業社会化した国々からの観光者が「南国の楽園」を求める目的地となっている場合もよくある。私は一九八二年三月から南太平洋のフィジー共和国に、まずは伝統的な宗教の調査を目的にはいった。一八七四年に英国の植民地となったフィジーは一九七〇年に独立し、一九八二年には外貨獲得額で観光が砂糖を抜いて第一位となっており、空港やまちなかは観光者であふれていた。観光者とは距離をとり、知りあいになった人びととのつてを頼ってフィジー語を習い、文化を知り、キリスト教宣教の歴史と重なるフィジーの歴史を博物館・図書館・アーカイブスで学んでいった。

調査地となった村での最初の調査は、フィジー全土から首長と地域代表が集まる「全国首長会議」に関するもので、そこではゲストとホストの間で膨大な量のパンダナスマット（タコノキ属の木の葉を干して編んだマット）・鯨の歯（タンブア）・布・豚・海亀などが、儀礼的に交換された。そのホストとなった地域の島で六月の準備段階から一〇月末まで調査をおこない、一段落して首都に戻った。そこでフィジー語の先生から出身島で伝統的な「火渡り」儀礼がおこなわれていると聞き、島を訪ねて調査をすることにした。しかし村では「火渡り」はおこなわれていなかった。他の村を紹介してもらい訪ねたが、そこではホテルで公演をおこなっていた。そのホテルでの上演に同行したのがフィジーでの「観光」との本格的な出会いであり、それが私の「観光研究」のはじまりとなった。

「観光」との出会いは、その意味で偶然であった。人は自らの地域で「歩き／生活し」、生活世界を形作りながら他の人と出会う。その出会いが「むすび目」となってもう一つ別の生活世界につながっていく。人との出会いをむすび目にしてすこしずつ関係がひろがり、時に思いもかけない人・モノ・コトと出会い、つながっていったのが私のフィールドワークであった。

第Ⅰ章　観光との出会い

観光との出会いは偶然であった。フィジー語の先生の出身地・ベンガ島で伝統的な「火渡り」儀礼がおこなわれていると聞き、訪ねて伝統的宗教の名残りを調べようとした。彼の弟が案内役として河口の港まで迎えに来てくれたが、村では一九八〇年以後は「火渡り」をしていなかった。何日か滞在しているといまも「火渡り」をやっている村があると聞き、島の裏側にあるダクインベンガ村まで案内してもらった。首長の家で訪問儀礼をした後、しばらくそこに泊めてもらうことになった。しかしその村も村内では「火渡り」をしていなかったが、村人が二グループに分かれて週交代でホテルに出向き、三カ所で公演をしているという。首長の口利きで一行の長である司祭（ベテ）に挨拶に行き、翌朝から二〇名の上演グループに同行させてもらった。一泊二日で二つのホテルでの上演を手伝いながら見たのがフィジーでの「観光」との本格的な出会いであり、それが私の「観光研究」のはじまりとなった。

1　焼け石の上を「歩く」

ベンガ島は「火渡り」（vilavilairevo）の伝統が残っている島として知られていた。式次第にそって焼け石の上を素足で歩く儀礼である。ダクインベンガ村では毎週三カ所のホテルで上演していた。木曜日の早朝に一行二〇名ほどが船に乗り本島河口の港に八時に着き、首都スヴァから来た仲間のホロ付きトラックの荷台に乗って移動をする。ナンディ空港近くのマカンボホテルの従業員用食堂で昼食をとり、薪の上に大きな石を乗せて焼き、夜の上演に備えた。近くの村からやってきたグループの踊り（メケ）の後に、火渡りを上演し、夜はナンディ村の氏族長の家に泊まった。二〇人がやっと雑魚寝できるほどの広さの客間に、奥の方から詰めて寝た。翌日金曜日の夕方、一行はシンガトカ近くのフィジアンホテルで上演をした後、深夜一二時過ぎに港から村の船で島に帰る。私はトラックでスヴァまで送ってもらった。そしてまた島を訪ねて数日を過ごし、月曜日の朝上演グループと同行し、コロレヴにあるハイアットリージェンシーホテルでの夕方六時半からの上演を楽屋口から見学し、終了後村に帰る一行を港で見送り、運転手と一緒にスヴァに帰った。政府観光局からは上演の質の低下を防ぐため上演人数は二〇名以上、五〇個以上の石を五時間以上燃やすように指示が出されていた。人数が足りないときはトラックの運転手がかりだされることもあった。

「火渡り」の準備

　伝説がある。ある日ベンガ島で物語の会があり、ホストの首長は話の返礼に鰻《うなぎ》を贈ろうと翌朝池に行った。鰻の穴に手を入れ、なにかを摑んで引き上げると、こびとが出てきた。こびとは命乞いをし、助けてくれたら戦いの守護神になると申し出たが、首長はもともと強いので必要がないと断わった。槍投げの守護神となると申し出たが、それも断わった。しかし、石蒸しオーブン（ロヴォ）の中で一緒に焼かれても四日後に無傷で掘り出されるとの提案には興味を示し、承諾した。二人はロヴォを用意し、石が真っ赤に焼けると、こびとがまずその中に飛び込んだ。次に首長が焼けた石の上を歩いたが、石は熱く感じられなかった。彼はこびとの命を助けたが、四日間埋められるのは断わった。こびとは「今後あなたの子孫はロヴォの焼け石の上を歩くことができるようになる」と約束をした（橋本 1985: 170-171）。村の年寄りの話によるとそのこびとは妖精で、世の中すべてが逆になり、重い教会の建物はひとりで動かせるが、細い葦の棒は何人もで担がなければならず、熱い石は冷たく感じるという。約束によって、首長の子孫から儀礼のたびに呼び出しを受けて焼けた石の上に並ぶのである。そして今日では妖精たちをホテルでの上演に呼び出しているのである。

焼けた石の上を「歩く」ためにはいくつかの条件が満たされる必要がある。儀礼の次第にそって薪を除き、焼けた石を平らにし、妖精を呼び出してロヴォにならんでもらい、首長の子孫たちがその上を歩くのである。首長の血をひく者だけが妖精の加護を受けることができるといわれているが、植民地時代にはスヴァ市の広場で「火渡り」が開催され、観光者や見学者が参加した記録がある。正式な司祭（ベテ）の下で執行されているときは、外国人観光者でも「怖がらぬこと」と「後ろを振り向かぬこと」という二つの注意を守れば、「妖精の加護」を得ることができ、「焼け石を渡る」という日常性の壁を越えた経験をすることが可能であった。

2 「観光文化」成立の現場――観光文化が「歩き方」を変える

観光文化には、地元の人びとが文化的な文脈を異にする観光者をいかに楽しませるかという考案や、観光者が自らの観光を満足のいくものにするためにに観光地側に要求するさまざまな内容が含まれる。それゆえ「観光文化」とは、「観光者の文化的文脈と地元民の文化的文脈とが出会うところで、各々独自の領域を形成しているものが、本来の文脈から離れて、一時的な、観光の楽しみのために、ほんの少しだけ、売買されるもの」（橋本 1999: 280）という定義がなされるのである。それぞれ異なる文化的文脈をもつ両者が、ともに満足できるパフォーマンスはどのように成立するのか、を考える糸口になるのが観光文化である。

ダクインベンガ村の「火渡り」上演が二日続けて、まったく同じメンバーで同じ儀礼次第にしたがって、ナンディのマカンボホテルとシンガトカ近くのフィジアンホテルで上演された。しかし観衆からの反応は全く異なっていた。そこにどのような「観光文化」が成立していたか、その違いを見ることができた。マカンボホテルでは庭にテントを二つ張り、椅子を二〇ほど並べて客席にしていた。伝統的な歌と踊り（メケ）が終わり、数時間かけて熱した石を儀礼の式次第に従って平らにし、決められた方向から何度か焼けた石の上を歩く。それだけで三〇分ほどの「火渡り」上演は終了する。二〇名ほどの観客が手をたたこうと待っていても、熱い石の上で「間《ま》」を作らず、拍手の機会もあたえずにみな渡りおえてしまった。盛りあがらないまま、観客と上演者との間に何の交感もなく終わった（橋本 1999: 195-198）。観客は、話の種として会場に来てみたが、また見たいとは思わないという感想をもっていた。

しかし翌日のフィジアンホテルでは観客の反応はまったく違っていた。観客は一五〇人ほどで、メケのグループが暗い道の奥から歌を歌いながら登場し、入場からなにかを期待させる演出があった。盛りあがった雰囲気の中でメケが終わり、「火渡り」の番になる。照明が落ち、ドラムが響き、幻想的な場が演出された。前日とまったく同じ内容だったが、照明が動作にめりはりをつけた。上演者の動作にはひとつだけ小さな変化が見られた。しかし効果は大きかった。上演者は三秒ほど石の上に静止し、観客に目を向けることを要求されたのだ。視線が向けられたとたん、客席からは拍手がわき起こり、思わず上演者も少し手を挙げて拍手に応じていた。終了後には一番年下の少年が観客の前で足の裏を見せ、やけどの有無を確かめさせていた（橋本 1999: 198）。

観衆が盛り上げる（フィジー）

ここでは文化的文脈が異なる海外からの観光者に、地元のパフォーマンスをいかに見せるかという「観光文化」のあり方が問題となっていた。フィジーやトンガの踊りでは、途中で観衆が舞台にあがり、服や布を贈ったり上演者の身体に紙幣を貼り付けたりすると、会場から大きな歓声があがる。地元の文化的文脈では上演者は観衆受けするような態度をとることは許されず、ひたすら踊りを続ける。全体を盛りあげる役割を負っているのは観衆であった。それゆえ、観衆がなにもせず盛りあがりがないまま上演が終了することも観光新興国ではよくある。この観光の現場で必要とされる存在が、観光者と地元の上演者のそれぞれ異なった文化的文脈を理解し、仲介する演出家である。欧米からの観光者にとって馴染みのある「ショー文化」に精通し、地元のパフォーマンスのあり方にも精通している演出家が介在すれば、上演者の儀礼次第に則ったパフォーマンスの流れをそこなわずに、焼け石の中央でほんの少したち止まり客席に視線を向けるという所作を加えるように演出をすることができる。その「間《ま》」が「ショー文化」に馴染んだ観衆／観光者に拍手をするきっかけを与え、会場全体が盛りあがり、客は満足する。その反応を見た上演者も満足し、双方ともに笑顔を投げかけ、一時的な観光の現場での両者間の「交感」が可能となるのである。

ここには地元の本来の文化的文脈に則ってはいるが上演者側の許容範囲内での演出がおこなわれ、観光者がそれなりに満足できる「観光文化」が構築されていたのである。しかし、観光文化は生活世界を守る壁として働く場合がある。それは、次章で述べるように、植民者の幹線道路の脇につくられて、その先の地元民の生活世界には足を踏み入れさせない壁ともなる。

第Ⅱ章　植民者の歩き、地元民の歩き——植民地主義への視点

二〇二〇年から二〇二一年の二年間はＣＯＶＩＤ−19の感染拡大状況下で世界全体の観光が大きな打撃を受けた。世界的なリゾート観光地であるハワイでは観光者数が二〇一九年の一〇三八万人から二〇二〇年の二六八万人へ減少した。フィジーでは二〇一八年に年間九六万九千人であったが、二〇二一年四月からの三カ月間で渡航者がわずか三三〇人に減少し、その後も最低来島者数を更新している。しかし、ハワイでは二〇二一年になると回復の傾向が見られた。ワクチン接種によって移動が可能となった米国内からの来島者数が一月には二〇一九年度の二〇％、七月には八八％と大きな回復を見せている。しかしすべてが外国からの来島者となるフィジーでは回復が見られず、さらなる低迷が続いている。二〇二一年に七人制ラグビーで金メダルを獲得した男子オリンピアンたちも銅メダルの女子オリンピアンたちも、帰国後故郷への凱旋を果たすまえに二週間の隔離生活を余儀なくされた。

1　植民地構造と新植民地主義——ハワイの観光開発

ハワイは他の植民地と同様、西洋との接触がはじまって以来大きな変化を被ってきた。カメハメハ大王の時代から王たちは西洋の船や大砲などを手に入れるために、人民に労役を課して白檀（希少な香木で珍重されている）を集めた。さらなる白檀を得るために奥地に出向かされた人民は、畑仕事ができず飢餓に苦しむことになった。白檀がなくなると、ホノルル在住の商人から多大な借金をすることになった。ハワイで砂糖黍が栽培されるようになると、プランテーションへの投資額を増やした外国人植民者はハワイ政府に土地の所有権を保障するようにもとめた。そのためにまず一八四八年に政府に大土地分割をおこなわせ、王と政府六〇％、首長たち三九％、人民一％の土地の権利をもつことを明確にし、そのすぐ後に制定された一八五〇年のクレアナ条例で外国人がそれまで占有していた土地の所有権を認めた。以後一八八六年までに外国人は政府の土地の三分の二を割り当てられ、さらに労働者として一八五二年に中国から、一八六八年には日本からの移民を大量に受け入れた。こうしてハワイという土地を舞台に、外国人が世界経済のなかで活躍するという実質的な植民地構造が推し進められていった。外国人植民者たちは一八七二年にハワイ王国を倒して臨時政府を作り、アメリカ合衆国への併合を申し入れたが拒否され、サンフォード・ドールを大統領として一八九四年にハワイ共和国を発足させた。そして米国とスペインとの戦いで太平洋の戦略的な価値が増大した一八九八年に、ハワイは合衆国に併合された（橋本 1999）。

（1）観光と新植民地主義

ハワイ州の人口は一三六万人（二〇一〇年）で、白人系二四・七％、フィリピン系一四・五％、日系一三・六%、ハワイ系五・九%、中国系四%、サモア系一・三%となっている。ハワイ系は一八九〇年には四五%であったが、一九八六年には一九・九%となり、現在は五・九%にまで減少し、もはやハワイ系住民のハワイは存在しない。王や首長たちは自らのためにハワイを売り渡してきた張本人であり、ハワイを新たに治めた白人(ハオレ)たちの代表格である五大企業も自分たちの銀行部門に海外資本のハワイ導入を担当させ、外国へのハワイの売り渡しを推進した。地元民はコントロールできぬまま全人口の八倍もの観光者を受け入れている。経済的新植民地主義の問題は、観光者を産出する国の企業が飛行機、ホテル、ショッピングセンター、地元ツアーなどすべてを独占し、観光者が支払う外貨のほとんどすべてを自国に引きあげてしまう点にある(橋本 1999: 193)。

第二次大戦後、ワイキキに多国籍企業のホテルが相次いで進出してきたのは、部屋の占有率が常に八〇%を超えており、十分に採算が見込めるためであった。シェラトン、ヒルトン、ハイアット、インターコンティネンタル、ホリデイインなどがホテル建設をはじめ、一九七五年には七五%を多国籍企業が占め、「リゾートコンプレックス」を作り出した。また一九六四年にシェラトンのハワイチェーンを買収した日系企業などは、ホテルの部屋数の二〇%を所有し、二〇〇〇台以上のバスや一三〇〇台のタクシー、いくつかのゴルフコースと航空会社の株をもつ一大複合企業となり、日本からの観光者を囲い込み、日本の経済にしか貢献しないと批判された。植民地時代と同じように民族による強い区分が見られ、「白人のホテルマネージャー、ハワイ人のエンターテナーとバスの運転手、そしてフィリピン人のメイド」(Kent 1983)という風に区分される。ハワイは土地を提供し、海外資本が施設を作り、移民労働者を雇い、観光者が落とす金を海外にもちかえるのである。

これが経済における新植民地主義の基本的構造である（橋本 1999: 194-195）。

（2）占拠者の歩きと「住まう者」の歩き

帝国的な権力は、事あるごとに「住まう者」の世界を占拠しようとしてきた。一七九八年頃のワイキキの記録によると、すぐれた灌漑技術をもった先住のハワイ人がタロ芋の水田耕作をおこない、海水をいれた養魚場を作っていた。一八四八年の大土地分割以降、ワイキキの土地の大半を所有する王家や首長が海岸に面した快適な場所に別荘を建て、白人たちもそれにならった。一八九四年の共和国誕生とともに、ワイキキの観光保養地としての開発が進行し、無計画なリゾート開発の結果、生活排水による水質の汚れと大量の蚊の発生が問題となった。そのすべての原因が以前からある水田や養魚場の責任にすり替えられ、「非衛生」とされた土地の使用者に改善の義務が押しつけられた。もとより先住のハワイ人には改善のための費用はなく、土地使用権は奪い取られることになった。白人政府の誕生とともに観光開発の邪魔になる借地人は「非衛生」との名のもとに合法的に追い出され、中央に掘られたアラモアナ運河の残土で水田や養魚場は埋められたのである（山中 1992）。

住まう者のための「織物のような踏み跡／メッシュワーク」ではなく、占拠者たちは空虚な表面としか見えないものに「連結」のネットワークをかぶせてきた、とインゴルドはいう。その連結は占拠のラインであり、入植および資源採取用地への人員や設備の投入と、そこからもたらされる富の回収を促進するものであった。行進をする兵隊は、太鼓に合わせ決まったビートを維持し、視線をそらさず、何も聞かずに行進し、世界のどこにも行き先を見ない。占拠のラインは、そこに「住まう者」の徒歩旅行の実践によってできあがってゆく小径《こみち》とは違って、ラインを往来する交通のために調査され作られる。それらは概して直線的で規則的であり、力の結節点においてのみ交わる。土地を横断して引かれるので、それらは土地に織りなされている居住地のラインを踏みにじる。幹線道路・鉄道・パイプラインは、それらの周辺に住む人間・動物が利用する「住まう者」の道を寸断する。移動を制限するために設けられる国境線もまた、居住者が記す踏み跡を無造作に横切り居住者の生活を分断するのである（インゴルド 2014: 134）。

ワイキキのタロ芋用の水田や養魚場をめぐる道は、そこに住まう先住ハワイ人が生活を営む「徒歩旅行の実践」によってできあがった小径であった。土地の所有者であった王や首長に土地の借地権を取りあげられ、リゾート開発のためにはいってきた占拠者に先住ハワイ人は追い出された。そして織物のような踏み跡であった道は、まっすぐに掘られた運河の残土で埋めたてられたのである。

(3)「住まう者」の歩き

しかしながら、通常いわれるような「道路は住民を排除し、占領者を入れる道となり、占領者は車で、住民は徒歩で」というのは間違いだとインゴルドは指摘する。住民もまた自転車や自動車を使用する。しかしそれはオフロードでなされ、常に変化する環境に応じて即興で道を発明している（Ingold 2016: 13）。そこに「住まう者」は生を保持するために密接に感覚的に、そして継続的に土地をモニタリングする。居住者である人も非‐人間も、道路の先にある場所ではなく、道路の両側の大地で生を営む。彼らは危険にもかかわらず時々道路を横切るが、留まることはない。そこはすべての生き物にとって危険な殺戮の場で、何ものも生きることも成長することもない砂漠となっているのである（インゴルド 2014: 13）。

ミシェル・ド・セルトーは、なされた旅とその途上での記憶すべき出会いを語る絵入りのものがたりだった中世の地図が、近代初期の歴史のなかで地球表面の空間表象へととって代わられていった経緯を示した（インゴルド 2014: 138; Certeau 1984: 120-121）。その過程で、元のものがたりは破壊され図像の断片となり、さらにその断片は、地名とともに特定の場所をしるしづける項目の一つに過ぎない装飾物に変化した。語りの断片化と個々の断片がしるしづけられた位置に押し込められた経緯は、従来の徒歩旅行から目的地志向の輸送への衝撃的変化と驚くほど似ており、こうして居住と占拠という二つの知のシステムの差異の核心部にたどり着く。「住まう者」の徒歩旅行では旅のラインにそって（along）文字通り「進みながら知る」のに対して、占拠のシステムでは知の方法は運動のメカニズムと知の編成、あるいは位置の移動と認知という二つのカテゴリーに基づく、とインゴルドは指摘する（インゴルド 2014: 144）。

近年ハワイでは、リゾート開発に反対するポリネシア系ハワイ人たちが公共の場とされる海岸にテントを張って占拠し、観光によって破壊された民族のアイデンティティをとり戻し、観光収入に頼らない町づくりを目標とする運動が見られる。「住まう者」、そして本来の「住まう者」にとってのハワイをこれからとり戻そうとする者も、いまや整備され張り巡らされた占拠者の道路を使用せざるをえない。彼・彼女たちはその道から外れた海岸に拠点を据えて、新たな自分たちの小径を再建しようとしている。なかには米国市民としての立場から先住ハワイ人だけに特別な権利を認めることは、逆に人種差別にあたると発言するハワイ人もいる。一方、ワイキキの海岸を歩く観光者たちは、「よく知られたもの」を確認するために歩く。有名なハワイの地名や街路名、挨拶の言葉などには現地の言葉が残されているが、ド・セルトーがいうように元のものがたりは破壊され、断片化され、特定の場所をしるしづける項目のひとつに過ぎなくなっている。いわば装飾物のひとつ、観光対象のひとつになっているのである。占拠のシステムは直線的な運動と知を再編成して統治のシステムを構築してきたが、ハワイで主権回復運動にたずさわる人びとは、「住まう者」として、「徒歩旅行」によって自分たちがこれから歩くべき道を「進みながら知る」ことになるのであろう。

2　大衆観光と生態環境観光――フィジーの観光開発

二〇二〇年のフィジーの人口八九万六千人に対して観光者数は九七万人ほどであり、オーヴァーツーリズムや観光公害に関してはそれほど問題にはならない。フィジーは一八七四年に英国の植民地となり、その五年後の一八七九年には植民地政策としてインド人契約労働者の導入を決め、一九一六年までに六万五五三人が移民した。一九七〇年の独立後、正規のフィジー国民となったインド系住民と先住フィジー系住民との間の民族問題が表面化し、それが四度にわたるクーデターの直接的・間接的な原因となっている。クーデターの年の観光者数は三分の一ほど減少するが、すぐに回復し、二〇一八年には九六万九千人の来訪者を迎えていた。

（1）海の道を歩き、侵入する

砂糖産業はフィジーにとってはいまだに重要な産業である。多くのインド系住民が砂糖黍栽培に従事し、刈入れの時期には伐採のために多くの先住フィジー人がそこで雇われ、運搬用の貨車やトラックのドライバー、砂糖精製工場の労働者など、多くの雇用を支えている。砂糖産業や観光産業は国際的な影響を直に受け、経済的に不安定な状況にある。民族のイメージによって職種が決まるのも特徴で、ホテルの受付やゲストと接触するウェイターやウェイトレスはすべてがフィジー系住民であり、マネージメント部門は欧米系やパートヨーロピアン（欧米系とのハーフの人々）が占め、舞台裏の大工仕事や電気部門にはインド系住民が従事している。ハワイと同様、多国籍企業の支配下で職種の「新植民地」的構造が見られる（橋本 1999）。

フィジー観光の特徴はビーチリゾートである。フィジーの土地の八〇％以上は氏族単位で所有され、売買が禁止されており、ホテルは借地契約をしている。ワイキキビーチと違い、観光者だけに開放されたホテル専用の広いプライベートビーチで快晴の空の下でゆっくりと日光浴ができ、南国のイメージにあった理想的な場所といわれる。ときおり土地所有者のフィジー人が魚を捕るためにビーチ前の海に侵入して、ホテル側ともめることがある。地元の人びとは、漁業権は借地契約にはいっていないと、歩いて海からの侵入を続けるのである。ビーチで日光浴をし、海で遊ぶ観光者たちにとっては、海で漁を営むフィジー人の姿が数人ぐらいであれば、単なる風景の一部としか映らず、意に介する様子はない。占拠者が幹線道路で目的地を目指すように、観光者も空港からリムジンバスでホテルに運ばれ、ビーチにたどり着く。しかしそこで生を営み「住まう者」はホテル側が思いもよらなかった海のなかの道を通って、ホテル前の遠浅の珊瑚礁の海に侵入し数人で魚を網で獲るのである。

(2) 山の道を歩く――コミュニティ・ベースド・ツーリズム

何もないフィジーの山村には「エコツーリズム開発」しかやってこない。美しい珊瑚礁の海岸には海外の企業が大規模なリゾート開発を持ち込み、多大な土地使用料を払い村人にホテルでの雇用も提供してくれるが、山村ではそのような開発は望めない。世界的に大衆観光が批判され、観光の新しい別の形態が模索されている。その代表がコミュニティ単位で実施される生態環境観光／エコツーリズムである。先進国から「手つかずの自然」を目指してやってくる観光者と、生態環境観光対象の岩場ばかりの地で食物を栽培できず、「手もつけられずにいた自然」が少しでも収入の対象になることを当てにせざるをえない地元の人びととの間には、大きなギャップがある（橋本 2003）。地元の人びとが運営する「エコツーリズム」は、いままで目を向けられることのなかった地域を観光による現金収入の対象にするという「観光開発」の一つに過ぎないことが明らかになる。

海外のNGOやODAなどの資金提供者側の文脈で「開発投資」が妥当であると評価されるには、「生態環境保全」という大義名分が必要である。しかし村人にとっては「大衆観光」用の開発でも「生態環境観光」用の開発でもどちらでもよく、どのみちそこにある自然を活用する以外に方法はないのである。大衆観光者が喜ぶビーチも魅力的な山や湖もない山村では、提供される「生態環境観光開発」を受け入れていくらかの現金収入を期待するだけなのである。一方、エコツーリズム開発推進者は自分たちと同じ西洋的・先進国的生態環境保全の文脈で地元の人びとも考えていると認識していることが多く、いざ実行してみると当初計画していた生態環境観光とは別のものになっているという事例が多く見られる。西洋流のエコツーリズムの概念を、自然あふれる環境のなかで生まれて生活している現金収入のない現地の人びとが理解できるのか、いやむしろ理解する必要があるのかが問われなければならない。

① 山村エコツーリズム

フィジー西部の山村では、一九九三年にニュージーランド政府からの援助でアンバザ村の近くに宿泊用のロッジと山頂に登山者用の休憩・宿泊ができる小屋が作られた。貧しい山村に現金収入の手立てを導入するためのエコツーリズム開発であった。一九九七年に政府の山村開発担当部署の知人とこの村を訪問した。以前は客が来ても村人は家の中にひきこもったままで歓迎儀礼もしてもらえなかったが、一九九三年以後は年間三〇〇〜四〇〇名の客が来るようになり、家から外に出て笑顔で訪問者を迎え、社交的になったという。概算で村に年三千ドルから四千ドルの収入が入る。その額は一人の公務員の給料より低いが、その少しの現金収入が村を少し豊かに、明るくしたといえよう（橋本 1999: 270-273）。

三年後の二〇〇〇年には村に宿泊し、村落「エコツーリズム」を体験した。当時二一歳のガイドは、道案内としては面倒をよくみてくれたが、エコツーリズム・ガイドとしては何の訓練も受けていなかった（橋本・佐藤 2003）。二〇〇五年にもう一度村を訪ね、村のその後を調査すると、月に九〇人余りを迎えることもあり、年間の売上げは一万六千ドルになっていた。その年日本で開催されるエコツーリズム関連のシンポジウムに責任者の女性と小学校高学年の子供が三人招かれており、滞在先の家の娘も招待されていた。一方、問題点も明らかになった。五年前に私をガイドしてくれた若者は、実は当時村の親戚の家に逗留していただけの他村の者であり、生態環境観光についても村についても門外漢であったことが判明した。

エコツーリズムは、西洋や先進国で近代化の恩恵を享受し自然を消尽した後に自然の大切さを実感した生態環境観光者たちが、いまだ近代化の恩恵を享受したことがなく周囲には自然しかない世界の住人に自然環境保護を要請するシステムである。エコ観光者は、同じ山を歩いても、西洋世界にとっては珍しい希少種に感激し、自然保護・保全を推奨する。「歩き方」はそこで生活する地元の人びととは異なり、見る世界も異なるのである。地元の人びとは通いなれた細い道を歩きながら、そこは誰の畑で、何が育ち、どう世話をしているのかを見る。地元のそこに「住まう者」は生を保持するために密接に感覚的に、そして継続的に土地をモニタリングして歩くのである。そこは、そこに住まう「人／非－人間」がともに生きる場なのである。

② 非－人間的なるものにあふれる村

村は非－人間的なるものにあふれている。この村に滞在してまず目についたのは、馬糞がそこら中に散らばっていることであった。エコツーリズム・プロジェクトの中心人物はこの馬糞や山焼きの煙などを村の課題としてあげていた。彼は村人にとっては日常的な風景でも、観光者にとっては問題になるものだと理解していた。調査者の気持や期待を斟酌しただけの回答であることは明らかで、具体的な対策をとるつもりはなさそうであった。まだエコツーリズム開発がやってくる前は、二トントラックを改造したキャリアーを雇う金もなく、ウマで町の市場まで行って品物を売り生活必需品を手に入れていたという。今ではキャリアーを雇い、野菜などを積んで町の市場まで売りにいくことができるようになり、ウマは畑への行き帰りや、野ブタ狩りの時に使っているという。山村に住む男性にとって野ブタ狩りにいくことは誇りで、どのように追い詰めて仕留めたかを何度も語る。親ブタを倒した後残された子ブタを村で育てている者もおり、紐をつけられた子ブタが飼い主の後をついて歩く姿を見かけることもある。

鶏は放し飼いにされており、夜は木の上で眠る。食事時に餌をもらいに家のなかにはいりこむと、箒で追い出される。持ち主を示すために羽根に布が結びつけられており、祝い事や客があると、子供たちが手頃な棒をもって追いかけまわし、投げて仕留める。ひよこはよくマングースにとられることがあり、生まれたては毎朝家族でひよこの安否を気遣う。犬に対する対応には驚いた。飼い主はそれなりの対応をしているが、子供が犬を可愛がる姿を見かけることはなかった。子供たちが麻袋に両足を入れて飛びはねて遊んでいたとき、犬も声をあげて飛び跳ねてはしゃぎ、前足をあげて子供の身体にじゃれついた。驚いた子供が手で強くはたくと、他の子どもたちも犬を蹴りつけた。犬は明らかにじゃれかかっただけであったが、子供たちはその犬にどう対応したらよいのかを知らず、蹴りつけたのである。犬は村内でよく見かけたが、愛玩動物ではなかった。

③ 現代的な情報網の道と「住まう者」の道

住まう者は道路の先にある場所ではなく、道路の両脇の大地で生を営み、時々道路を渡る。都市の舗装された道路から外れ、山道をたどり、川に水があふれれば塞がる道の先にあるのが山村である。バスは山の麓で運行をやめ、その先はキャリアーの荷台に乗って進む。幹線道路を外れた、いわばオフロードで生活を営むのが山村である。生態環境観光開発者は、山奥に滝を見つけ、大きな岩肌を洗う流れの側にバーベキュー用の場所をしつらえ、村外れに無線施設を設置し、都市や海外からの問い合わせに対応できるようにしてエコツーリズムの拠点とした。いわば山村の人びとが歩く山道に重ねあわせて、幹線道路ではないが、現代的な情報網の道を導入したのである。この情報網の道をたどって、植民地時代の植民者ならぬ、現代のエコツーリストが訪れるのである。この情報網の道の延長線上には、彼らが目指す西洋先進国には見られない希少種の生物や自然にあふれる世界が広がっている。しかしながら、ここに住まい生活する者には、その世界と重なってはいても、そこは日常的な食物を栽培する畑であり、さまざまな非-人間的なるもの〈とともに〉生き、ときに野ブタのように狩りの対象となるものと交差する場となっている。コミュニティ・ベースド・エコツーリズムなるものの受け皿となっている山村の人びとは、この両方の世界が重なりあっていることを次第に認識しはじめている。エコツーリストが求めているものに気づき、期待にそうような応答の仕方も学んできた。しかし、先に指摘したように、彼らは本当に西洋流のエコツーリズムの概念を理解する必要があるのであろうか。あらためて問いかける必要がある。

第Ⅲ章　観光者の歩き

1　大衆観光と「観光のまなざし」

大衆観光は近代とともにはじまったが、当初からさまざまな批判を受けてきた。「よく知られたものを確認する」だけの大衆観光は、エリート層がロマン主義的まなざしをもって「発見」し、啓蒙した観光対象の魅力と価値を、集合的まなざしのもとで「平準化・大衆化」させていったのである。その過程を見てみよう

(1) 大衆観光とはなにか

観光研究を本格的にはじめるにあたっての最初の疑問は、観光とはなにか、何が観光対象になるのかというものであった。長年にわたってラジオのパーソナリティを続け、全国の芸人・職人を訪ね歩いた永六輔の仕事は、「誰かと、どこかで」という言葉に代表されるように、ここではない別の場所で生業を営む芸人・職人の仕事、そして生き様・死に様を紹介することであった。記憶に残

るのは「知らない横丁の角を曲がれば、もう旅です」と、歩きなれたまちなかでも、はじめての角を曲がれば、それは旅でありあらたな発見があるという言葉である。旅に発見が重要な要素となるならば、観光には何が主要な要素なのであろうか。一九九九年出版の拙著『観光人類学の戦略』では観光、とくに大衆観光の特徴を抽出するために近隣の領域と観光現象との違いを、相互比較によって明確にしようと考えた。その時、示唆を得たのは、大衆観光の創始者を扱った『トマス・クック物語り』のなかでピエール・ブレンドンが記した一節、「探検は知られていないものの発見であり、旅行はよくは知られていないものの発見であり、観光とはよく知っているものの発見である」(ブレンドン 1995: 117)という定義である。私は、観光についてはブレンドンが使用している「発見」を「確認」に置き換え、「大衆観光とは、よく知られているものの確認」であると言い直した。旅における重要な要素である「発見」を目的とせず、「確認」をしに行く点に特徴がある大衆観光を、「(観光者にとっての)異郷において、よく知られているものを、ほんの少し、一時的な、楽しみとして、売買すること」(橋本 1999: 12, 55)と定義した。

(2)「観光のまなざし」が発見し・台無しにする観光対象

『観光のまなざし』の著者ジョン・アーリは、観光の対象に向けられる「まなざし」は、ミシェル・フーコーのまなざし論(『臨床医学の誕生』)を参考にして、社会的に構成された「見ること」「視覚の制度」によって形成されるという。先に述べたように、観光が「よく知られているものの確認」であるならばことさら社会制度を強調する必要はないと思われるが、その時代に何が「よく知られたもの」であるのか、いかなるものに、いかなる理由でまなざしが向けられるのかは、文化および社会制度の分析なしには理解できない。アーリは「まなざしを向ける対象は、夢想とか空想を通して、自分が習慣的にとり込まれているものとは異なった尺度、あるいは異なった意味をともなうものであり、それに強烈な楽しみを期待できるものが対象になる」（アーリ 1995: 5）と述べる。

観光対象の発見とその大衆観光化に大きな影響を与えたのが「ロマン主義的まなざし」と「集合的まなざし」である。アルプスは中世には恐ろしい場所として目を背けられた場所であったが、ロマン主義の台頭とともにその孤高性が評価されるようになり、憧れの対象となっていった。アルプスの孤高性、他者からの隔絶、邪魔のはいらない自然美が評価されるようになったのは、ロマン主義的なまなざしを獲得したエリート旅行者が求めるようになったからである。ロマン主義的まなざしの支持者は、他者に対して自分たちと同じ方法で自然を「神聖化」することを求め、その美的効能をより多くの人びとに啓蒙するにしたがって、その神聖なる対象が「よく知られたもの」となり、より多くの大衆観光者が訪れるようになった。その結果として稀少な財としての価値が破壊されていったのである。この「ロマン主義的まなざし」は対象の魅力を発見し、それを地球的規模に拡げた重要なメカニズムである（アーリ 1995: 83-84）。エリート旅行者はロマン主義的まなざしをもって、これまで恐ろしくて目を向けなかったアルプスの新たな魅力を発見・啓蒙し、広めた。しかしよく知られるようになるとそれは集合的まなざしの対象へと変容し、それを確認しにくる大衆観光者の餌食となった。それを嫌って、エリート旅行者は邪魔のはいらない自然美を堪能できる対象をさらなる辺境に求め、「発見」しに行くのである。

一方、観光の「集合的まなざし」は多くの他者の存在を必要とし、他者はその場にカーニヴァル的な雰囲気や意味を付与する。行くべき場所には自分と同じような他の観光者がいることが、このような場を成立させるのである。ここではロマン主義的なまなざしと異なり、混雑や過密が問題となることはなく、むしろ求められるものとなるのである。

2　近代における「歩くこと」の再発見

近代化が進むにしたがってそれまで移動のために歩いていたものが、自動車や鉄道に乗るまでの歩きに変化し、通勤・通学の一部に組み込まれ、ほとんど意味あるものとして意識化されることがなくなった。さらに高度産業化時代になると、人は家のなかの移動以外にはほとんど歩かずに意図する場所への移動が可能になった。そのため身体能力の劣化・肥満などの現代病からの回復と「健康維持」のために、かえって身体を使った運動／スポーツ、「歩くこと／走ること」の価値が再発見されたのである。

しかしそこに問題がないわけではない。「歩くこと」に注目が集まったとしても、一万歩を目安にするとか、一日一時間のウォーキングなど数字が目標となる。走ることに関しても同様である。四二・一九五キロメートルを六時間以内に完走することからはじまって、三時間以内が大きな目標となる。歩きにおいても走りにおいても時間と自分の身体が焦点化され、環境が問題になることがない。つねに「歩き方・走り方」に関心が向けられ、どこに身を置いているのかという環境についての関心がおろそかになっている。「そこに生きる者」としての関心ではないのである。近代における「歩くこと」については、アーリ（『モビリティーズ——移動の社会学』2015）の「踏みならされた道、舗装された道」（第四章）が参考になる。

（1）近代の歩き——田園地方の散策権

英国において近代以前、農村地域は骨の折れる仕事の場でひどい貧苦や強制的な移動の場と見なされていた。当時、農村地域を歩く者は危険で排除の対象となる人物であり、荒野をさまようリア王のように乞食・狂人・やくざ者と見なされた。「歩くこと」が欠乏・貧困・浮浪の概念と結びついていたのであるが、近代になると文化・余暇・趣味・健全の表象と考えられるようになった。歩行者は歩くのに適したブーツや毛糸の小玉つきの帽子などのモノを身につけ、原野・森林・湿原・農場を移動する美的感覚を持った散策者／ハイカーというヒト・モノ・環境のハイブリッドを構成するようになった（アーリ 2015: 119）。

新興のミドルクラスが領主の支配地である農村地域（狩猟・釣り・野外スポーツの場）へのアクセス権を手に入れようとする戦いは、歩行する権利をめぐる階級闘争でもあった。一八世紀にロマン主義運動の登場により旅の性格が変わり、荒涼たる風景が再評価され、歩きまわるにふさわしいものになった。新興のミドルクラスは閉鎖された道路や小道の「解放」を求めたが、それは社会の階層構造や地主階級の権力に対する反逆行為のひとつの現れとなった。世界初の保護組織である古道保護協会（一八二一四年）、スコットランド通行権協会（一八四五年）、コモンズ・オープンスペース

・フットパス保全協会（一八六五年）などが、フットパスを維持する権利、地主階級に所有・管理されていた土地を通行し移動する権利を勝ち取っていったのである（アーリ 2015: 120-122）。

一九世紀中頃の鉄道の開業は普通の人びとにとって歩くことの意味を変容させた。かならずしも歩く必要がなくなると、かえって新興の男性専門職や管理職階級が土地に刻まれた小道を歩きはじめた。「歩くこと」はひとつの生き方となり、単なる移動手段ではなくなり、自然〈とともに〉歩くことで英気を養うという「逍遙の理論」にもとづき、レジャーにあって「あくせくせずに」歩く営為をめぐる言説が、「徒歩旅行」を正当化するようになった。ぶらぶらと歩きまわる者たちは、もと来た道にそって帰る。帰るという明確な意志の下に、ぶらぶらと歩きまわることで、自然とつながり、安定した関係を手にすることができるのである（アーリ 2015: 122-123）。

二〇世紀を通して散策は、ブーツ・地図・靴下・アノラック・半ズボン・帽子・コンパス・車など、多くのモノ／製品と組み合わさっていった。一九三〇～四〇年代にかけて英国では散策のための「特有のユニフォーム」が流行し、男性と女性の違いがとり払われ、みな同じ「ハイカー」となった。戦後、「歩くこと」はさまざまなモノや言説とつながり、「レジャー／ウォーカー」というハイブリッドが生成した。技術の進歩は日常的に歩く者たちにもたらされるアフォーダンス（環境・モノが与える意味・可能性）を変えた。テクノロジーが見えなくなり、「気にならない」あるいは「ありきたり」なものになることで、地面との接触が問題にならなくなっていった（アーリ 2015: 128-129）。またこれまで農村地域を歩くことは、「自由な移動」とは無縁であったが、高速で動く鉄の檻（車）によって変容した。車は遠く離れた農村の小道に「レジャー／ウォーカー」たちを運んで、農村の「歩道」を歩かせたのである。

(2) 都市・街路を歩く

「歩くこと」は最も重要な移動形態であり、歩くことで地表面に跡がつけられ、時とともに小道の固定構造に凝結していく。小道には始点も終点もなく、道の途中において、「徒歩旅行者」は常にどこかの場所にいる。住まわれた世界とはそうした踏み跡の入り組んだ網細工であり、生がそれらの踏み跡にそって進んでゆくにつれて絶え間なく織り続けられるものである、とインゴルドはいう（インゴルド 2014: 135）。人びとが日々の生業にいそしむなかでなされる旅の跡の積み重なりを示すその小道のネットワークは、何代にもわたって積み重ねられてきたコミュニティの活動を体現しているのである。「足に対する頭」の全般的な支配、「地に足をつけること」に対する認識の優位に対して、「歩くこと」の認識論的・存在論的な重要性を見直す必要がある。「歩くこと」は、いくつものテクノロジーと相互依存しあってハイブリッドを構築してきた。固有のテクノロジーと組み合わさることで、さまざまな場所へ、さまざまな速さで、さまざまなスタイルで、歩いていくことができるようになったのである（アーリ 2015: 100）。

近代社会は都市の街路を舗装し、歩行の身体技法を変容させ、都市空間を閲兵場のようなものに変えた。以前は「くぼみ・砂利・轍《わだち》だらけの通りを、無数の家庭や路傍の商いから生じる汚物や糞便が散らかる」なかで用心しながら歩かねばならなかった。ロンドンの豊かな街区の街路はデコボコがなくなり、清掃され、汚水やゴミを気にせずに、夜には明かりがともされ、直線上に配列された。まわりを見る能力とまわりから見られる可能性が生まれたのである。靴を履くことによって無接地性が増大し、歩道の表面に跡を残さずに、人びとは新たな歩き方でより速くより遠くまで行くことができるようになった。足跡を残さないのは、小道がすでに舗装されてしまっているからで、その舗装がすべての「歩行者」に新たなアフォーダンスをもたらしたのである（アーリ 2015: 102）。

パリは「スペクタクルとしての都市」を創り出し、まちを歩きまわる現地の人間や訪問者に対して、遠くまで広がる眺望をもたらす最初の都市になった。パリにとりつかれた人びとは舗装された新たな大通りを歩き、明るく照らされたアーケード・店・カフェを横目にしながら消費するようになり、大通りの突き当たりに市場・橋・公園・オペラハウスなどが置かれた。人びとは新たなかたちで顔をあわせることになり、友人・恋人たちが「人前で人目につかず」、物理的に人目を避けることなく、仲むつまじくいられる場が創り出されたのである（アーリ 2015: 104）。

パリは、新たな都市の典型的人物であり近代の主役である遊歩者《フラヌール》の都市になった。群衆の匿名性は、社会の周縁にある者にとっては隠れ蓑となり、観察し・観察されながらも、遭遇する人びとと実際に触れあうことなく、誰からも気にされることなく歩きまわることができた。遊歩者は近代の主役であり、旅をし、たどり着き、見つめ、動き続け、匿名になり、境界域にいることができた（アーリ 2015: 105-106）。人前に出て、見知らぬ者たちの間で都市の舗装された公共空間を動きまわる新たな都市の典型的人物／遊歩者をパリは生み出した。遊歩者はそぞろ歩き、同じように歩きまわることのできる他の人びとが入り乱れることで、他の人びとの視界に入りながらも人目には触れなかったのである（ベンヤミン 2003: 51）。

(3) 歩く戦術

そぞろ歩く遊歩者は二〇世紀の写真を撮る観光者の先駆けをなしていた、とスーザン・ソンタグはいう。そして、写真は中流階級のぶらぶらぶら歩きをする人の目の延長となり、写真家は都会の地獄を踏査・闊歩・巡回する孤独な散歩者、都会を官能のきわまった風景として発見する覗き見趣味の逍遙者の武装した形態であるという。見ることを楽しむ通人、感情移入の玄人である遊歩者は世界を「絵のようだ」と考えているという（ソンタグ 1979: 62）。ここではそぞろ歩く「歩行者／写真撮影者」という独特なハイブリッドの存在を想定することができる。彼・彼女はそぞろ歩き、見られ記録され、かつ、他者を見て記録する。写真に撮られたものはどんなものでも注目に値するものにする。このハイブリッドは桁外れに重要な意味をもち続けてきた。「見物」するために歩いていく価値がどこにあるのかについての二〇世紀的な感覚を作りあげてきたのである（アーリ 2015: 109）。ハイブリッドな「歩行者／写真撮影者」にとって「歩くこと」は、自分に向かいあって列をなすもの（線形的都市）が「よく見える」ところでそぞろ歩き、常に目をこらして、見逃せない光景の一つひとつをいつでも見つけだしてカメラに収めようとすることを意味することになった。

ミシェル・ド・セルトーは、「歩くこと」が都市を構成すると考える。「歩くこと」による都市の構築は、まるで個々人の発話行為が言語を構成しているようなものであるといい、「歩くこと」の戦略と戦術を対比させる（ド・セルトー 1987）。戦略には時間に対する空間の勝利が含まれ、規律化・規格化をともない、適切な活動が何であるのかを示す観念と、一定の空間を隅々まで歩く方法が含まれる。戦術は、都市のなかで偶発する機会を巧みに摑みとることによって成りたち、生きられた空間を構成するように促し、即興的で予測不可能で、そして抑圧され秘匿された感情と関係を明らかにする。歩く者と歩くことを通して、場所がどのように住まわれ・使われているのか、そして、住まわれ・使われるべきであるのかについて明らかにすることができる。ド・セルトーにとって「場所」は、街路のように秩序化され安定したものであるのに対して、「空間」は動きと速さによってはじめて存在し、そこで起きている日々のさまざまな動きの総体として現出する。そしてアーリは、「歩くこと」は創造と係争を呼び、有意味な出会いをもたらし、社会諸関係を広げ、時として新たな小道をその都市の布地に織り込むという（アーリ 2015: 110）。

（4）日々の歩行を促すアフォーダンス

見知らぬ他者たちが幅広く混在していることこそが、歩くように誘う「雰囲気」を場所にもたらし、そぞろ歩き、うろうろし、たち止まり、また動き出すように導くのである。その歩くように誘う雰囲気は、人びとが特定の場所に「気分づけられる」ことから生まれるのである（ハイデッガー 1994）。どこにでもあるような魚村が、そぞろ歩き、漂流し、ぶらつき、売り物を見て回り、食べて、雑談することへと導くことがある。他の場所と同じように、歩きまわることのできる者たちに対して快楽と身体の安全をもたらすような雰囲気を醸しだすのである。その雰囲気は、ヒトやモノのむすびつきからたち現れ、多くの場合動くことで感じとられ、触れるようにして体感されるものである。歩きまわっている他者が多様であればあるほど、その環境は安全になると考えられる。重要なのは場所の複雑性・異種混交性であり、それが歩く人びとに対してその環境を面白く安全なものにするのである（アーリ 2015: 1113-114）。

場所が歩行者に対してより大きなアフォーダンス（環境・モノが与える意味・可能性）をもたらすのは、人びとがゆっくりと歩き、乱雑さと複雑性を目にしているときである。アフォーダンスは、足早に過ぎ去り自動車で通り抜けられるような所では低下する。「たち止まりやすさ」、すなわち歩くという動きを中断してもすぐに再び歩きだせることが重要で、近代主義的な住宅地ではこうした動きはアフォードされないという。座席・ベンチ・芸人・呼び売りの商人・売り子・カフェ・青空市場・商店・まわりの歩行者などはすべて、たち止まり会話を交わす機会をいっそう高め、日々の歩行のアフォーダンスをもたらすのである（アーリ 2015: 114-115）。

3　ポストモダンの歩き方――リアルとヴァーチャルの境界を歩く

観光地の差異を明確にするために、アーリは三つの二項対立による分類を『観光のまなざし』で提案していた。すなわち、「ロマン主義的なまなざしと集合的なまなざし」「歴史的と現代的」「ほんものとまがいもの」という対立による分類である（アーリ 1995: 186）。一九七〇年代になるとモダン以前の建物などの保存運動が顕著になり、「遺産」が製造され「ノスタルジア」が発生する時代となる。しかしこの「遺産」においては、視覚化や展示の方法を含めてすべてが「人工」の歴史となり、戦争・搾取・飢餓・病・慣習などという多様な社会的体験が、無視・通俗化されていく（アーリ 1995: 201）。二項対立していたものの境界が融解する過程がポストモダンの現象であるが、今日では現実とヴァーチャル空間とが融解した境界に、重層化した空間を創出し、現実空間にヴァーチャルな存在や映像を出現させているのである。

(1) ポストモダンと真正性

ポストモダンにおいては、ハイカルチャーとポピュラーカルチャーとの古い区別がなくなる。エリート文化とそれを取り巻く俗物・安物・俗悪なものとの境界線を引くことが難しくなり、ジャンルなどの古い範疇が消滅していく。フレデリック・ジェイムソンは世界的な新秩序が構築された一九六〇年代にポストモダンがはじまったと設定する。それは近代化・ポスト産業社会・消費者社会・メディア社会・見せ物社会・多国籍資本主義という新型の社会生活・新経済秩序が出現した時代であり、新植民地主義・緑の革命・コンピュータ化・電子情報化の時代である。ジェイムソンはこの時代の大きな特徴をパスティシュ(模倣)とスキゾフレニア(統合失調症)という二つの用語で説明する(Jameson 1983: 111-125)。モダニズムはユニークな個性と個人を想定し、それがユニークな世界観を創出すると考えられていたが、今日ではそれは過去のものとなり、古い個人主義的な主体は「死んだ」と説明される。ユニークな個人的・個性的な世界はもはやなく、あるのは組みあわせの可能性だけだと考えるのがポストモダンの考えである。アーリは、ポストモダン文化は「アンチ・アウラ」であり、唯一性など表明せず、機械的・電子的に再生され、芸術作品を支えていた唯一性という価値は、パスティシュ・コラージュ・アレゴリーなどへ焦点が移動していくことで、精神放散状態で消費される、と述べる(アーリ 1995: 151)。見せ物的精神のなかで記号や表象が消費され、オリジナリティのない、一切がコピーで、「にせもの」が「ほんもの」よりもっとほんものらしく見える世界である（橋本 1999: 49-50）。

「真正性」は近代化の進展とともに焦点化されることになる。大量輸送手段と複製技術の発展とともに「真正性」の「希薄化・大衆化」が問題になってきたのである。そしてポストモダンに特徴的なあらゆる境界の融解が進むにしたがって、「ほんもの」と「にせもの」の境界も融解し、「よく知られたもの」であればたとえ「にせもの」でも大衆観光者はまなざしを注ぐという現象が現出しているのである。いまや大衆観光者にとっては「ほんもの」と「にせもの」の区別は問題にならず、「よく知られたもの」かどうかに関心がむけられている。しかしすべての観光の場面において「真正性」への関心が消失しているわけではないことは後で検討する。

エリートのロマン主義的まなざしの対象となっていたアルプス山脈は、その孤高性が評価され、自然美が憧れの対象となった。しかし一八九八年に山岳鉄道が開通し、その後アイガー北壁を貫通するトンネルが完成すると誰でも登ることができるようになった。先に述べたように、ロマン主義的まなざしの支持者がアルプスの美的価値をより多くの人びとに広めた結果、「よく知られたもの」となり、より多くの大衆観光者が訪れるようになった。その結果として稀少な財としての価値が破壊されていった。「集合的まなざし」は、「真正なる孤高性」の価値を「希薄化・大衆化」していったのである。

そして、写真・動画・映画などによる「複製技術」の発達は、これまでの一回限りの作品の代わりに、同一の作品を大量に出現させた。「ほんもの」という概念は、オリジナルの「いま」「ここに」しかないという性格によって作られるのである。複製技術の進んだ時代のなかで滅びてゆくものは作品のもつ「アウラ」であるとヴァルター・ベンヤミンはいう（ベンヤミン 1999: 12-15）。いまや複製技術が常態化し、誰でもがカメラ機能を備えたケータイを携えて映像を拡散し、複製の複製も簡単に手に入れることができるようになり、「いま」「ここに」しかないという一回性の価値は「希薄化」した。さらに、あまりにも瞬時に大量の情報が流れるために、「いま」「ここに」だけが刹那的に焦点化され、少しの時間が経過しただけで出来事もその価値もすぐに忘れ去られるという状況が起きている。

（2）観光と「構築／上演」される真正性

観光研究における「真正性」に関しては、ダニエル・ブーアスティンの「擬似イベント」（Boorstin 1964）とディーン・マキァーネルの「上演された真正性」（マキァーネル 2012）の議論がまずとりあげられる。ブーアスティンは、一九六〇年代後半からすでに「文化の商品化」が進み、観光経験が同質化・標準化し、大衆観光の現場ではオリジナルよりもイメージや創作された模倣物の方が見応えがあり、観光者は擬似イベントに騙されやすく、創作された出し物の「非真正性」を見抜くことは難しいと指摘する。

① 舞台裏に足を踏み入れる

マキァーネルは、「観光化」は高度近代社会の特徴であるという。高度に近代化された社会においては、近代人は周辺に残された自然・文化を観光対象とする。近代生活の底の浅さや経験の「非真正性」がますます未開社会が維持してきた聖なるものへの関心を強め、観光者は「他の時・他の場所」に存在すると想定される「真正なるもの」を求めるのである。しかしながら観光者が舞台裏にあると信じる真正性をいくら求めても、観光の場には「上演された真正性」しか提示されない。「真正なるもの」を求めて舞台裏に足を踏み入れても、そこは観光者の訪問を想定して用意された「表舞台」になっているのが現実である。マキァーネルの「上演された真正性」の議論では、観光者はまがいものののアトラクションを「真正なもの」だと誤って信じさせられ、「いつわりの観光観」が作りあげられるという（橋本 2011: 216-217）。

ブーアスティンとマキァーネルの両者に共通することは、オリジナルなものがもつ「真正性」、すなわち「客観的真正性」がどこかに存在し、観光者とはその「真正なるもの」を求める存在であるという前提にたっていることである。しかしながら大衆観光者、とくにポストモダンの観光者の大きな特徴は、もはや「ほんもの」か「にせもの」かを判断基準にしてはいない点である。「よく知られている」かどうかが問題となるのである。エリック・コーエンは、人びとが真正性にこだわりはじめたのは近代以降のことであり、「文化の商品化」は地域の人びとのための文化的製品の真正性を損なうと考えられ、さらにそれは観光者にとっても観光対象となる文化の意味を損なう結果になるという（Cohen 1988: 372）。

しかし「真正性」とは原初に与えられたものではなく、交渉可能なものであり、はじめはまがいものと思われていても時間とともに受け入れられ、真正性を獲得していくという過程を経るものである（Cohen 1988: 379）。すなわち「社会的に構築・構成される」のである。観光対象の「客観的真正性」に関しても、オリジナルなものの真正性を保証する絶対的な起源は存在せず、起源や伝統もそれ自身が創造され構築されていくものであると考える立場を構築主義という（橋本 2011: 219-220）。ニン・ワンは、伝統や起源というものは権力と社会的過程によって構築されるものであり、「真正性」というものも事物が本来の性質としてもっているものではなく、歴史的解釈を争う利害関係者の議論にさらされる社会過程や葛藤の対象となるものであるという（Wang 1999: 355）。当初は真正ではなく人工的だといわれても、ディズニーランドのように時とともに新たな真正性を帯びることがある。それは「出現する真正性」の議論となるが、そうなるとマキァーネルに戻って、観光者は真正性を追求する存在であるということになる。しかしその時議論されるべきは「客観的真正性」ではなく、社会的構築の結果として現れる「象徴的な真正性」、すなわち「真正性の記号または象徴」として観光者に受け取られるかどうかということになる。そこで問題となるのが「主観的真正性」であり、観光者にとっての「観光経験の真正性」ということになる。

② ポストモダン的空間への旅

ポストモダニストは「真正性」がないことを問題だとは見なさない。その先駆的研究者として「ハイパーリアリティへの旅」について述べたウンベルト・エーコがいる。彼は実物よりもほんものらしい蝋人形館の事例をあげる。それは真正性の概念を脱構築し、コピーとオリジナルとの境界、現実と記号との境界を解体するものであった（Eco 1986）。先に述べたベンヤミンの「アウラ」の議論では、「いま」「ここに」あるという事実がその真正性の概念を形成していたが、彼は事物の権威、事物に伝えられている重みを「アウラ」という言葉で総括したのである。多木浩二は、ベンヤミンはアウラの維持を問題にしたのではなく、「アウラを喪失したときに、芸術は史上はじめて巨大な遊戯空間に生きる場を見いだす過程を展開して見せた」（多木 2000: 109）という。複製技術によってはじまる巨大な遊戯空間こそが、今日のポストモダン的空間への旅につながるのである。アーリも「ポストモダン文化は〈アンチ・アウラ〉である。この形態の文化は唯一性など表明せず、機械的に電子的に再生される」と複製技術の現代的特徴を説明し（アーリ 1995: 151）、真正性へのこだわりが消失している今日の状況を指摘する。構築主義者が真正性を救出しようとしながらもその墓を掘り、ポストモダニストが真正性を埋葬したといわれる。ポストモダニストにとってオリジナルなものの真正性は過ぎ去ったものであり、それとともに真正性の概念も捨て去り、そして観光現場における非真正性を正当化しさえしているのである（Wang 1999: 358）。しかしながら、脱構築される真正性やポストモダニズム的観光のあり方を探った研究者たちは、逆説的に、はからずも次に述べる実存的アプローチによる真正性の可能性に道を拓いてきたことになるのである（橋本 2011: 224-226）。

（3）「反ポストモダン」の歩き方

ポストモダン観光は「真正性」を解体し、人と人とのつながりも「非真正なもの」にしかねない。その状況のなかで「新たな観光」の可能性を探る動きが見えはじめている。観光の実存的アプローチである。そこでは現代人は真正性を求める存在だと措定されることになる。それはこれまでの「よく知られたものを確認する」だけの大衆観光とは異なったアプローチとなる。近代社会が非真正的だから、真正性を求める自己は社会と対立し、葛藤する。「外の・あちらの」世界にあると措定される真正性を求める「疎外された現代人」は、マキァーネルの観光者の姿である。しかし実際には、その真正性は客観的には存在せず、社会的に構築されたものであり、所与のものではなく交渉可能な概念である。その交渉の仕方こそが社会学的・人類学的な研究テーマになるべきである、とコーエンは主張する（Cohen 1988: 373-374）。すなわち、観光対象が客観的な真正性を付与されているかどうかに関係なく、観光者が自ら選択し経験した観光を、自らの責任でいかに享受し、「真正なるもの」と評価するのかが問われることになる（橋本 2011: 227）。

① 主観的真正性と実存的アプローチ

実存的アプローチをあらためて考えてみると、このような「真正性」を求める観光者が本当に存在するのかとの疑問が出てくるかもしれない。しかしいつの時代においても、観光者にとって自らの観光経験が「真正」であることは重要な問題である。その「真正なる観光経験」を確保するために、現代では社会的に構築された真正性との交渉の仕方や、または妥協のしどころをどのように探るのかという視点からのアプローチが必要とされる。それは観光経験における「真正性」の議論を観光者自らに課すことからはじまるのである。

トム・セルウィンは「真実の自己」を経験する「感覚としての真正性」を「ホットな真正性」と

名づける（Selwyn 1996: 21-28）が、それは「観光経験の真正性」にむすびつく。近代社会で求められる「真正なる自己の追求」は、「真摯さの崩壊」や「見せかけ」に対する反応として生じ、「真の自己の喪失感」とむすびつくノスタルジアやロマン主義の特徴が現れる、とニン・ワンはいう。過去や幼年時代には今よりも自由で・無垢で・純粋で、より本当の生き方が存在したと考え、そのようなロマンティックな生が観光地にはあると考える。このとき観光者は、対象がもつ文字通りの真正性に関心をもっているのではなく、観光対象や観光行動を媒介にして自らにとっての真正なる自己を探しているのであるという（Wang 1999: 360）。しかし現実の観光には制約がつきもので、自由な観光経験によって獲得される「実存的真正性」が幻想であることは認識されている。それにもかかわらずこの幻想はリアルで、主観的な感覚であり、観光者が経験することは可能なのである（橋本 2011: 227-230）。

② 実存的観光者の「旅／観光」——個人的真正性と間人的真正性

ここで経験できる「実存的真正性」には、「個人的真正性」と「間人的真正性」の二つの次元がある、とワンはいう。前者の「個人的真正性」の第一の特徴は身体的感覚に関するもので、観光では身体が拘束されるが、身体的苦痛という対価があるから絶頂の経験が可能になり、非日常的な性格があるからこそ魅力として成立するという（Wan 1999: 361-362）。第二の特徴に「自己形成／アイデンティティ形成」があり、日常のなかでは真正なる自己を見失い喪失感を覚えるが、登山家などは自然のなかや冒険においてもう一つの「真正なる自己」を見つけだすことができる。そして後者の「間人的真正性」は、伝統的・情緒的共同体がもっていた社会的真正性にその特徴があり、実存的真正性はその「間人的関係」のなかに構築された真正な社会的「連携」に見られるという。ワンのいう「実存的観光者」は、真正なる他者だけでなく、自己自身の真正性をも求めている存在であるということになる。

その「間人的真正性」の具体例として、「家族の絆」と「観光者コミュニタス」の二つをワンはあげる。「家族の絆」は「間人的真正性」の代表例である。現代人が「真実の自己」を経験するプライベートな領域が家族であり、「われわれ・関係」「真正な連帯・一体感」を達成し、強化する最初の観光者グループが家族である。そこでは「真正な・自然な・情緒的つながり」を感じとることができ、リアルな家族的な親密さを実感する（Wang 1999: 364）。二つ目の「観光者コミュニタス」は、ヴィクター・ターナーのいうコミュニタスを「真正に」経験する機会である。ワンはカリブ海のチャーターヨットに乗り合わせた人びとが、「自然に・友好的で・真正に」お互いが知りあい、打ち解ける様子を紹介し、観光がコミュニタスを経験する機会を提供する可能性を指摘する（Wang 1999: 365）。

しかしながら「観光者コミュニタス」をとりあげる場合は、注意が必要である。観光者同士の出会いにおいては、通過儀礼や聖地巡礼などの伝統的儀礼に見られる境界領域で経験する理想的な「コミュニタス」の実現は困難であり、その修正概念である「擬似的コミュニタス」の出現（ターナー 1981: 340）について考察すべきである。そこでは霊的な存在も儀礼的・呪術的な実践も介入することはなく、仕事現場や家庭などの日常から離れた観光者同士が、リアルな社会関係を持ち込まない一時的な観光の空間で、「ほんとうの自分」をさらすことができると夢想する者として出会うのである。それに対して、伝統的で真正な「コミュニタス」を経験した者同士は生涯の信頼関係を築きあげ、現実の秩序を支え、または再構築する基盤となる関係を保持するのである。現代社会の隙間に現れる船上やリゾート地、そして現代のヴァーチャル空間での「擬似的コミュニタス」で作られた関係は脆《もろ》く、現実世界に持ち込むことは必ずしも歓迎されないものとなる。観光対象の「非真正性」や観光現場で体験する「擬似的コミュニタス」をも考慮に入れて、自らの観光経験を実存的に「真正」であったかどうかを評価するのが現代の観光者であるといえよう（橋本 2011: 236）。

大衆観光の実態を無視して、観光者を安易に理想化し、過度に「真正さ」を求める存在であると措定することは適切ではない。しかしその一方で、観光を提供する側にとっては、一貫して「誠実で真摯な」態度を保つことは、観光者の観光経験を「真正なもの」にするためには必要不可欠である。

（4）「間人的真摯さ」を歩く

もはや「よく知られたものを確認する」だけの大衆観光者とはいえない「真正性」を求める観光者にとって、「上演された真正性」の問題点は、舞台裏に足を踏み入れてもすでに準備された「見せ物」用の舞台裏しかないことであった。その「上演された真正性」に真剣な観光者ほど騙されることになる。マキァーネルはアーヴィング・ゴフマンの理論をもとに、主体と役割、現実と表象されたものとの分離が非真正性をもたらすと主張した。

しかしながらここに上演者自らの「真摯な」訴えと、「真正なる観光経験」を探求する観光者との間の相互行為に注目するあらたな視点が登場する。ニュージーランドの博物館でマオリ文化を提示する仕方は、文化を「客体化し・殺し」、「死者を流用」している多くの博物館とは異なるとジョン・テイラーはいい、「真正性」(authenticity)のみならず「真摯さ」(sincerity)の概念を加えて考察すべきだと提案する(Taylor 2001: 16)。観光の場において相互行為の経験を分けもつホストとゲストの「真摯な」クロスカルチュラルな出会いに焦点をあてることは、従来の本質主義的なアプローチを突き崩し、地域にとって重要な価値をいかに伝達するかについての考察にたどり着く。

「マオリへリテージ・ツアーズ」は、企画者やコミュニティと相互的な交流ができるツアーを実現し、観光業者やメディアの宣伝による否定的なイメージやステレオタイプを正すために、聖なる場所でありコミュニティの中心である「マラエ」(集会所)に観光者を迎える。この「マラエ・ツアー」は、「マオリの歴史解釈が正当におこなわれていないことを知り、我が民が動き続けていることを見てもらいたい」と企画され、現地の人びととのコミュニケーション体験のなかで「真摯さ」と「ほんもの」をアピールして「真正性」を生みだそうとしている、とテイラーはいう。テイラーは「真正性」と「真摯さ」の概念を区別すべきであり、「真摯さ」はコンタクトゾーンで関与するグループや個人の間に生成すると主張する。「真正性」は事物・自己・他者それぞれがもつ個別的な性質であり、「真摯さ」とは本来関係をもたない概念である。観光業に携わる多くのマオリにとって重要なのは、「自分たちが重要だと見なす価値を伝え」、「真摯なる出会い」を生み出すことであるという（Taylor 2001: 23-24）。

「真摯さ」の概念を導入すると、文化体験の評価において「ほんもの」かどうかという「真正性」の議論を超えることが可能になり、現地の人びとと観光者の「間人的」関係が焦点化されることになる。テイラーの提案にさらにもう一つ、実存的アプローチから付け加えるべき「真正性」がある。観光者が抱く観光経験の「真正さ」である。これは地域の人びとが提供する「真摯な」ツアーによって、間人的関係のなかで観光者の観光経験が「真正なものがたり」として構築されていく過程で検証される。この「真摯さ」に注目することは、観光における「真正性」の議論を大きく進展させることになる。もはや大衆観光者とはいえない「真正なる観光経験」を探求する本書の「旅人／観光者」、そして「地域文化観光者」は、対象の客観的「真正性」を求めるというよりは、自らの観光経験を豊かで思い出深い「真正なものがたり」にする地域の人びととの出会いと、彼らの「真摯な」対応を求めているのである。「真摯さ」は地元の人びとと観光者との相互交流を「真正な観光経験」にし、よい観光の「ものがたり」を構築するのである（橋本 2011: 237-239）。

第Ⅳ章 「歩くこと」をめぐる存在論的転回

マルセル・モースの『身体の技術』（Mauss 1936）は「歩くこと」を比較民族的研究の問題としてとりあげた最初の研究であったが、永く顧みられることがなかった。ピエール・ブルデュー（1977, 1993）はその四〇年後に、「身体的ハビトゥス」を中心にしたプラクティス理論を発展させた。「ハビトゥス」はモースによって人類学に導入されていたわけだが、彼のポイントは身体表現が人類にとって既存のいくつかの物質的手段、すなわち身体と身体を超える道具の行使によって規定され、所与の「身体技法の型」となったことであった。モースが身体を社会（集合的主体）にとっての客体として扱ったのに対して、ブルデューはそのような主体と客体の二分法を拒否し、特徴的な姿勢やジェスチャーまたは特別な身体的状態（hexis）を毎日の「実践的な統御・熟達」への能動的参与の場に据えたのであった（Ingold 2016: 2; Bourdieu 1977: 87）。

歩く方法は、単に文化的規範や作法教育を通して伝えられた思考や感情を表現するものではなく、それ自身考え・感じる方法である、とインゴルドは主張する。それを通した歩行者の動きの実践において、これらの文化的な形は絶えず生成されているのである（Ingold 2016: 2; Bourdieu 1977: 93-94）。歩き・動きながら考えることは、身体であることの基盤である。民族誌学者はどこでも足で仕事をし、人びとのグループ〈とともに〉住まい彼ら〈とともに〉歩いているのだが、「歩くこと」そのものを反映した民族誌はまだ見かけないという（Ingold 2016: 3）。*Ways of Walking*（Ingold &Vergunst 2016）は人類学的実践である「歩くこと」をラインと網細工の比喩を使って記述した民族誌の新たな試みであるといえよう。

1　メッシュワークと「徒歩旅行」

（1）「歩くこと」が知る方法

アンリ・ルフェーブルから「網細工」（メッシュワーク）という用語を借りてインゴルドは、「野生動物あるいは家畜が残す網状の型、または村や小都市の家屋のなか、その周囲・近郊であれ、人びとが残す網状の型」（Lefebvre 1991: 117-118; インゴルド 2014: 133）は、建築的というよりもむしろ「原‐織物的」な環境を作りあげる、と「徒歩旅行」の型を説明する。ベンジャミン・オルロヴのペルー・アンデスのチチカカ湖周辺の事例では、ラインのほとんどは一メートルほどの幅で動物・男・女・子供の足で踏みつけられ踏み固められているが、いくつかのラインはつるはし・シャベルを用いて作業する村人たちによって実際に地面に引かれている（Orlove 2002: 210）という。現代的な意味では、網目のラインは点をむすびあわせたもので連結器となるが、オルロヴが描写するラインは、交差しあう路線のネットワークというよりも織りあわされた踏み跡で網細工（メッシュワーク）のラインとなっており、それにそって生活が営まれる踏み跡である。網の目（メッシュ）

が形成されるのはラインの絡みあいにおいてであって、点の連結においてではない（インゴルド 2014: 133）とインゴルドは強調する。「徒歩旅行」は、人間であれ動物であれ、すべての生き物が地球に居住するための最も基本的な様式であり、居住（habitation）とはそこに住むためにやってくる人間集団があらかじめ用意された世界のある場所を占拠する行為ではないという。そして「住まう者／居住者」とは、世界の連続的生成プロセスそのものにもぐりこみ、生の踏み跡をしるすことによって世界を織りだし組織することに貢献する者であり、そのラインはたいてい曲がりくねり不規則であるが、全体が絡みあって緊密な織物となるのである（橋本 2022a: 71-72）。

親と子がブッシュを歩く（フィジー）

（2）「住まう者」にとっての知

「住まう者」にとって知がどのように形成されるのかに注目する必要がある。マレーシアのバテックでは子供の教育で規律を教え込むことはなく、森に放ち後ろからついていく。道をたどりながら知は形成され、動きは知に従属するのではなく、歩くという動きが知る方法となるのである（Tuck-Po 2016）。またカナダ北部のチチョ（またはドグリブ）では成人は語らずにはいられない。なんにでも昔に遡るものがたりを見つけ、その意味の説明が可能な自身の経験を拡張し潤色する

（Legat 2016）。子供は毎日そのものがたりを聞いて成長するが、語りには教訓的なお説教の目的はなく、ものがたりにはメッセージ性は付与されていないという。先行者は後継者が追えるように、足跡を残すのである（Ingold 2016: 5-6）。ライ・トゥクーポによれば、バテックでは危険に満ちた森をどう歩くか、森との交渉の仕方を子供に訓練するという。先頭は弱者で、後ろは護衛が歩く。彼らにとって歩くことは人生を生きることであり、迷子になることは死ぬ（出発点に戻れない）ことである。何が恐怖かというと、道に迷うこと、人を狩るジャガーに遭遇することであり、いかに恐怖が森歩きに影響をあたえるかを学んでいく（Tuck-Po 2016: 29-30）。

北ナムビアの狩猟採集民アコー・ハイ・オムにとっての生業は、世界を占拠することではなく、世界に「住まう」ことである（Ingold 2016: 7）。この土地の人間と非-人間の足跡は、その土地のローカルな資源である。彼らの足跡は世界内を歩くことによって、すなわち土地の表面を踏む（スタンプとしてたんに上に押す）のではなく、刻み込む（impression）ことによって形成されるのである。またアリス・レガット（Legat 2016）が観察したカナダ北部のチチョでは、先人の足跡を踏みたどることで、そこに自分の足跡を混入させて共存の関係をうちたてる。知識・足跡は精神・物質のように対立しているのではなく、住まう者の足跡が記憶の足跡なのである。知識と足跡の関係は、身体的動きとその刻み込み（痕跡）に等しく、知識と足跡が同等ならば知識は「おこなう」ことであり、「おこなう」ことは仕事を達成することとなる。そして仕事を達成することはそれをなした方法を思い起こすこととなる。「住まう者／生活者」の歩く道はフラットではなく、織物のように織りこまれた大地であり、トリップ・スリップし、表面と交渉するのである。ケネス・オルウィグ（Olwig 2016）は、住まう者のランドスケープは、住まう者がパフォーマンスをする舞台・ステージではなく、住まう者自身の生活が編み込まれるタペストリーと比較されるべきだという。足跡は織物の部分なのである（Ingold 2016: 7-8; 橋本 2022a: 72-73）。

2　存在論的視点にたったフィールドワーク──存在論的転回／生成論的転回

近年の観光研究は文化論的転回→移動論的転回→存在論的転回→生成論的転回へと変遷してきた。またはこれらの間を往還しているということができる。土井清美は「スペインの巡礼路を歩く旅──現象学的フィールドワーク」（2021）のなかで、自らの研究を存在論的転回から離れた「現象学的フィールドワーク」と便宜的に名づけて、世界との身体的関わり方によって新たにたち現れるものを「生成的に」捉える方法だという（土井 2021: 287）。静的な「存在」よりも動的な「生成変化」を捉え、身体の物質性や情動そして周囲との関わり方を問題とする視座をもつ、「観光・旅・巡礼を通してわかることの研究」への転回をすべきだと提案する。ここでいう「現象学的フィールドワーク」は、研究対象となる人たちが周囲の空間や環境のなかでどのように暮らしているか、徹底的に経験に即して内在的に捉える観点をもつものである。ハイデッガーが「世界－内－存在」で、世界と存在は不可分にむすびついているというように、「旅行環境－内－旅行者」の分厚い時空間を対象とするのである（土井 2021: 57-58）。私も土井の見解に同意するが、視点を少し変えて、人間も非－人間も対称的に認識すべき存在論的世界においてフィールドワーカーの「生成変化する実存」をも注視するあり方である、というべきだと考えている（橋本 2022b: 166）。

本書の最初にのべたように、「人類学する」ことと「民族誌の仕事」は別の作業であるが、インゴルド（2017）は両者に共通する要素である「生成変化する主体」に注目している。フィールドワーカー自身が、フィールド経験を通していかに「生成変化」したかについても語らねばならない。インゴルドに従えば、フィールドワーカーは「道にそって」現れる環境を近くで監視し、絶えずそれに反応しながら振る舞い、周囲に敏感になって、何を明らかにすべきか、何をテーマとすべきかを発見していく「徒歩旅行者」である。

ここで存在論的視点にたったフィールドワークを提案したいと思う。そのフィールドワーカーは、痕跡から動きを再構築する狩人や羊飼いの視点をもつべきである。狩人は動物の足と同じように大地の感覚を発達させ、羊飼いも同様に動物とともに歩くことで羊の目を通した世界をありのままに見、動きながら生草を食べるリズムを理解する（Ingold 2016: 11）。ティム・エデンサーは、「廃墟歩き」のような見知らぬアフォーダンスに満ちた空間に身を置くことは、ドゥルーズとガタリ（2020）がいう“becoming animal”「動物に生成する」契機となるという（Edensor 2016: 132）。新しいフィールドワークは、自らの空間（ホーム）と研究者自身をも対象とする研究となる。ホーム・フィールドワーカーもまた、それぞれの身体にとってそれぞれの道がどのようにたち現れるかを観察することになる。

古川不可知は『「シェルパ」と道の人類学』（2020）で、重い荷物を背負ったポーターの道は、段差のある階段をまっすぐに登るトレッキング観光者の道とは異なり、段差を避けて蛇行していくという。二〇二〇年からの世界的な新型コロナ感染症の蔓延でホームに留まらざるをえなくなったフィールドワーカーにとって、ホームでのウォーキングは重要な鍛錬の場となるはずである。ウォーキングの途中において他の歩行者にとって道がどのようにたち現れているかを観察し、また林の中で聞く鳥の声を聞き分けてどのように住まい移動しているかを感じとる力を養う必要がある。

3　道に迷い、地域を発見する「地域芸術祭」

いくつかの「地域芸術祭」（橋本 2018）を歩いた経験を思いかえして何が記憶に残っているのかを考えてみると、作品そのものだけということはほとんどない。急な細い道を登ると、山が迫る窪みに建てられた古民家や物置小屋があり、そのなかに作品が置かれているのだが、作品の印象よりもそこにたどり着くまでの道を「歩く」経験や、その家を含んだ光景の方が印象に残っている場合が多くある。はたして「地域芸術祭」に来訪した他の鑑賞者／観光者の経験はいかなるものであろうか。多くの来訪者は作品の展示場を探して地域を動きまわる。主催者から渡された地図を頼りに歩いても見つからず、迷った先に出現した他の作品の作品番号と地図とを照らしあわせて現在地を確認する。迷っている様子の人を見かけると、先に見てきた人が声をかける。目的地にたどり着けず、または行き過ぎて迷う。「道に迷う」経験をあらかじめ想定しているのが、「地域芸術祭」といえよう。不安な気持ちをもって歩きはじめると、「地域を歩く」ことに意識的になり、その場／環境を「発見」することが可能になる。それは、出発点から目的地へのたんなる移動ではなく、「徒歩旅行者」の歩く経験となる。

道を失い迷子になる経験は、森を生活の場としている先のマレーシアのバテックにとっても恐れとなるとトゥクーポはいう。恐れと自信はコインの裏表で、注意して行くべき所で自信過剰になって適切な警戒を怠ったために、ちょうど病気になるかのように、道に迷うことがあるという（Tuck-Po 2016: Ingold 2016: 18）。またジョー・フェルグンストは、北東スコットランドにおいて道に迷うことを眠りに落ちること、一瞬の意識喪失にたとえ、そして道が見つからない場合は、結局は死にいたることになるという（Vergunst 2016; Ingold 2016: 18）。フェルグンストは「道に迷うこと」と「道を見失うこと」を区別する。「道に迷うこと」はいま自分がどこにいてどこへ行きたいのかを即興的に探索し見つけながら進む点において、不安感や拠りどころのなさはあるものの、さまようことに似た「自由」がある。しかし「道を見失うこと」は本来の場所においてたどっていた線から外れて、自分自身と周囲との関係が途切れる経験である（Vergunst 2016）。サンチャゴ巡礼において、一面の野原で前方と後方の風景がほとんど同じに見える場所では、道端に腰をおろしてから立ちあがった後に、前方と後方の区別がつかなくなった経験があると土井清美はいう。地図上では間違いなくカミーノ（巡礼路）にいても、地面に残された足跡の向きを見つけるまでのあいだ道を失い、それまで歩きながらたちあげてきた周囲との順調な関係が一時失われる。何かのきっかけでいままでの連続性が断たれてはじめて、路上の微細なかたちや痕跡に手がかりを求めるようになる。このような道を見失う経験が、周囲の形状や物質的に把握できるものから現在地や進路の手がかりを得るように仕向ける。順調に推移する関係から断ち切られた瞬間にたち止まり、足跡などの過去に作られた痕跡に進路の手がかりを求めるという物質的世界との対話的な関係を再び手にするのである（土井 2015: 202）。

通常「地域芸術祭」においては、参加者は地図を頼りに、または近くの人の後ろについていきながら道を確認し、目的地にたどり着く。作品を見終わると、地図をたよりに次の行き先を決めるという過程を繰り返す。しかしときどき自らの判断で選んだ道に人影がなく、どこまで行っても作品展示場の印を見つけられないことがある。たち止まり、周囲を見まわす。そのときあらためて自分がどこにいて何に囲まれているのかを「発見」する。地域にいて、はじめて地域に遭遇し、対峙する経験をすることになるのである。この「道に迷う」時間のなかで、地域を「発見」し、地域のなかにいる自分を感じる経験をこそ味わうべきである。

フィジーの村を歩く

4　フィールドを「歩き／学ぶ」

フィールドワーカーは「先輩」となる子供たちとの会話のなかで現地語を修得する。そして彼らとともに村のなかを歩き、畑を歩きながらフィールド世界へと導かれる。若者たち〈とともに〉歩いたときには、一見雑草ばかりに見えるところが畑だと教えられた。そこにはヤシやパパイヤの木があり、草のなかにはナスやトマトが散見される。畑では村の規則から自由になるので、放し飼いのよその家のニワトリをつかまえて焼いて食べたりしたという。歩きながら、畑の境界・村の境界がどこまでか、その先の森のなかは樹木の霊に出会う領域であることを学ぶ。

仲間うちで語ることはあっても論文には記すことはなかったのが、フィールドでの個人的体感や経験である。知り合いの村で新生児洗礼を受ける幼児の祝宴のためにマングローブの密生地に薪を取りにいったとき、船で薪を運ぶことになった。引き潮時のマングローブの林のなかでは足元が泥でぬかるむので、みなゴム草履を脱いで裸足になった。ヌルっとした泥の感触を足指の間に感じつつ薪用の堅い木を運んだが、船の手前でその木を水に落とした。すると、木が沈んだ。その「水に沈む木」のことがフィールドノートには記されていた。また、草のなかの人の足幅ほどの細い道を歩く感覚、灯油ランプのほのかな明かりのなかを深夜起きだして外の漆黒の闇のなかで小用を足した経験、浩々とした月明かりのなかを歩いて自分の影を踏んだ経験などもある。そして島では海の満ち干が、村人の生活のリズムを刻んでいた。次に船にいつ乗るかで、船を着ける場所が変わる。満潮時には島に二カ所ある船着き場のどちらからでも船を出せるが、引き潮のときは南の船着き場までいき、裸足になって履物を手にもちズボンの裾をあげて、船が泊っている沖まで歩く。海岸は砂地ではなく、雨で運ば

子供たちから学ぶ（フィジー）

れた陸地の土がサンゴ礁に堆積してぬかるみ、かつ鍛えられていない柔い足裏にはサンゴの突起があたり痛みが走る。また、海に突き出たトイレ小屋を使用する際には、干潮時を避けるように注意する。満潮時は海水が満ちて小さな魚の泳いでいる姿が床の隙間から見えて快適なのだが、干潮のときには排便が山になっており臭気に包まれることになる。家から海の様子を観察し、かつ自分の腸の具合も感じつつ、トイレに行く時間を満潮時にあわせるように生活のリズムを調整した。

5 「ホーム・フィールドワーカー」の可能性――世界の異なる感じ方

インゴルドは先に述べたように、「徒歩旅行者」は「狩人」のように、動物の動く方法や道が地面にどう記されるかを正確に理解することが求められるという。痕跡から動きを再構築する狩人は、動物の足と同じように大地の感覚を発達させる。また同様に、羊飼いたちも動物〈とともに〉歩くことで羊の目を通した世界をありのままに見、動きながら生草を食べるリズムを理解する（Ingold 2016: 11）。コロナ禍の状況下で全世界のフィールドワーカーたちがこれまでのフィールドや新たなフィールドへのたち入りが困難になっている。しかしながら、フィールドでさまざまな困難に遭遇することはある意味「常態」であり、それを乗り越えてはじめて一人前のフィールドワーカーとなるのである。ここであらためてフィールドワーカーのホームや現状でも移動可能な空間において、さらには研究者自身をも対象とする研究の可能性を探ることを提案したい。フィールドワーカーのホームでのウォーキングにおいて日ごとに移り変わる環境を観察しつつ、民家の庭先や林の中で鳴く鳥の声を聞き分ける感覚を磨くこともその訓練となろう。

（1）廃墟を歩く――動物に生成する

フィールドワーカーのホームで探索可能なフィールドとなりうるのが廃墟である。ティム・エデンサーは「廃墟歩き」で生成変化する世界での経験を描く（Edensor 2016）。都市居住者が産業廃墟を歩くときには、狩人のように感覚が鋭く研ぎ澄まされるといい、その四つの特徴を指摘する。第一に、産業廃墟での即興的な歩きでは直線的な通過を邪魔され、場所の脱親密化や歩く身体の力を弱める危険を察知することになる。第二に、特別な感覚が廃墟をぶらつくことで生起する。廃墟のもつ特殊なアフォーダンス、通常ではないさまざまな物質性から一連の感覚的経験、歩く身体に馴染みのない状態が強要されることを感取する。第三に、通過する環境を注視する特別な方法と、「歩くことと見ること」の特性についての思考が喚起される。そして第四に、「廃墟歩き」では歩きとナラティヴの通常の隠喩的関係がうち砕かれることになる。廃墟を通過するという解読しがたい断片化した経験は、通常の歩行で規則的に感じられる権威的表象に従わないことを示すという（Edensor 2016: 123）。

都市での通常の歩きでは、規則的で馴染んだ空間の物質性と感覚性がパフォーマンスの混乱を最小限にする。強い刺激臭や大きな雑音は減じられ、無菌処置や無臭化され、「高級な景観」を呈示する「ブランドスケープ」はまさに去勢化された都市の様相を示し、歩きと継起的に出来事を語るナラティヴの類似性を感じとることができる。それに対し廃墟歩きは、通常の常識的な境界を侵犯し、内・外、過去・現在、田舎・都市、自然・文化といった二項対立的世界における境界崩壊とその受容を要請するという。「廃墟歩行者」は空間を再生産し、その広く拡張した認識のなかでパフォーマンスを実行する。従来の境界を支えるために構築された区画は粉々に壊され、新たな感覚〈とともに〉たち現れる。内部であった空間は、草が生えて動物がはいりこみ、時間が複合化し、非-人間の生と新たな生の形に満ちたものとなっている。見捨てられ脱中心化された空間は、理解されることのない過去に満ちており、「感覚が場所化され、感覚が場所を作る」という。見知らぬアフォーダンスに満ちた空間はドゥルーズとガタリがいう"becoming animal"「動物に生成する」契機となる（Edensor 2016: 132）。廃墟歩きは、とりわけ複雑な時間性を明るみに出し、時間軸上を継起的に生起するナラティヴの限界に気づかせる。同じ場所が別のパースペクティヴに横断されて時間的・物理的な直線性が途切れ、一貫した時間的つながりで構成されていない世界を経験させられるのである（橋本 2022a: 86-87）。

（2）たち現れる道

フィールドにある身体にとっては、それぞれの「道」がそれぞれにたち現れる。そのあり方に注目しているのが、古川不可知の『「シェルパ」と道の人類学』（2020）である。遠くヒマラヤまで行くことはコロナ禍の現状でなくとも困難であるが、廃墟のみならずホームのフィールドにあるそれぞれの存在にとってそれぞれの「道」がたち現れるあり方は、フィールドワーカーにとって重要な視点となる。たとえば、ヒマラヤのトレッキング観光者にとって階段は直進すべき道であっても、一〇〇キログラム近い荷物を担いだポーターにはその階段をまっすぐに登ることはできず、つづら折りの道をたどることになる。古川の経験では、重い荷物を担ぐと人は大きく足を踏みだすことができなくなり、歩みは小刻みかつ緩慢になり大きな段差を踏み越えられず、足を高くあげて登らねばならない階段ではなく、その脇の土が崩れて斜面をなした段差の少ない部分を選びながら蛇行するように歩くことになるという。観光者にはまっすぐな道としてたち現れる山中の階段が、ポーターにとってはつづら折りの道としてたち現れる（古川 2020: 168, 283-285）。ホーム・フィールドワーカー／都市歩行者にとってもまた、「道」はそれぞれの身体と状況に応じてそれぞれにたち現れる。それぞれの道がどのようにたち現れるか、そしてフィールド経験を通じてフィールドワーカー自身がいかに「生成変化」するか。ホーム・フィールドワーカー自身についての語りが必要となる。インゴルドがいうように、「道にそって」現れる環境を近くで監視し、絶えずそれに反応しながら振る舞い、周囲に敏感になって、何を明らかにすべきか、何をテーマとすべきかを発見していく「徒歩旅行者」がフィールドワーカーであるなら、ホーム・フィールドワーカーの可能性もそこに見出すことができよう（橋本 2022a: 87）。

本章の最後に「廃墟歩行者」や狩人のような「徒歩旅行者」の感覚をもって、過疎地における「地域芸術祭」を歩くことを提案したい。人工物ばかりの都市空間に現代アートという人工物がおかれても「違和感」を抱かれることはなく、感覚が研ぎ澄まされることもない。自然のなかに突然現れる五メートルを超える窓枠や額縁などの人工物は、山や海の景観を切り裂き、新たな感覚を切り拓く。人間の視覚に挑戦し、暗闇や眩しい光のなかを歩かせ触覚を鋭敏にさせる作品や、民家のなかに大きな滝が流れ落ちる作品は、鑑賞者の日常感覚を戦慄させる。そして作品を離れ、あらためて過疎地の景観のなかに身を置いていることに気づくと、そこは非‐人間と人間の生に満ちた時間／空間となっていることを感知し、現在と過去、そして未来が交差する場を歩いていることを知る経験となる。

第二部　「観光まちづくり」を歩く

観光研究において地域と観光の問題が前景化され、「観光まちづくり」という用語が見られたのは、堀野正人によると一九九六年で、二〇〇三年以降は切れ目なく見られるようになった（堀野 2019: 33）。私の「地域との協働のものがたり」は二〇〇二年からはじまった。地域は歩かなければ見えてこない。「徒歩旅行者」の身体をもって歩かなければ生活者の「住まう」空間を感じとることはできない。まずは地域に生きる人びと〈とともに〉歩いて地域を身体に取り込んでいくことからはじめる。次に気にかかること、興味をもったコトやモノをたち止まって観察し、自分なりの感覚を育て、その世界の成りたちについて感じ・考えていく過程を経て、はじめて地域にいる意味を「感じ／知る」ことが可能になるのである。

この研究・活動のなかで「地域」とはなにかと考えはじめた。「観光まちづくりプロジェクト」活動に参加する「地域の人びと」のメンバーシップは、市町村に縛られない開放性を特徴とするべきであると考えた。「まちづくり」の現場では「地域の独自性」とか「地域らしさ」など、地域を代表する特徴が「地域性」だと考えられている。この地域性を考察するのに参考になるのが、アルジュン・アパデュライの『さまよえる近代』で述べられている「ローカリティ」の概念である（アパデュライ 2004: 320-321）。「地域性」をうちだすとき、歴史の断片を使い、伝統を「捏造」することがあるのも現実である。そのため「まちづくり」に関わる人びとはその「地域性」を疑う行動を警戒し、「地域性」の研究を「にせもの性」をあばく研究と見なすことがよくある。また国家からの抑圧や住民の移動によって「地域性」の生成が阻まれる現実もある。地域の人びとは、国家が押しつける規制やグローバリゼーションで求められる画一性と闘いながら、独自の「地域性」を探しだし、それを地域の特徴として育てあげ、外部に主張している。アパデュライのいうように「脆《もろ》い地域性」ではあるが、それが現出する場として「地域」を捉える必要がある。

「地域文化」とは地域の人びとが発見・創造し、育てあげたものであり、地域の特徴を刻印された「地域性」を反映する。その「地域性」も発見・創造され、人びとによって育てあげられるものである。「地域文化」や「地域性」を発見・創造する「地域の人びと」は、グローバルな流れやナショナルな流れから画一性を押しつけられるときに、ローカルな主体として姿を現すのである（橋本 2018: 16-17）。第二部で紹介するのは、二〇〇三年からの「〈人と人をむすぶ〉地域まるごとミュージアム構築のための研究」と二〇一三年からの「観光まちづくりと地域振興に寄与する人材育成のための観光学理論の構築」の調査で訪問した「観光まちづくり」で著名な地域である。湯布院・内子・遠野・川越・谷中・郡上八幡・小国・豊後高田などの「よく知られた」観光地で地元関係者からの説明を聞き、人びとの「まちづくりのものがたり」に導かれながらさまざまな発見をした。その意味では、「よく知られた」観光地における「よくは知られていない」まちづくりについての「発見」の「旅／観光」である。

第Ⅴ章　宇治を歩く――「観光まちづくり」の実践

私が京都府宇治地域と関係をもちはじめたのは二〇〇二年からであった。当時フィジーの観光局では英国植民地時代当初の首都レヴカを世界文化遺産に登録しようと企画していた。その申請作業の手助けになればと、日本で五件目の世界文化遺産となった「古都京都の文化財（京都市・宇治市・大津市）」（一九九四年）の登録作業にかかわった宇治市歴史資料館を訪ねた。また二〇〇二年からは教員四人で「（人と人をむすぶ）地域まるごとミュージアム構築のための研究」（科研基盤研究B・二〇〇三―二〇〇七年）の申請のために歴史資料館と「宇治橋通り商店街」振興組合の方々との話しあいをはじめ、以後宇治市も含めた長いつきあいがはじまった。全国でも先駆的な、地域振興・観光まちづくりにおける「大学と地域との協働」であった。京都文教大学人間学部文化人類学科（当時）は「異文化理解」を学科教育の基本として一九九六年に発足したが、国内の実習地もいくつか用意し「異文化の視点から自文化を見る」ことを強調した。そして大学の地元・宇治を実習地にしたときには、「見慣れたものを違った視点で見る」という「異化作業」に強調点を移すことになった。

1　地域を歩く意味

宇治地域での活動は二〇〇三年からで、地域でおこなわれる活動はすべて「地域まるごとミュージアム」の対象となると考え、参加教員四人は意識的に地域での実習・調査をはじめた。先に述べたように地域は歩かなければ見えてこない。地域の人びと〈とともに〉歩き、生活者の「住まう」空間を感じ、地域を身体に取り込む必要がある。その世界の成りたちについて「感じ／考える」過程を経て、地域にいる意味を「感じ／知る」ことが可能になるのである。

(1) 人が歩き・楽しむまち

宇治橋通り商店街は以前ユニチカの工場従業員を主な顧客としていた頃は、夜勤明けの客が朝から刺身を買いにきていた。工場の縮小とともに商店街から客が消え、大型ショッピングセンターの進出で撤退する店が増え、空き店舗が目立つようになった。全国的に商店街の衰退が見られるが宇治橋通り商店街も例外ではなく、われわれが関わる以前から商店街活性化のための試みをしていた。商店街の第一の問題点は車の交通量の多さであった。一方通行の府道でかなりのスピードで通過する車が多く、歩道もないので安心して買い物ができない。ＪＲ宇治駅からは隣の歩道付きの市道が平等院への道として紹介されており、商店街に人が流れず、店舗が閉店しても後継店がなくシャッターが降りたままになっていた。

商店街振興組合の理事たちは宇治橋通りを人が歩ける道とするために電線の地中化を望んでいた。振興組合は二〇〇〇年度に京都府の助成事業で「魅力ある商店街づくりのためのマニュアル「笑店街づくり」」を策定し、重要項目として電線の地中化を掲げた。その後方針を「地域のための商店街」と改め、われわれ教員とかかわるなかで理事長のいう「産学協働のことづくり」の実践がはじまったのである（橋本 2021c: 190）。

教員はフィールドワーク実習で「宇治田楽」などの新たな文化的創造への参加、歴史資料館との協働で宇治市へ寄贈された故人の収集品の整理と展示、ゼミ生による「宇治橋通り商店街個性店づくりプロジェクト」、エチオピアに小学校を建設する「プロジェクトウォプル」と地域の小学校との連携活動、中宇治地区の地蔵の調査と「うじぞープロジェクト」の活動、寄贈コレクションの行灯《あんどん》を使った博物館実習での「あかりプロジェクト」活動など、それぞれの教員が地域の人びととの連携を実践しながら研究・教育活動を進めていった。この科研終了時には、大学としても宇治橋通り商店街の一角にサテライトキャンパスを設置し、地域の人びとと大学の学生・教員・職員が協働する仕組みを構築し、発展させた。その後のさまざまな継続的な取り組みの結果、全国展開している宇治茶の有名な企業も喫茶店やみやげ物店を出すようになり、地元の買い物客と観光者の往来が見られ、サテライトキャンパスでは地域の人びとを対象にした催し物が開催されている。二〇一二年には電柱・電線の地中化が実現して歩く場所が広がり、地域の人びとがより買い物をしやすくなり、観光者にも歩きやすい環境を提供することになった。年に一度の商店街フェスタには二万人以上の地域の住民が集まっている。

商店街の活性化には、顧客への商品販売だけを考えても成果はあがらない。自らも「地域」の一員である商店主が、地域で地域の人びと〈とともに〉生きることをテーマにした取り組みをすることが求められている。地域〈とともに〉ある商店街は地域活動の中心となり、人が寄り・歩き・楽しむ。その地域の核としての役割が商店街には求められているのである。

(2)「翻訳」作業から「交流」のための仕掛けへ

観光まちづくりで先進的な活動をしてきた地域（湯布院・内子・遠野・谷中・川越など）では、地域の人びとが他地域に出向き「他者の視線」を獲得し、自らの地域の価値を再認識している。地域内の日常的な資源であっても、他者にとっては十分に魅力的な「商品」となりうる可能性を学んだのである。それが地域にとってどのような意味を持ち、地域にどのような利益をもたらすのかを地域の人びとに「翻訳」して提示・説得し、「取り込み」、「観光まちづくり」の活動に仕立てあげるのは、新たに加入する「よそ者・若者」の役割ではなく、地域の有志たちの役割である。

モノはそれだけでは一過性の魅力にしかならない。後にアクターネットワーク論（ＡＮＴ）で触れるように、モノは地域におけるモノとモノ、モノとヒト、ヒトとヒトのネットワークのなかに位置づけられてはじめて、作用する力（エージェンシー）を発揮する。そして他所からそのネットワークに「取り込まれ／参与する」ヒトやモノとの関係のなかで新たな意味を獲得するのである。さまざまなアクター（エージェント、行為主体）によって形成されるネットワークが魅力を発揮するとき、遠くに住まう観光者がリピーターとなり、サポーターとなるのである。一過性の大衆観光者の数だけを求めることには自ずと限界がくる。地域の人びととファンとの交流とその交流人口に注目すべきである。

このとき「翻訳／取り込み」作業の密度の違いが重要になる。遠くに住まう観光者であってもある地域を頻繁に訪れていると両者は近くなり、ついには相互に「地域の人」（ローカル）だと感じるほどの関係になる。「交流」においては距離的な遠近はそれほど問題にはならない。先に挙げた地域（湯布院・内子・遠野・川越）のみならず、郡上八幡・小国町などの地域では、地元の人びとと交流する仕掛けが準備されており、他所からのファンを引きつけて「交流人口」を確保している。日常空間と観光空間との差異・境界が融解し、「交流者／観光者」が「取り込まれ」てローカルな空間が編成し直されているのである。

現在では、全体を見渡し、関係するすべてのヒトやモノを「対称的」に扱う方法と理論（ANT）が必要とされている。ヒトとモノとの区別なく現場を見渡し、何がアクターとなり、どのようなエージェンシーが働き、それを受け取るのは何か。そしてヒトとヒト、モノとヒト、モノとモノとがどのように混淆的なネットワークを形成しているのかを明らかにしていくことが求められている。

（3）地域の意味の変容——認識論から存在論への転回

現在のわれわれのほとんどがマスツーリズム的（＝資本主義的）な原理で動いているとすると、それとは異なる「地域主体の、別の種類の地域資源・文化資源・人材を作りあげ、少し違った仕方で世界を作りあげていくことが必要なのではないか」との発想にいき着く。「認識論から存在論へ」

の転回をおこなう必要がある。存在者を存在せしめる装置として関係／ネットワークを措定することによって、各存在者は自らの振舞いを通じて他の存在者を表現するものとなり、こうした物質・記号のネットワークがその動態を通じて自らに対する認識を産出する。こうして存在論が認識論に再び接合されるのである。「世界を制作／認識する」とは、単にあらかじめ存在する世界内の事物を組みかえることではなく、世界それ自体の境界を内側から揺るがしながらこの世界を再編成していく営為なのである（久保 2011: 50）。

地域での人材育成を目指すという視点からは、新たな価値観を「制作」することを目指す地域目線での観光「制作」によって、これまでとはどこか異なる仕方で世界を作りあげることを、すなわちこれまでのわれわれにとって異質な現実を提示することを求められているといえよう。世界を作りあげる営為がそのまま世界を認識する営為にほかならないならば、われわれは世界を特定の仕方で作りあげるからこそ、世界を特定な仕方で意味づける（久保 2011: 49）ことになる。この実践のただなかにおいて、世界（物質・記号のネットワーク）そのものが自らに対する認識を産出するのである。さまざまな地域で、地域の人びとの目線から観光を「制作」することによって新たな価値観が「制作」される過程を観察し、世界が新たな仕方で意味づけられ、一過性のマスツーリズムではなく、地域のヒトとモノとの「交流」を通していかに新たなネットワークが構築されるかを考察することが必要である。その実践のなかに自らを位置づけることが観光研究には求められているのである（橋本 2018: 77-78）。

2　自転車を使った「徒歩旅行」――萩・金沢・宇治

旅先でのレンタサイクル利用は、京都をはじめ「小京都」と名づけられた小さくまとまった地域を「歩く」のには最適である。一九七〇年に「ディスカバージャパン」の一環としてはじまった永六輔出演の「六輔さすらいの旅・遠くへ行きたい」で萩・津和野での自転車使用の旅が紹介されたことがあった。永は一九六七年から四九年間にわたってラジオ番組で前週に訪れた場所と人の紹介を続けていた。私にとっては人に会いにいく旅とその楽しみ方の手本となっている。

(1) 宇治サイクリング観光

二〇一二年に「宇治観光」の質の変容が必要であると考え、以前テレビで紹介された萩・津和野の「サイクリング観光」を参考にして提案しようと思った。これまでの「宇治観光」の中心は平等院を訪れる年間五〇〇万人余りの半日観光者であったが、翌日の魅力的な「歩き方」を提案すればそれまでの観光を一泊観光に変える契機となるのではないかという提案であった。魅力的な翌日観光の需要が増えれば宿泊施設も増え、観光の質が変わると考えた。

①　萩サイクリング

これからの宇治サイクリング観光の提案のために、二〇一二年度実習ではまず萩市でサイクリング観光の調査をした。三月に予備調査をし、六月に学生と調査をおこなった。萩には二系統の市内循環バスが三〇分ごとに運行されており、一回一〇〇円で、市役所から萩城をめぐる西回りコース「晋作くん」と松陰神社をめぐる東回りコース「松陰先生」が利用でき、萩市の概観を知るには最適な手段であった。またボランティアガイドに木戸孝允宅・高杉晋作宅などがある武家屋敷街や松陰神社の案内を依頼した。萩城から伸びる道の両脇に建てられた商家の二階は、殿様の行列を上から見下ろすことのないよう工夫されているとの説明があった。松陰神社に移動して、吉田松陰宅の説明になるころには学生たちは疲れ切っていた。

そしてレンタサイクル観光体験の始まりであった。三月はホテルで無料の自転車を借りたが、六月は自転車屋のレンタサイクルを使用した。一〇数台分を同時に貸し出した経験がないようで、サドルをあげられず足を曲げたまま乗らざるを得ないものもあり、かならずしも快適なサイクリング観光とはいかない学生もいた。萩サイクリング観光の楽しみ方を実感するには、学生はインゴルドのいう「徒歩旅行者」の心構えを鍛錬によって身につける必要があったが、人生ではじめてのフィールドワークで戸惑いをみせながらも次第に自分たちなりの発見をしはじめていた。私は二度目の萩を十分に堪能し、市街地のみならず二本の川沿いの道を走って外縁部を探索し、さらに東に二キロメートルほどのところにあるまだ「明治日本の産業革命遺産」で世界遺産登録（二〇一五年）される前の「萩反射炉」まで足を伸ばすこともできた。

② 宇治サイクリング観光プロジェクト

萩の経験を活かして宇治でのサイクリング観光のための地図と見所紹介を作成し、その地図を商店街の自転車店などで利用者に提供することにした。計画では、宇治観光一日目は午後から平等院や源氏物語ミュージアム、宇治上神社など近場を歩いてまわり、一泊してもらう。二日目がサイクリング観光である。

自転車店からレンタサイクルを借りて宇治橋を渡り、すぐ左折して宇治川右岸の土手道にはいり川をくだっていく。右下に茶畑を見て、二〇〇七年に発見された護岸施設「太閤堤」に行き、その向かいにある宮内庁管理の菟道稚郎子《うじのわきいらつこ》皇子の墓を訪ねた後、隠《いん》元《げん》禅師上陸の碑のある隠元橋に向かう。橋から右に折れ自衛隊の敷地の向かいにある許波多《こはた》神社、その先の信号を左に入り岡本小学校近くにある二子塚古墳、北上して京阪とJR奈良線の踏切を渡って隠元禅師が開いた中国風建築の萬福寺、京都大学のラグビーグランド下を走り、住宅地のなかの少し高台にある隼上《はやあが》り瓦窯跡《がようせき》で休憩し、下方一面に広がる宇治川対岸の景色を眺める。そこから京滋バイパスの上を横切る橋を渡り、車一台がようやく通れる路地に入ると、安養寺の隣には近所の人びとが護る閑静な厳島《いつくしま》神社がある。その先の三室戸寺を訪れた後、前日にまわった京阪宇治駅周辺の源氏物語ミュージアム・宇治上神社・宇治神社を通り、興聖寺前の道を通って上流に向かう。

サイクリング（宇治・白虹橋）

宇治川右岸の道は緑も多くウォーキングにも適している。やがて右手下に歩行者専用の天ヶ瀬吊り橋が見え、白虹橋からは天ヶ瀬ダムを見あげることができる。橋を渡り、川の左岸をくだり、天ヶ瀬吊り橋を過ぎると、左手にかなり急な登り坂が見える。自転車を押しながらその長い坂を登り切り、藤原頼道の娘で後冷泉天皇の皇后寛子が建立した金色院の鎮守社となった白山神社に向かう。そのあたりはほとんど観光者の姿を見ることはないが、時代を経た大きな惣門が道を横切り、それをくぐって右手にいくと鬱蒼とした木々に覆われた長い階段の上に白山神社がある。他の神社とは趣きが異なり、一見の価値がある。その後もとの急坂をくだり、川ぞいを行けば平等院にたどり着く（橋本 2021c: 196-197）。

自転車をゆっくりと漕いで各所を通過するだけなら、二時間ほどでまわることができる。そこで写真を撮ったりすると倍以上の時間が必要となり、喫茶店での休憩や昼食も含まれることになる。このサイクルマップ作成の狙いは、世界遺産の宇治上神社・平等院中心の半日観光の翌日に、近隣の魅力あるスポットをめぐる「一泊観光」を提案することであった。二日目の朝に自転車を借りて出発し、午後三時か四時に自転車を返す一日の行程である。

(2) 宇治・伏見をむすぶサイクリング観光

二〇一三年度の実習では、観光資源が多い宇治と伏見の両地域をサイクリングで結ぶ提案をすることにした。京阪電車宇治線が伏見から宇治まで走ってはいるが、両地点とも半日観光の対象ではあっても、両者を有機的にむすびつけた有効な観光戦略が見られないのが現状である。宇治観光協会と伏見観光協会、京阪電鉄などの連携に弾みをつけようとの意図であった。前年とは場所を変え、サイクリング先進地域である金沢の「まちのり」事業をまず体験することにした。

金沢城・城門横で

① 金沢サイクリング

金沢市の「まちのり」事業は二〇一〇年に二カ月間の社会実験がおこなわれ、二〇一二年三月から本格運用がはじまった。一日二〇〇円でポートに駐輪されている自転車を三〇分以内に返却すれば何回でも利用できるサービスである。金沢で「まちのり」事業がはじまったことを知り、二〇一三年度から金沢調査をはじめた。市の事業として市民の足としての公共交通の補完、まちなかの賑わい創出、車からの転換などを目的として掲げており、観光用の使用が前面に出ているわけではなかった。しかし運用がはじまると、おもに利用するのは観光者たちであり、ひがし茶屋街・兼六園・長町武家屋敷・金沢二一世紀美術館などよく知られた名所近くでは「まちのり」利用者が多く、ポートには一台も見あたらないこともよくあった。ポート事情を知るにつれ、近くの隠れたポートまで歩いていき「まちのり」を調達するようになった。「まちのり」スタッフは利用状況をモニターし、軽トラックで自転車の補充や他のポートへの移送をしているが、後手にまわることも多く、必要なときにいつでも利用できる状態を保つことは難しそうであった。

一回利用時間三〇分というのは微妙でスリルのあるゲームとなった。油断して自転車から離れて面白いモノや景色に見入ったりすると、ポートにたどり着く前に三〇分が過ぎてしまう。三〇分をオーバーしないためにとりあえず近くのポートに一度返却し、すぐにまた同じ自転車を借りだすという技が必要となる。行き先を決めたらまずポートの位置を確認し、油断することなく直行する。そのうちに三〇分以内にすべてのポートに行け、自在に乗りこなせるようになった。しかしこれは「徒歩旅行者」が自身の身体感覚として使いこなす「自転車と人のハイブリッド」のあり方とは別のものである。一種のゲームの楽しみとなっており、点から点、ポートからポートへの身体運搬方法の熟達度を競いあう楽しみであった。宇治・伏見では、まだレンタサイクルの浸透度は浅く、両地区をむすぶサイクルマップもまだ作られていない状態であった。サイクリングそのものの楽しみを考慮に入れた「サイクリング観光」の提案が必要であった。

② 宇治・伏見サイクリング観光プロジェクト――水をめぐる旅

宇治と伏見をむすぶ観光の提案を実習でおこなった。この両地域をサイクリングでむすべば行動範囲が広がり、これまでにない魅力を発見する豊かな観光経験を提供することが可能となる。二〇一三年度の実習では金沢での調査をいかして宇治・伏見サイクリング観光のための地図を作成した。伏見には幕末の歴史にちなんだ場所と酒造所があり、宇治にはお茶や『源氏物語』にちなんだ場所がある。その両地域をむすぶのが宇治川であり、共通するのが「名水」であった。そこで副題を「水をめぐる旅」とし、宇治と伏見をむすぶ宇治川の景色や鵜飼いなどの紹介と、道の途中の見所・過ごし方が提案された。

伏見の名水めぐりとして、この地図では伏水（黄桜記念館）・白菊水（鳥せい本店前）・御香水（御香宮神社）・菊水若水（城南宮）めぐりを提案している。飲用に適さないとされているものと入場料が発生するものは除外されている。宇治川派流ぞいでは月桂冠大蔵記念館裏から発着する十石舟を追い、寺田屋・伏見港をめぐる。伏見からは宇治川右岸の土手を通って宇治を目指すが、山科川と合流する土手にはまだ橋がなく、住宅街を通って土手に戻るときに途惑うことになる。その難所を過ぎて隠元橋までたどり着けば、先の宇治サイクリングマップで紹介した快適な土手道がまっている。

五月には土手の下に、強い日差しから茶葉を守るために藁を被せた珍しい「覆い下茶園」を見ることができる。季節ごとに河原では鴨・川鵜・鷺などの姿を見かける。宇治の名水として唯一残っている桐原水《きりはらすい》は、宇治上神社境内にあるが飲用には適さない。宇治川右岸を遡り、白虹橋・天ヶ瀬ダムの下を通って左岸に渡り平等院に戻ると、喜撰橋に出る。橋を渡った中州の塔の島には海鵜を十数羽飼育している小屋があり、夏の期間には宇治観光協会が主催する鵜飼いがおこなわれている。最後に宇治市の施設「対鳳庵」での抹茶、福寿園での甜茶を石臼で挽いて飲む体験を提案し、ゼミ員が推薦する抹茶ソフトクリームや抹茶パフェの店を紹介している（橋本 2021c: 198-199）。

この地図は、半日観光の対象同士の宇治と伏見という点と点をむすぶ線としての「宇治・伏見観光」を提案し、「徒歩旅行者」の身体をもってゆっくりと「歩く」ように観察し、新たな発見をすることを目的にしていた。そのためには、両点間のラインを自らの身体をもって移動する手段とそこに存在するモノの魅力を発見しアピールする必要があった。観光者にその魅力が伝わり、両点間のラインをたどる「観光／旅」の実践者が増えれば、リピーターも増える。そのときには宿泊施設の増設を考える業者も出現するだろうと考えた。地図作成の最終段階では、京阪電車企画担当・宇治市地域振興課・宇治観光協会の人びとの前で発表し、いただいたコメントを活かして訂正し、印刷後に観光協会を通して主要な場所におかせてもらった。

(3) サイクリング――モノとヒトの「部分的つながり」

身体の延長上にある自転車(モノ)は、人に新たな「感覚／視点」を提供する。サイクリング地図は通常の歩行とは異なる身体感覚をもとに作成され、日常とは異なる世界のあり様を提示する。少しの傾斜も敏感に感じとり、正面から受ける風の強さは坂道を登る困難と同質のモノとなる。サイクリング地図は「サイクリングの言語」に翻訳されて作成される。スピードの違いは距離感を変え、遠くにあると認識していたものを手の届く身近なものにする。飛行機の頻繁な利用者が遠い国境を隔てた距離を日常的な距離に感じるように、自転車利用者に世界の変容をもたらす。また、モノと部分的につながった身体は異なる感覚を獲得し、自転車とつながる「身体」は地面の少しの傾斜や向かい風もペダルの重さとして感じとる。とくに観光者には、通常の観光案内地図では表記されない土手にあがる坂などもかなりの負荷がかかる難所となり、無駄な力を使いすぎると疲れが回復せず、その後の緩い傾斜の登りでもつらいものとなる。快適なサイクリングのためには道の傾斜についての情報は重要で、歩いても息が切れるような急な坂は壁となって旅程を中断させることになる(橋本 2021c: 208-209)。

川ぞいの土手を走る場合は季節によっては大変な思いをし、それが原因で自転車を拒絶する者も現れる。五月・六月のサイクリング日和に宇治川土手を走ると、体調五ミリメートルほどのトビゲラが群れて柱になっているなかに何度も突入する。鱗粉はなく清流に棲む幼虫が羽化して飛びたったものではあるが、とくに女子学生からはこの時期のサイクリングは嫌われ、せっかくの河原の景色も評価がさがることになる。自転車では必ず何度もその柱に突入し、目・口・鼻にはり付き難儀をする。それさえ注意すれば、急な高低差のない川の土手に作られた「歩行者・自転車専用道」では、川中にたたずむ鷺・川鵜、季節によっては鴨の泳ぐ姿を見ながらゆっくりと走ることができる。このようなサイクリングはモノとヒトとの境界を溶かし、自転車を漕いでいることさえも意識させない境地に導く。どこまでが自転車というモノの感覚で、どこからが自らの身体の感覚であるのかを見分けることもできなくなる一種のフロー経験にはいりこむことができる（橋本 2021c: 209）。

第Ⅵ章　「まちづくりのものがたり」を歩く「旅」

二〇〇三年から湯布院・内子・遠野・川越・谷中・郡上八幡・小国・豊後高田などの地域振興課・観光協会・有志の人びとを訪ね、「観光まちづくり」活動をはじめようとした契機や現在かかえる問題について話をうかがった。すでに全国的な評価を受けている地域活動を担った人びとの話は具体的で説得力があり、何よりも楽しかった。有志グループ形成の様子、人間関係の維持の仕方、アイディアの実現方法、行政の巻き込み方など、それぞれの地域にあった独自の方法を模索・考案していた。みな好きだから友として集まり、楽しいから体を動かし、面白いから知恵を出し、その結果自分たちなりの目標を実現し、それぞれの満足感を得てきたという点が共通していた。その人びとの充実した「ものがたり」をガイドに、ゆかりの場所を歩いた。「まちづくりのものがたり」を歩く「旅」であった。

1　湯布院のまちづくり

地域の人びとがはじめた活動をメディアが取りあげ、地域の特徴として知られるようになった。

自ら創りあげたイベントと豊かな温泉と心のこもったもてなしが日本全国に知れわたり、観光者がそれを目指して来訪するようになった。大分県・湯布院町（二〇〇五年に由布市となる）ではまず辻馬車や音楽祭・映画祭を創案し、それを「地域文化」に育てあげた。湯布院は地域の人びとが自ら「地域性」を創造し、「地域文化観光」を推進した典型的な事例である。

大分県では湯布院の「観光まちづくり」をはじめとして、別府でも竹瓦温泉を含む市営の温泉を「語り部の会」が全国的にアピールし、さらに県全体での一村一品運動などが展開されている。湯布院のすぐとなりの熊本県・黒川温泉では、地域の宿同士のむすびつきを強固にして景観を統一し、露天風呂などの共用を実現している。別府・湯布院・黒川をたどると「まちづくりのものがたり」が見えてくる。「観光まちづくり」で重要な視点は、イベントの成功そのものよりも、それに参加した地域の人びとが楽しめた企画かどうか、すなわち「地域化」し、企画が地域のものになっているかどうかである。これは企画の維持・継続にとって重要な要素である。

（1）ドイツ・保養地を歩く

一九七〇年、大分県の城島高原の「猪の瀬戸」にゴルフ場建設計画がもちあがった。湿原の植物を守るために旅館経営者たちが中心となって「由布院の自然を守る会」が結成され、建設を阻止した。翌年には「明日の由布院を考える会」となり、その後「牛一頭牧場運動」「牛喰い絶叫大会」「辻馬車」「ゆふいん音楽祭」「湯布院映画祭」という全国的に知られるイベントが創出された（吉田 2006: 130-131）。

今日の湯布院発展の基礎を築いた伝説の三名のひとりである中谷健太郎氏の話によると、一九七〇年に中谷健太郎・溝口薫平・志手康二の三氏がドイツのバーデンヴァイラーを訪ね、滞在型の温泉保養所のあり方について勉強してきた。広大な温泉施設と公園、毎日どこかで開催されるイベントの数は年に三〇〇にものぼり、深夜までショーウィンドウの電気がついていた。パリのデザイナーと契約をして緑のなかに街を埋めこみ、きれいな商店街を演出した。なかにはいったら「自由だよ」といっているようだったという。地域全体の料金を少し高めにし、世界各地からの保養客をターゲットに設定していた。

辻馬車（湯布院）

一九七六年に地震の影響で湯布院の全宿泊客がキャンセルをし、壊滅的な「情報被害」にさらされたとき、何でもいいから宣伝し、客足をとり戻したいと思った。そこで「辻馬車」を走らせ、湯布院は「大丈夫」だとのメッセージを送った。その後さまざまなイベントを企画したが、広告用の予算をとらずに「事業費」だけを計上し、事業にはメディアにも企画段階から参入してもらった。記者たちがゴロゴロできる部屋を用意して泊まってもらったという（橋本 2011: 161-162）。

（2）まちづくりのものがたり

二〇〇三年に湯布院町を訪問し、観光総合事務所で事務局長から説明を受け、翌日は「亀の井別荘」の中谷氏を訪問した。また偶然にもわれわれが宿泊したホテルのオーナーは志手康二氏の妹だった。二〇〇三年の湯布院町は人口一万二〇〇〇人で一年に四〇〇〇万人の観光者を迎えていた。まちとしては歓楽街を目指すのではなく、音楽祭や映画祭を開催してアートや創作の時間を提供し、癒しの里として自然・伝統・文化を大切にしたヨーロッパ型の「温泉保養地」（クアオルト）を目指しているとの説明を受けた。「住みよいまちこそ、すぐれた観光地」であると訴えている。自然と農業を観光にむすびつけ、地元の農産物をみやげものや旅館の料理に活用する。大地の生命を復活させ、由布院牛を育てる牛一頭運動をくり広げ、「牛喰い絶叫大会」などのイベントを地元民向けに開催している。健康温泉館・湯掻き丸太・花のハウス栽培など「農・商・観光・自然環境」の連携をとろうとしている。旅館一〇〇件のうち四分の一が料理研究会に参加し、各旅館の名物レシピを相互公開する動きがはじまっている。研究会は湯布院温泉全体の料理の質を向上させ、さらに連携が進めば、二泊目の夕食を別の宿でとることも可能になるという。地域の人びとが自ら発見・創造した「地域文化資源」を育てあげ、発信する姿がここに見られる。

それに対し、「よく知られたものを確認」するだけの大衆観光者向けに、近年、短期で利益をあげようと外部資本がはいりこんでいる。由布院観光総合事務所の事務局長は、彼らは「わかりやすい言葉」で、何処にでもあるような店を出すと批判する。そこを訪ねてみると、昔の店のような雰囲気を出し、どこにでもあるような手頃な品物を売っていた。年間四〇〇万人がたち寄るが、望ましいのは二〇〇万人ほどの宿泊客がくり返し訪れてくれることであるという（橋本 2011: 164）。湯布院の名前にひかれた大衆観光者が大型バスで乗りつけ、みやげもの店を集めた一角で買い物をし、金鱗湖までの通りを団体で闊歩し、別府あたりで宿泊する。そのような「通過するだけの観光者」が、湯布院が目指す温泉保養地の静かな雰囲気を台無しにしている。以前その一角をまちが買い取り、温泉街を散歩する人がゆっくりできる休憩所にする計画があったが、行政の施策がいき届かず、外部資本に購入されこのような結果になったという。

年間二〇〇万人の宿泊客だけに絞ることができれば、「湯布院のようになってはいけない」と批判されるような事態を避けることが可能になる。また企画もまち全体で大きくおこなうのではなく、個人の目が届く範囲で有志が集まり、小規模に新たな企画をたてて活動をはじめているという。中谷さんは自分が生まれた商店街を中心に再組織化をおこなって、年に一度の「春の文化・記録映画祭」をはじめた。二〇〇三年で七回目になるという（橋本 2011: 169）。

絵画を飾るホテル（湯布院）

(3)「ものがたり」を歩く

湯布院の「まちづくりのものがたり」に導かれて歩くうちに、いつしかさまざまな発見にいたりつく。宿泊したホテル「遊輪」のオーナー吉井好子氏は高知に嫁いでから絵を描きはじめ、二科展や海外の展覧会で優秀賞を獲得している。一〇年前にご主人が亡くなったのを機会に、湯布院で母親の跡を継いでこのホテルをはじめた。露天風呂に内側から鍵をかけられるようにして、安心して温泉を楽しめるようにした最初の宿だという。一部屋を展示室にして自分の作品を紹介し、また大きな風呂場の天井に直に絵を描いてもいる。彼女の説明を受けて、露天風呂に鍵がかかるのを確かめ、大天井の絵や建物の随所に飾られた作品を見てまわった（橋本 2011: 165）。

夜は、まちの人が集まり話に花が咲くと紹介された居酒屋に顔を出し、店の人や居合わせた客との会話を楽しんだ。また「玉ノ湯」には泊り客以外もはいれるバーがあると聞き、石畳の道に面した落ち着いた造りのバーを訪ね、創作カクテルを作ってもらった。「地元の人びとが宿泊者〈とともに〉過ごす湯布院温泉」という「ものがたり」にそった夜の過ごし方を経験した。

（4）「地域文化観光」を歩く

豊富なお湯以外にはこれといった資源がなく、話題になるものもなく、宣伝にかけるお金もなかった。そこで考えたのが「辻馬車」などのイベント企画であった。町で考案した企画をメディアが取りあげる。それが町の宣伝になる。以後、湯布院音楽祭・映画祭と企画が続いていった。そのとき何よりも重要なのは地域の人びとが自分たちの企画を楽しむことであった。それと並行して旅館でのもてなしの改善を進めると、少人数のグループや家族旅行を中心にしたゆったりと丁寧な応対を心がけるサービスが評判になった。湯布院は独自の企画でよく知られるようになり、一度行けばその応対ぶりに満足し、リピーターとなり、その体験を口コミで知人に広めるという循環が有効に機能した例である。しかし最近は、「よく知られた場所」だからくるという観光者がバスで乗りつけ、「まちを通過するだけ」の大衆観光者が多くなり、のんびりとした町の雰囲気がかき乱される問題が指摘される。

私は湯布院を「地域文化観光」の典型的な事例だと考えている。地域文化資源となる「地域性」は、観光開発を意識的に担う地域の人びとが「地域の特徴」を自ら創造し、育てあげたものであった。この「地域性」は地域の人びとが恣意的に作りあげたものであるが、それを「地域のもの」として住民が誇り・推奨し、「地域文化資源」としたのである。湯布院の事例は極端な例である。通常の「地域おこし」や「観光開発」の多くの事例では、地域に何らかの縁のある伝統・歴史にかかわる断片が活用される。湯布院の場合は、地元の人びとの楽しみのために予算を使い、自ら創造した「地域文化」を楽しみ、それを来訪者も楽しむという望ましい形を作りあげた。まちづくりの理想的な姿である。湯布院という名はブランド化し、少人数の旅行者向けの高度なもてなしで知られ、誰もが一度は行ってみたい場所となった。しかしこれほどの企画力を発揮できる地域は珍しい。新たなまちづくりや地域振興を目指す地域では、ここで述べるような「地域性」を反映した「地域文化」を創出して宣伝し、少しでも観光者のまなざしを引きつけようと努力をしているが、望ましい結果を出している所はまれである。

2 「まちなみ保存」のまち――愛媛県内子町

今日の内子《うちこ》町があるのは「まちなみ保存」があったからだと、町役場の女性は語った。「まちなみ保存」をきっかけに、住んでいる人が気づかなかった「個性」をもつ「内子」として認識され、観光という新しい事業もはじまった。その「まちなみ保存」は一九七二年に中芳我《なかはが》家の遠縁の画家井門敬二がこの町に転居した際に、内子のすばらしさを評価し、行政に働きかけたのが契機となった。行政もその提案を受け、政策の核に位置づけた。町長のリーダーシップと当初関わったコンサルタント会社からの継続的なアドバイスを得て、関係者各自がしっかりとした考えをもつようになった。内子では外部から降ってくる「愛媛町並み博」などの振興策に踊らされることなく、自らの考える「まちのあり方」をしっかりと見据えて対処している様子がうかがえた（橋本 2011: 170）。

（1）「歩くまち」を創る

重要伝統的建造物群保存地区に指定された愛媛県内子町の八日市《ようかいち》・護国地区は、江戸時代から明治時代にかけて木蝋《もくろう》の生産で栄え、当時の商家群が六〇〇メートルの道にそって残っている。また一九八五年に復元された本格的な劇場「内子座」や、国指定の重要文化財の大村家・本芳我家・木蝋資料館上芳我邸などがある。保存地区は一本道のゆるいのぼり坂にあり、適度の抵抗がある「歩く」のに適した道になっている。飲食店やみやげもの店など観光者を相手にする店が三〇ほどある。人口が一万一〇〇〇人、二〇〇〇年の統計では来訪者数が五二万人で、そのうち宿泊者が一万八〇〇〇人であった。来訪者数は二〇〇六年に一二八万九〇〇〇人、二〇〇八年には少し減少して一一〇万七〇〇〇人になっていた。町外れの駐車場に大型観光バス一五台・普通車八〇台が収容可能であり、まちを抜ける道路は広くなく歩行者用で、車用の道路は近くを通っている。

二〇〇四年一〇月に科研メンバーで高橋邸に泊まった。内子の偉人高橋龍太郎の生家が一九九四年に町に寄贈されたのを機に、住民参加型で家の開放がはじまった。女性グループ「風雅」は当初掃除だけを担当していたが、喫茶のサービスをはじめ、二〇〇二年からは一日一組限定で宿泊客も受け入れた。夕食はまちなかの店舗でとってもらい、朝食のみをサービスしている。町はずれの道路ぞいにある「からり（花・楽・里）」は第三セクターで運営され、内子町の産物を販売している。一〇年ほど前に三〇軒ではじめた時は雨ざらしであったが、七年前にテント状の屋根をつけ、今は四〇〇軒が参加している。「高次元農業の実践」の知的農村塾「ふるさと塾」が開講され、そこで育成された若い青年リーダーが「からり」の中心メンバーとなっている。個人の経営努力、とくに女性の力が大きいという。商店からの出店もあり加工品などの品目が増えて三〇〇品目を超える。自由競争で値段の付け方や品揃えなどは他店を見て工夫している。産業振興課が「焦らずにやってきた」ことが、年間五億円の販売実績をあげる成果につながったという。

内子町が所有し住民が運営する宿泊可能な公設民営の施設は、「石畳の宿」「大瀬の館」「いかだや」「高橋邸」など四施設があり、内子での滞在型観光を進めるうえで重要な施設になっている。個人経営の農家民宿や町屋民宿もあり、グリーンツーリズムにかかわる人も増えている。宿泊客にはリピーターも多く、都市と農村の交流が発展的に個人の領域で進められることが強みであるという（橋本 2011: 171-172）。

（2）自分たちのまちをまもる「まちづくり」

二〇〇四年の愛媛県の「町並み博」に対する内子町の対応が興味深い。内子はそれまでも年間

内子を歩く

五〇万人以上の観光者を迎え、地域の資源をいかし持続性のある観光を進めてきた。しかしここに突然降ってきたような「町並み博」には警戒感をもったという。大洲・内子・宇和の三町を中心に南予地域に観光者を呼ぶ企画だったが、内子での議論では「今まで内子がやってきたものと違う」という意見や、これ以上観光地化することへの危惧が語られたという。「内子の町の受け入れ可能な人数の枠を超えると、もてなしにも粗雑さが出て、まちのイメージがだめになる」との警戒感をもった。「一過性の集客で内子がすごくなった」と住民が勘違いをするのも怖かったという。

芝居小屋「内子座」は、内子座文楽の公演や地域住民の芸能発表会などで年間に七〇回ほど利用され、ほかに有名人の講演などにも使われている。しかしこの「町並み博」では有名人などが毎週のようにくるが、一回の公演で入場料が七千円や一万円というのは町の人には高すぎる。県は地元のためというよりは、外から来る観光者向けの催し物を旅行商品として提供するつもりのようだ、との印象を地元はもったという。「町並み博」で観光者数がどれだけ増加するかより、ライトアップの方法や舞台の使い方についてのノウハウや人脈を引き継ぐことが大切だという。南予地域が国土交通省の「観光交流空間づくりモデル事業」に選定されたが、内子はもともと観光を目的にやってきたのではないので心配しているという。「国がいい出すとなぜか、どこもかもが同じものを作り、個性がなくなり」、結局「どこもかもつぶれる」という傾向がある。「個性のあるものに金を出す」といいながら、「どこでも同じものができてしまう」。それに対抗するためには、「しっかりした住民が育つことが一番である」と町のスタッフは認識している。

地元が地元民のための企画を考え、地元の力で対応できる内容を外部の賛同者・媒介者とともに考案していくのが「地域文化観光」の基本である。内子町はまさにこの「地域文化観光」で地元がとるべきスタンスを確立しているといえる（橋本 2011: 173-174）。

（3）内子と観光——課題

内子町にはいくつかの課題があった。まずは「マスツーリズム」の影響が危惧されていた。年間五〇万人（二〇〇八年一一〇万人）の観光者を迎える内子町は、静かな環境をマスツーリズムの影響から守る対策がとられていた。自動車は町の中心部から離れた主要道路を走り、直接中心部にはいりこむことがない。観光者は一度バスから降りて、徒歩で一本線状の道を歩いてまわり、まちの反対側に設けられた広い駐車場で待つバスにたどり着く。観光用の店もほとんどは地元住民が経営している。通り過ぎるだけの観光者が多く、宿泊客の確保が課題となっていた。

湯布院のような「外部資本」の問題もある。内子が有名になるにしたがって、外部資本がここ一〇年で五軒ほど出店している。人が「住まう」生活空間であること、それが内子のまちなみのよさであり、誇りとなっている。ここが今後、日本中のどこででも売られている品物が置かれるような観光みやげもの店のゾーンになってほしくないと地元の人は語る。「内子ブランドの創作」が、その意味で重要になる。内子産の和蝋燭《わろうそく》のほかに、農作物・酒などの加工品を「からり」で扱っているが、さらなる発展が望まれている。

過疎化対策と「むらなみ保存運動」も今後の課題である。重要伝統的建造物群保存地区のにぎわいの反面で、周辺地域では過疎化が進み、活力が低下している。石畳地区では一九五〇年代に使われていた水車小屋を復元し、廃墟だった民家を宿泊施設に改修し、地元の主婦が地元の食材でもてなしている。このように周辺地域の特徴をいかした売り物を創出して観光者のまなざしを引きつける対策を実践していても、過疎化は進み、継続的な対策が必要であることに変わりはないのである（橋本 2011: 174-176）。

3　「語りの里」を歩く――岩手県遠野市

二〇〇三年に、人口二万八〇〇〇人、観光者が年に一六〇万人訪れる遠野市を訪問した。遠野には地域の人びとを引きつけ、ともに働きたいと思わせるリーダーが何人もいる。彼らの語りからは、人に感銘を与えるアイディアを創案し続けてきた様子がうかがえた。遠野のまちで聞いた感銘深い「ものがたり」を歩いてみよう。

一九〇〇年に出版された柳田国男の『遠野物語』は地元では家に付属するごく「当たり前の話し」にすぎなかったが、外からは注目された。一九六三年に加藤秀俊・米山俊直の『北上の文化』の出版や、NHKで紹介されて注目が集まり、一九六八年頃から「民話のふるさと遠野」というキヤッチフレーズが唱えられた。「ふるさと公社」では市・商工会・ＪＡが「伝承園」「風の丘」「物産センター」などの施設の管理・運営をおこなっている。産直販売や食堂がある「風の丘」は道の駅に認定され、岩手ナンバーの車がたくさん買いものに来ていた。

（1）まちづくりのものがたり

農村に新たに移住を考えるＩターン者を受け入れるときに、まず自分で住みたいと思う所を一年間かけて探すようにまちではアドバイスしているという。探し歩くプロセスのなかで、見る側が見られる側になり、住む側と住まわれる側とがお互いを知り、「住まう場」がたち上がる。Ｉターン定住者の先輩が助言する取り組みが遠野の「人間力」となっており、人口は減っても、所帯数は微増しているという。

道の駅「風の丘」はまちの中心から四キロメートルのところにあり、交通量は多くない。一九九九年発足当初は年間一〇万人の来客を予定したが、初年度に七〇万人が訪れた。二〇〇三年には一〇〇万人を予定しており、地元が二割、近くの釜石などから三割、少し離れた盛岡から四割、県外から一割ほどが来ている。いくつもの仕掛けが効果を発揮しているという。東京のコンサルタントに頼まず、大きな建物をたてず、川を見渡せる絶好の景観地を無料の「休憩ホール」にしたことなどをスタッフはあげる。そこをレストランにすると、金を支払わないかぎり絶景ポイントを堪能できないことになる。「風の丘」の売り物に、産地直送の「顔が見えるサービス」がある。自家製の野菜や加工品を一人あたり青い籠一つに盛り、写真と名前をつけて売る。二〇〇人から三〇〇人の農家が参加しており、「消費者が売り、売り手が買う」「売り場ではなく、買い場にする」という方針を掲げている。

感動的な「ものがたり」がある。畑のまわりが開発されて木陰がなくなり、トイレに関してとくに女性が困った。そのとき畑の真ん中にトイレを作るように市に要求し実現させた農家の主婦たちがいる。全国でも珍しい畑のまんなかの公衆トイレが「風の丘」の近くにあった。また「風の丘」に五坪の建物を借りて女性たちが店を開き、いまでは年に五千万円以上を稼いでいるという。前の晩に下準備をし、農家もやり、三時間しか寝ないで働いているが、面白いといっている。初年度の年末に三〇〇〇万円という予想以上の売上げを達成した祝いをすることになった。近くの温泉に行って骨休めをするわけではなく、「風の丘」のレストランに家族みんなを招待し、自分たちで作ったユニフォームを着て接待したという。「家族のおかげで外での仕事ができるから、家族のためにパーティを開催した」のであった。その「まちづくりのものがたり」に導かれて、畑のなかの公衆トイレ、小さな店、絶景の無料休憩所をめぐり歩いた（橋本 2011: 178）。

（2）語りの里を歩く

遠野は昔話を中心にした観光まちづくりで全国的に知られている。まちなかのベンチの背からはオシラサマの馬の首が飛び出ており、遠野駅前交番の建物はカッパの形をしていた。郊外には昔の民家を移築したテーマパークがある。宿泊施設は多くないが、ゆっくり歩くには適している。ここは柳田国男の『遠野物語』以来、何度かふるさとブームのまなざしを受けて注目された。当初は一貫した総合計画がなかったので「遠野ふるさと村」「伝承園」「曲がり屋」などで昔の建物が展示され、テーマが重なっている。

『遠野物語』にちなんだ「とおの昔話村」（二〇一三年から「とおの物語の館」）の大きな蔵を改造した展示場には、劇団民芸の俳優たちが語る「物語」に合わせて紙芝居のように自動的に絵がかわる仕掛けがあった。向かいの遠野物産館の二階に設定された「語り部ホール」では、プロの語り部が生《なま》の語りを聞かせている。またJR遠野駅の遠野市観光案内所にはボランティアの語り部が詰めており、「語り部のいるお休み処」という看板の下に、手書きで「寄っていってがんせ　昔話　語るからきいていってがんせ」と案内をしていた。カルチャーセンターで語りを習った人がそこで観光者相手に無料で話を聞かせている。時間に余裕のある客を相手にしているので、長い話もゆっくりと話せる場所になっている（橋本 2011: 179-180）。

語り部（遠野）

(3) ものがたりを「歩き／聞き」、旅人に「生成変化」する

遠野は「語りの里」であった。ザシキワラシがいて栄えた家も、ザシキワラシが離れて没落した家も、ここでは「むかしむかしあるところ」という匿名の世界ではなかった。どの家か特定できるので『遠野物語』の扱いには慎重にならざるをえなかったという。

川森博司（2000; 2001）は、いまや昔ながらのいろり端はなく、祖父母が孫に昔話を語る機会もなくなり、観光者相手に語る新たなスタイルが創出されているという。昔話のプロの語り部は、語り部ホールで不特定多数の観光者相手に決められた時間内での上演をしている。上演中に観光バスの出発時間がやってくるので、「二〇分で終わる話をして下さい」との注文が出される光景を目にした。時間のかかる長い話は敬遠され、よく知られた適当な長さの話がくりかえされている（橋本 2011: 181）。

「伝承園」にはたくさんの民家が移築され、老人が作業をしている。男性は鉈《なた》で太い幹にカッパを彫りながら来場者と話をし、女性は廊下の日当たりのよい所で質問に応えながらみやげものを売り、部屋のなかのオシラサマの話や自身の昔話を語る。八二歳の女性は無給でみやげものを売ってこの家をみているが、車で送り迎えをしてもらえるのは昔の殿様のようだと話す（橋本 2011: 181）。「むかしばなしの里」という枠組みは、すべてを「むかしばなし」に変換させる。まちなかを歩く観光者はいたる所でカッパやオシラサマを発見する。そして移設された民家でゆったりと構える人に出会えば、なにか話を聞いてみようと歩みよる。伝承園の老人、語り部ボランティア、宿の主人、産直の出店者などはみななにかを語ってくれる存在に思えてくる。そして彼らから聞く話はみな「むかしばなし」のように聞こえる。このような「導きのものがたり」に遭遇した旅行者／観光者は、もはや通り過ぎるだけですべてを垣間見るだけの大衆観光者ではなく、「語りの里」遠野で「歩き／聞き」、そして「ものがたり」を通してあらたな「発見」を享受する「旅人／観光者」に変わるのである。

4 「伝統的建造物群保存地区」のまちを歩く——埼玉県川越市

二〇〇四年六月に東武線で池袋駅から川越駅に行き、商店街を北に向かった。「小江戸川越」を目指して歩いているのだが、現代の若者が集まり賑わっている駅前商店街「クレアモール」のまっただなかをまず通り抜ける。その先ににぎわいが途切れた「新富町」があるが、まちなみを整備せずあるがままの姿を見せる。銀行・パチンコ店・豆大福の店、その隣に大衆演劇の公演もおこなう「湯遊《ゆうゆう》ランド」があり、歩くのが楽しくなるまちである。われわれはこの湯遊ランドに泊まり、大衆演劇の一座の芝居を見ながら夕食をとり、湯船ではその日の公演を終えた役者と顔を合わせた。

スーパー銭湯で演劇（川越）

そこからさらに北を目指して通りを渡ると、「大正浪漫夢通り」の幟《のぼり》がたつ大正・昭和の建物が並ぶ一角「立門前《たつもんぜん》通り」であった。そのひとつ西の中央通りは「昭和の街」と銘打たれている。コーヒー店「大正館」・たこ焼き屋・大正風建物の「カニヤ」、そして昭和二年に銀行として建てられたルネッサンスリバイバル様式の「川越商工会議所」を見ながら歩いた。仲町の交差点から「蔵造りの町並み」にはいっていくが、交通量が多い県道川越・栗橋線の両脇に「小江戸川越」のまちなみはあった。一八九三年三月の大火で三分の一の建物が焼け、土蔵造りの大沢家が残った。その後防火のために土蔵造りの建物が建てられるようになったが、蔵造りは日本橋三越のものをまねたという。「小江戸」は明治の大火以降のまちであった。

（1）川越一番町の「まちづくり」

埼玉県川越市一番町の「蔵造りの町並み」は、地域の景観を壊しかねないマンションが建設されるとき、阻止運動のために「行政による規制」を選択した結果生まれたまちである。以前パチンコ店・キャバレーがあった場所が空き地になり、そこに高層マンション建設の話がもちあがった。その高層化に反対するためには、高さ規制や厳しい建蔽率などが適用される「伝統的建造物群保存地区」に指定されるのが一番だとの話になった。指定されると「釘を打てなくなる、看板をおけなくなるのでは」など商業活動を凍結することにならないかとの反対意見も出たという。しかしなんとか申請できる体制を整え、一九九九年に国の指定を受けたのであった。

川越一番町のまちづくりは、一九八三年の「蔵の会」発足に遡る。一九八五年には「小江戸・川越、歴史と文化のメッセージを伝える街づくり」というタイトルの「コミュニティマート構想」で通産省の補助金を受けた。「街並み委員」が規範をつくり、それにあわせて店を直すといった提案がなされた。一九八六年に「町並み委員会」が発足し六七項目からなる「まちづくり規範」を策定した。そして一九九八年に「伝建」の申請をし、翌年指定を受けたのである。以後有名建築家が設計する建物の場合にも、通りとの連続性を考え、「人を拒絶するような雰囲気にならないように棟を分けてもらった」という。「蔵の会」では、理想的な店は「観光客におもねらない、地元民に愛される専門店であり、地元の人のための商品を並べる」ものだと考えているという。観光用のどこにでもある店ではなく、地元に「住まい／生活をする」人びとが利用する本来の商店街であるべきだとの強い思いが伝わってきた。

まちの整備がはじまって以後の観光者数は、一九八九年にNHKで『春日局』が放映された時には四〇〇万人が来訪したが、それ以後は一五〇万人ほどになった。しかし、その後観光地としてのブランド化に成功していき、二〇〇四年には四〇〇万人と盛り返し、二〇一九年には七七五万七〇〇〇人が訪れている。

(2)「まちづくりのものがたり」を歩く

まちづくりの話を聞いていて、何よりも重要なのはまず地域の人びとが「まちを歩く」ことであり、そして次に仲間で飲むことであると思った。川越で一九八一年に広報制作のビデオ作品が賞を取ったのを機会に青年会議所・学校の教員・建築家・蔵の持ち主が中心になって「蔵の会」が結成された。そば屋の二階で月一回集まり、お酒を飲んでいろいろな話をしたという。「蔵の会」は当初は三〇人ほどで四〇代の人たちが中心だった。初代会長がお話をうかがった可児氏で、二〇〇三年にNPO法人化し、二〇〇四年当時は四代目会長の時代で、会員は二〇〇人ほどおり、お茶の会などを催しているという。全国のまちづくりを視察に歩き、会津・松本・栃木・佐原・成田・足利・桐生などを訪ねたという。

歩き、知者の目をもって地域の状態を観察しないと知恵は出てこない。一九九二年に下水道の見直しを市が計画したときに電線の地中化の話がもちあがったが、市の下水道事業に含まれていたので商店街には金銭的な負担はなかったという。電線が地中化されても、トランスが道路上に残されて歩行者の邪魔をしている場合が多い。川越では通りの裏にある私有地にトランスを置いてもらえるように五カ所の持ち主に六カ月かけて説得をしたという。一七九二年に建てられた重要文化財「大沢家住宅」の裏や寿司店の駐車場などにあるとの話を聞いて、トランスを探して歩いた。表通りから奥にはいった寿司店の駐車場の脇に、車の邪魔をすることもなく二つのトランスが並んで置かれていた。そのトランスを写真に撮ったが、「まちづくりのものがたり」を聞かずにこの写真を見ても、その意味を理解することはできないと思った。

5　谷中を歩く——東京都台東区谷中

谷中《やなか》銀座は階段の下に広がっていた。JRの日暮里駅から西に向かい、谷中霊園の脇を通って広い階段「ゆうやけだんだん」の前に立つと、「ひぐらしの里　谷中ぎんざ」という看板が来訪者を迎える。二〇〇四年六月に、川越を訪ねる前に谷中銀座商店街で振興組合理事長に話をうかがった。

(1)「昔ながら」の商店街を歩く

階段を降りると商店街がはじまる。各店は個性豊かだが、店の看板はみな長方形の一枚板に黒の文字で書かれていた。戦後商店街は自然発生的にできたが、これまで三度の危機に見舞われたという。一九六九年末に地下鉄千代田線西日暮里駅ができてこれまでの人の流れが分散し、一九七七年に食品スーパーが、一九八五年にはコンビニができて商店街の客足に影響がでたという。どの商店街も抱える問題をこの商店街も経験していた。

現在も販売促進策である割引スタンプ事業の収入が半減しており、厳しい状況にあるという。一九八〇年代後半から谷中・根津・千駄木という地理的に隣り合い、昔のまちなみが残り風情が似ている三地区を一体化して「谷根千」と呼ばれるようになり、三地区を歩きめぐる来訪者が多く来るようになった。一日六〇〇〇人以上の「谷根千」を歩いてまわる観光者たちに対して、業種の転換ではなく、業態を柔軟に変えて「よろずや的」に対応していく方法が提案されていた。写真店の表には東南アジア風のエスニック商品が置かれており、奥の方では客が写真を受け取っていた。下駄屋では店の前でミニチュアの下駄が展示販売され、奥には通常の商品が置かれていた。食べ歩き用に人気があるのが「肉のすずき」と「肉のサトー」の「メンチカツ」で、近年は「ちょんまげいも」、猫好き用の「しっぽや」の焼きドーナツ、「招き屋」の「福にゃん焼き」なども売られている。

(2) 商店街活性化のために

活性化策として商店街内での競争を奨励し、日曜日にも営業をするように働きかけ、一週間のなかに売れない日を作らないように考えたと理事長はいう。日曜日を休むと土曜日も売れなくなってくる。スタンプ事業を漫然とやるのではなく、イベントと連動し、スタンプに有効期間をつけ、収集途中のスタンプでも福引きを引けるようにした。魅力的な景品を考え、谷中から地下鉄で一五分の所にある帝国ホテルのレストランでの食事券や上野浅草のグルメ券などスタンプ用の予算一〇〇〇万円でいろいろな魅力ある提案ができることを知ったという。

イベント事業は継続性と伝統が重要だが、話題性も必要でマスコミがとりあげてくれる内容にするよう心がけていると理事長はいう。「文化催事型」の史跡巡りなどのイベントにマスコミは飛びついてくる。歩くだけの観光者はお金を落とさず、鎌倉でも一人五〇〇円といわれる。イベントで五〇〇〇人が来ると予想された日には、あらかじめ歩行者が食べ歩きできるようにコロッケなどを用意するという。朝九時から午後一時までに二〇〇〇人がやってきて、一個七〇円のコロッケが一〇〇〇人に売れれば七万円が店にはいる。いまでは土日にカメラをもちスニーカーをはいた客が多く通るので、業態の変換が必要だと考えているという。毎日か一日おきに来る地域のお客さんが八五％で、基本である。「リピーターをまず一番大事にする」ことが大切であり、それはディズニーランドと同じであるという。「生鮮ビックリ市」は一九九四年からは年に一日だけ開催し、生鮮店への差額保証として三〇万円ほどを計上している（現在は年に四回開催）。全店一割引のイベントを始めたのは一九七一年からで、継続は力なりで、ポスターは同じ絵柄で一〇～二〇年分くらいを一度に作り、経費を下げているという。

「まちづくり」で必要な資質は、「一に発想、二に好奇心、三にセンス、そして四に実行力」だと理事長はいう。理想的な商店街とは「楽・得・便」を備えていることで、大道芸を見られ、ライトアップがなされて「楽しい」場所となり、客が「得をした、便利だ」と感じ、「オンリーワン・シヨップ」で回転が速く、新しい商品があるところであると考えている。さまざまなヒト・モノ・場所との「つながり」も重要で、三〇〇人くらいが集まる「谷中七福神」めぐりでは、谷中の史跡をめぐりオリエンテーションや散歩を楽しんでいる。商店街から一五分の所にある東京芸術大学の学生による音楽会「世界の下町〜トランペット・打楽器」なども開催され、芸大の先生の谷中の絵を使わせてもらっている。山形県鳴子と連携し「田舎を都会へ。都会を田舎に」と相互に欠点を補い合う試みをおこなった。そしていまやブランドとなった「谷根千」が『読売新聞』や全日空の機内誌で紹介されるような「つながり」を企画しているという。

谷中商店街（台東区谷中）

いまや商店街の九六％が停滞している。しかし手元にある商店街の事業費一〇〇〇万円をコンサルタントなどに丸投げせずに自分たちでやればなんとか効果を得ることができるという。商店街活性化対策として「よそ者」に新しい空気を入れてもらおうとかいわれる。しかし、よそ者は自分から進んで企画することはなく、良ければ続けよう・利用しようと思う人びとである。商店街を本当に支えるのは、自分の仕事をほっぽりだしてでもやる若者で、若いセンスをもち力仕事も担う人である。少し前は担い手が三〜四名になったことがあるが、最近は一四〜一五名が活動するようになっている。今商店街には六〇軒のお店があるが、空き店舗はなく賑わっているという。地元のスーパーは必ずしも商店街にとってマイナスになるわけではなく、商店街で売られていないものを補完して販売しているので、全体的な集客にはプラスに働いている。

空き店舗対策を行政がおこなっても、すぐに破綻する。実は特効薬的な対策はないのだと思っていると理事長はいう。環境は「お客が作ってくれる」もので、普段からの努力が重要である。ここ谷中では後継者が増えてきている。一店で二所帯が食べていけ、元気になれば人が来る。とくにひとり暮らしの高齢者が毎日来て話せる店が必要である。商店街はまちの顔であり、商店街がつぶれるとお年寄りや病人が困る。そのためには店に人が住んでいることが重要であるという。

人の「住まう」まちに、人は訪れるのである。舗装された道でも長い年月人の行き来が繰り返されれば自ずと人の歩く跡が刻まれる。人はその足跡をたどり、生活する者の息吹を感じとる。それが「谷根千」の歩き方である。

6　「水のまち」を歩く——岐阜県郡上八幡

「水のまち」郡上八幡《ぐじょうはちまん》は、歩くのに快適なまちである。郡上八幡博覧館で働き観光振興などに携わっている卒業生が大学に顔を出したのを機会に、二〇一〇年の大学院生のフィールドワーク実習地として郡上八幡が候補にあがった。とりあえず七月一〇日土曜日にその年の郡上踊りの開始を告げる「発祥祭」が旧庁舎前広場でおこなわれるのを機会に郡上八幡に向かった。車で京都駅前から三時間ほどで着き、昼食に皮がぱりぱりとした美味いウナギを食べた。この食感と味に魅せられて、翌年もまずはこの川魚店に寄った。

二〇一〇年七月十一日に郡上八幡産業振興公社事務局長に旧庁舎記念館の二階で話をうかがった。二〇〇四年に八町村が合併して郡上市になり、人口は一万六千人弱だった。旧八幡町は商売の町であったという。郡上市八幡町北町の町並みは二〇一〇年から検討がはじまり二〇一二年一二月に国の「重要伝統的建造物群保存地区」に選定されたが、訪問した時はまだ選定前であった。町の若者は東京や名古屋に出ていき、林業も農業も廃れてしまい、空き家が多いという。しかし郡上踊りの時には戻ってきて、踊りに参加するために別荘代わりに使うので、家の持ち主がなかなか手放さず貸してくれないという。結局、郡上踊り期間中以外は空き家の多いまちのままということになる。

観光者数は、市の統計では二〇一〇年五九九万人、二〇一三年六五六万人以上が訪れている。冬はスキーなどのスポーツ・レクリエーション、六月からの郡上鮎、夏場の郡上踊りなどが有名である。郡上踊りでは二五万〜三〇万人以上が訪れるが、なかでもお盆の時には二〇万人近くが徹夜踊りに参加するという。飛騨高山へは車で七五分、下呂温泉には九〇分の距離にあり宿泊をそちらでし、ほとんどが日帰り客になるという。旧八幡町での宿泊可能な宿は二〇軒・五〇〇人ほどである。

(1) 下駄で踊る

七月一〇日土曜日の午後五時から旧庁舎記念館前広場に三張りのテントが設営され、郡上踊り「発祥祭」の祭儀を神職三名が執行し、玉串奉納を郡上踊り運営委員会会長・郡上市長・県議会議員・観光協会の代表がおこなった。市長挨拶では、一九九〇年におこなったロスアンジェルスでの

下駄で踊る（郡上踊り）

初の海外公演、藩主だった青山氏の菩提寺がある東京青山での毎年六月の公演、一九九一年の「四〇〇年祭」開催について述べられた。終了後、そろいの浴衣をきた団体ごとに広場に入場し、屋形の上の囃子と歌に合わせてこれから三二夜続く「郡上踊り」がはじまった。

　郡上踊りは下駄で踊る。この時期、郡上八幡のまちでは下駄を扱う店に目が向けられる。浴衣が間に合わずとりあえずジーパンで駆けつけて踊るにしても、下駄だけは履いていた。郡上踊りでは一〇種類の歌と踊りが演じられるが、この一〇種類に絞られるまでには後で述べるように紆余曲折があった。伊勢参りの参拝客でにぎわう遊郭で作られた河崎音頭が「かわさき」のルーツとなったといわれ、「郡上の八幡　出ていく時は　雨も降らぬに　袖しぼる」と踊りはじめに使われ、最後にはかならず「まつさか」が歌われる。なかでも「郡上は馬どこ、あの磨墨《するすみ》の、名馬出したも……」と歌う「春駒」になると踊り手はみな元気になり、待ってましたとばかり下駄を地面にうちつける。「やっちく」は旅芸人の門付けの様子が踊りになったもので、郡上踊りは交流のあったさまざまな地域からさまざまな要素を取り入れて成立している。郡上で混ざりあっていったのである。

　「郡上おどり」にはいくつもの踊りがあったが、大正時代に「おどり保存会」が一〇種類に絞ったといわれる。昔はもっとエロチックで卑猥なものもあったが、それらを捨象しようという力が働き、「保存会が健康的にした」という。顔を隠さない、男女だけにしない、男女が手をつなぐなどの接触がないような規則も設定した。以前は「路地おどり」では際限なく踊れたが、郡上が大きくなるにつれ地区のおどりが消え、「あまりにも作られたおどり」になっていった。郡上おどりにはもともと「きちっとしたものはなく」、「他の人と違う」踊りになっていてもよかったと事務局長はいう。「踊り免許状」は、午後九時に踊りの審査をし、うまい踊り手を探して、「合格」の木札を渡す。後で免許状をもらうが、九〇〇〇人以上の踊り手のなかで三〇名が獲得できる。七つの踊りに免許状が出るが、免許状などどうでもよいと考え、定型化へ反対する地元の人もいるという。

二〇一〇年四月にBS－TBSで放映された「にっぽん百景…奥美濃の小京都 郡上八幡」という番組では、老舗酒屋「上田酒店」の松浦さんは曲ごとにもらえる免許状を七曲全部制覇した達人であると紹介していた。郡上踊りの魅力は「すべてを忘れ、楽しく、いろいろな人と出会える」ことだという。その上田酒店の主人は、店の前にテーブルを出して、知らない同士が酒を飲み「また来年ここで会いましょう」と別れる。それがよいと語っていた。郡上名物の鶏料理「けいちゃん」で有名な食堂で聞いた話では、常連が徹夜踊りの晩に都会からやってきて晩飯を食べ、着替えた荷物を店に預け、徹夜で踊って、翌朝に帰っていくという。

(2) 新たな伝統——常識知か「構築された文化」か

「文化構築主義」的見方は、近代以降、何らかの利害関心のもとで現地の人びとが伝統文化をどのように構築・再編してきたのかという過程を明らかにする。郡上おどりでは一九二三年に「保存会」が設立され、「町おこし」という文脈のなかで当時たくさんあった踊りのうち、現在の一〇種目を「郡上おどり」として統合し、先に述べたように、それぞれの種目の「猥雑さ」を消し去って全国的なものに仕立てあげた。そして戦後に「保存会」によってお囃子や屋形が導入されて以降、今日のように屋形のまわりを大きな一つの輪がとり囲み、囃子方と踊り手が分離する形態へと踊りが「近代化」されていったのである（足立 2004: 105-106）。

四〇〇年続いた郡上おどりについて、地元では「保存会は踊りを保存したというよりも、つくりあげた」という人もいる。また「つくられた」という代わりに「整備された」という人もいる。そして「(今の）郡上おどりは観光化されすぎてつまらない」というたくさんの語りに出会うと足立重和はいう。地元有志が中心になって、以前に「あった」とされる「むかし踊り」を復活させるイベントが一九九六年から催された。屋形・お囃子・電気照明・マイクもなく、地声で音頭をとりあいながら踊る。小さな輪が複数あり、現在の一〇種目に限らず別の種目を踊ってもよいというイベントであった。参加者は「むかしの踊りが復活した」と評価したが、「文化構築主義」的な視点からは八幡町には「郡上おどり」と「むかし踊り」という二つの構築物が存在することになる。地元の人びとは「むかし踊り」と「郡上おどり」は「原型／もと／源流」は同じだから「ひとつ」であり、ゆえに「郡上おどりは昔から保存されている」という。その時、人びとの「本質化」する実践的推論の過程を足立は発見したという（足立 2004: 108-110）。

「整備された郡上おどり」を認めても、「いま郡上おどりは二つありますね」といわれて「そうだ」といい切れる地元の人はいない。「原型」などの語彙をもちだして「郡上おどり」の保存・継承はできているという現実を肯定しようとする。しかし足立の「郡上おどりは二つありますね」という問いは、「むかし踊り」と「郡上おどり」がまったく別個のものであり、両者の時間的連続性を否定することになる。地元の人びとは自分たちの「生活」や「アイデンティティ」の拠り所となる踊りを、別々のものとしては提示できない。ましてや両者が関係のないものとなれば、四〇〇年の歴史を否定されたことになる。それゆえ、「郡上おどり」は「むかし踊り」が変化したものであって、「本質」は変わらないので「ひとつである」と主張することになる。「地域性」の研究が地域の「真正性」を脅かす研究となると考えられ、避けられる事例である（橋本 2011: 185）。

地元の人びとは「踊りはひとつ」と真剣に信じて生きていかなければならない。それが彼らの常識的世界や道徳的秩序を維持しているのである。そして足立も踊りが「二つある」という質問を撤回し、常識知に「転向」する。そこに「本質化」を目指さざるを得ない実践的推論を発見し、それが地元の人びとの生活に深く浸透していったのである（足立 2004: 123）。「文化構築主義」的指摘を乗り越え、そして「真正性」に関する議論を超えて、新たに発見・創造された「地域性」を主張する「地域文化観光論」を提示する意味がここにある（橋本 2011: 185-186）。

（3）「水のまち」を歩く

郡上八幡のまちを歩いたのは七月中旬であった。旧庁舎のすぐ横の高さ一二メートルの新橋の上から四メートルほどの深さの吉田川に子供が飛び込むことで話題になっている場所がある。

二〇一〇年は豪雨の後で吉田川が濁流となっていたため見かけることがなかったが、翌年の七月には対岸に高校生カップルが座っているのを見て、ふと橋を見上げると数人の上半身裸の小学生が欄干の上に立った赤い短パンの男子を囲んでいた。その男子は上を見てしばらく息を整えると足から飛びおり、水中に隠れたと思うとすぐ顔を出し、階段のある岸に泳ぎ着いた。川への飛び込みにはルールがあったという。昔は、小学生は飛び込みが禁じられ、中学生になってからはじめて橋下の三角岩から飛びこめた。このルールは子ども同士が決めたものであったという。最近は六年生五年生が中心になって、三角岩から順番に攻略していくようにと、昔と同様にルールを守っている。新橋の欄干には注意を呼びかける掲示があった。最近、肝試しの大人が欄干から飛び込んだまま浮き上がってこず、消防が川底で見つけ病院に搬送したが死亡した例があったという。

新橋からダイビング（郡上八幡）

郡上八幡のまちには水路が張り巡らされている。一六五二年に大火があり、城主の遠藤氏が防火対策として水路を設置したという。職人町を歩くと、家の前には水量豊かな水路が設けられており、玄関先に木の板が渡され、軒先には「職人町」と黒地に白く文字が浮かんだバケツが一つ吊りさげられている。この防火バケツは「初期消火に役立った」という。旧庁舎から細い道を吉田川上流に向かっていくと「いがわ小径」にはいる。水路は吉田川のはるか上を流れていた。一メートルあま

通信用カード

■このはがきを，小社への通信または小社刊行書の御注文に御利用下さい。このはがきを御利用になれば，より早く，より確実に御入手できると存じます。
■お名前は早速，読者名簿に登録，折にふれて新刊のお知らせ・配本の御案内などをさしあげたいと存じます。

お読み下さった本の書名

通 信 欄

新規購入申込書 お買いつけの小売書店名を必ず御記入下さい。

(書名)	(定価) ￥	(部数) 部
(書名)	(定価) ￥	(部数) 部

(ふりがな)
ご 氏 名　　ご職業　（　　歳）

〒　Tel.
ご 住 所

e-mail アドレス

ご指定書店名	取次	この欄は書店又は当社で記入します。
書店の住 所		

郵便はがき

恐縮ですが、
切手をお貼り
下さい。

101-0051

（受取人）

東京都千代田区神田神保町三―九
幸保ビル

新曜社営業部行

通信欄

りの幅の水路には驚くほどの数のコイが群れている。他にウグイやヤマメもいる。水路を横切って小屋が建てられており、そこには「洗い場組合員名」が木の板に手書きで書かれている。二〇〜六〇名の名前が書かれている。昔は上水／浄水と中水とを時間で分け、食器や野菜を洗って水が汚れてもよい時間を決めていたという。丸い竹籠の「コイのえさ袋入れ」には一〇〇円のえさがはいっている。掃除の時はゴミを水路のなかに掃きこまないように注意したという。

　湧き水を使った「水船」が共同水場として何カ所か設置されている。三段に分けられた「水船」は、上桶が飲み水用で、中桶で食物を洗いスイカ・トマト・ビールなどを冷やし、下桶で食事後の食器や土の付いた野菜などを洗う。この水で冷やしたビールは湿度と温度との関係でとくに味がよいと評判だという。なかでも小駄良川のほとりにある「宗祇水《そうぎすい》」は有名で、室町時代の連歌師宗祇が草庵をむすんでこの清水を愛用したといい、一九八五年に全国名水百選の指定を受けた。宗祇水とつながる井戸を店のなかに設置したウナギ屋では、この水を三日間かけ流しにすると「茶色のウナギが青くなり、臭みがなくなる」という。郡上八幡ではアユとウナギは食べるがコイを食べる文化はなく、「いがわ小径」のようにコイを飼って食器からこぼれたものを食べさせ水を浄化させている。一九六〇年代中頃に上水道が敷設されたが、その頃から「水への思いやりがなくなった」といわれている。「疎水か

職人町を歩く（郡上八幡）

ら道の端に向かって掃け、川に入れるな。疎水の水をせき止めるときは半分まで」という水を大切にする生活の知恵を、お寺の住職で元歴史の教員をしていた郷土史家の方は語った。

7 「ツーリズム大学」のまちを歩く——熊本県小国町

「観光まちづくり」に寄与する人材をどのように育成するか。現在実践されている「観光まちづくり」の現場で、産官学民で連携している人びとのために貢献できる理論構築を目的とした科研調査（二〇一三～二〇一七年）として、熊本県阿蘇郡小国《おぐに》町北里にある「学びやの里」を訪ねた。

(1) やま・滝・まちを歩く

二〇一三年九月二二日（日）の午後一時半にＪＲ久大本線の日田駅に研究者五名で降りたち、レンタカーで山道を一時間半かけて小国町へたどり着いた。まちなかから離れて山中にはいっていくと、小国町出身の北里柴三郎が提唱した「学習と交流」を設立理念とした「学びやの里」がある。木造建築の「木魂館《もっこんかん》」では宿泊も可能でそこに一泊することになっていた。その日は「Mountain Set Fes」が開催されており、広場では舞台と出店の準備がはじまっていた。テントがいくつも張られ、鶏ごぼうめし、クリの渋皮煮、ジャージースープパスタ、冷しゃぶサラダなど手作りの食べ物や、「おぐにんにく」・大根・なすなどの野菜も売られており、舞台ではギターを抱えた歌手が演奏していたが、われわれは小国町に降りていき、代表的な観光スポットを見学することにした。

まちから西に行ったところに全館畳敷きの美術館で知られる坂本善三美術館があるが、閉館中であった。すぐ隣に二本の杉の巨木が階段を挟んだ鉾納社《ほこのみや》があり参拝した。少彦名命《すくなひこなのみこと》を祀っていて「淡島神社にお詣りしてミニ鳥居をくぐると願いが叶うと謂われます」と小さな賽銭箱に掲示があった。仲間の一人が挑戦し、腹ばいになって前進し無事に小さな鳥居をくぐり抜けるのを見守り、そこから車ですこしのところにある滝の裏側を通れることで有名になった「鍋ヶ滝公園」に行った。駐車場から川辺まで立派な長い木の階段が続く。幅は二メートルほどで人がすれ違うことができ、両側には太いしっかりとした欄干が設けられていた。「マムシ注意」の看板がかかる階段を降りきると、木立のなかに川の流れが見え、多くの人が滝壺をとり囲む石の上を渡っていた。「滝裏へ回れます」と書かれた細い道を帰りの人と肩を触れ合いながらすれ違って進むと、洞窟のようになった滝の裏側にはいる。大きな一枚岩のなかに二メートルほどの砂の岸が広がり、流れ落ちる滝を通して表にいる人びとが透かして見える。さらに進むと対岸に出る。日曜日ということもあり五〇人ほどが見物に訪れていた。

まちなかに戻り、逆台形の外観の道の駅「小国　ゆうステーション」では地元の特産品とくまモンが迎える。さくらやとちの花の蜂蜜、地熱豚足、阿蘇小国ソーセージ、ジャージーバター、手作りギー（インドの油）、小国杉クルミ羊羹、たまごごはん醤油、馬ホルモン味噌煮込、かぼす七味、ゆず七味、阿蘇高菜入り「大阿蘇ラーメン」、だんご汁などと一緒に、「はろうきてぃ くまモン」も並ぶ。道路の向かいには小国杉で建てられた木造の店が並ぶ。ひととおりまちを見てから「木魂館」に戻ると、広場にはテントも人の数も増えていた。夕食と朝食は木魂館の食堂「北里バラン」

でとった。

（2）「九州ツーリズム大学」の運営

熊本県小国町の「木魂館」に事務局をもつ「九州ツーリズム大学」は、二〇一三年現在では事務局長に「学びやの里」事務局長が就いており、九月二四日に約四時間にわたって話をうかがった。

①「ツーリズム大学」のはじまり

一九九六年に「九州ツーリズムシンポジウム」が小国町で開かれ、その後「実践を担う人の修行の場」としての「ツーリズム大学」開催に小国町町長が手をあげた。湯布院なども候補にあがったが、農山村観光の推進モデルになると小国町が選ばれた。小国町だけではなく、九州キャンパスとして一日で行けるところで「出張講座」をおこなっている。

小国町は「人口分布的に見たら間違いなく九州のヘソである」と説明している。一九八六年から「悠々とわき出す水・景観・小国杉」による「遙木《ゆうき》の里」まちづくりをしてきており、その一環として杉で「木魂館」や小国ドームなどの大型木造建築群を建て、デザイン賞を受けている。そのころ地域おこしがブームとなり、「イベントによる交流」に人びとの意識が向き、「観光者と町民・職員の交流」による地域おこしを目指すという意識改革がおこなわれた。

農水省が「都市と農村の交流」を提唱したときにツーリズム大学は開校した。大学は毎月第二土日月で、九月～三月までの七カ月間開催されている。受講生には二〇代の大学生や三〇代・四〇代・六〇代の人がいる。もともと『西日本新聞』の企画ではじまったので、新聞による一日取材の記事を広告代わりにし、県庁でのパンフレット配布とインターネットへの掲載だけで特別な広報はせず、口コミで情報を得てやってくる人が多い。九州内はもとより東京・北海道・東北からも来ており、ここ五年間には東京・三重・小布施（長野）などから受講生以外にも聴講生が来ている（橋本 2018: 82-83）。卒業生のなかには民泊や農家レストランをはじめた人びとがいる。受講生は九人から一〇人だが、その人数を特に増やしたいとは思っていないという。一回受講し、実践者となり、もう一度勉強したいということで、その後聴講生で何度か来る人がいる。

木魂館（小国）

② 講義・ワークショップ

講義のほかに、四年前に五校廃校になった小学校の建物の活用方法や、二〇年前まで賑わっていた杖立《つえたて》温泉の再生のためのワークショップをしている。「ツーリズム大学」のテーマについては担当者が決め、ワークショップに関しては理事長が企画している。木魂館の広場の端には「クサドマリ」（草泊まり）がある。牧草地の草を刈るときに仮の住まいを建て、九月に五日間ほど家族で泊まり、その後集めた牧草を馬や牛で運んだものである。竹で骨組みを作り、ススキで葺《ふ》く。技術を忘れないようにするために作っているという。

「ツーリズム大学」は理論的にツーリズムが何なのかまだわからない時期に手探り状態からはじまった。いまは理論から実践に移行しており、求められるのは具体的な「マネジメント力」であるという。総論から具体・各論に移す時期にきており、人材育成の段階から、ビジネス・経営・田舎暮らし・移住という具体的なニーズに応える段階になり、「学びたいこと」を具体的に学べる時期になったという。とくにこれからは「景観を売る時代」で、小国の景観をビジネスにつなげていきたいと考えている。

③ 修了生とその後

卒業生二〇〇人以上が民泊を開業している。レストラン経営やソーセージ製造をしている人もいる。もと大根農家の二期生がはじめた農家レストランはパスタとサラダで人気があり、春夏秋に賑わっている。冬は閉店しているが、楽しんでレストランを経営しているという。インタビュー終了後そのレストランを訪問したが、野菜・健康を目指すレストランということで地元メディアの取材を受けていた。自分が野菜を作っている土地にレストランを建て、野菜が足りないときは周辺の農家から買い、地域に貢献しているという（橋本 2018: 84-85）。

「地域経営」「田舎暮らし」に関しては、住民との関わり方についての理念とノウハウについてのレクチャーが必要になる。「景観維持」に関しては、この地域の森林は「手入れ」がよくできており「景観」として評価できるといわれている。とくに樹木の枝打ちがよくできていて、山が荒れていない。しかし、それを担っているのは七〇代・八〇代の人であり、切って運び出す人がいなくなると、山は荒れる。いまは補助金も出ていて、森林組合の専業で食べていけるが、後継者がいないので、あと五年も経つと森林景観は一変するだろうという。「一人親方」で木こりの社長が三〇～七〇代で三〇名ぐらいいるが、平均は五〇代である。二〇代の後継者がなかなかいないのが問題であるという。

(3)「学びやの里」の経営

「学びやの里」は、一九九六年に小国町からの二億円の基金を中心に財団法人として設立された。土地建物は町の所有物で、代々町長が理事長となっている。木魂館は民営化されているが、「(農山村で)学ぶことと人と交流する」ことを理念とし、北里柴三郎博士の思いをうけ継いでいる。「学びやの里」は、九州ツーリズム大学・研修宿泊施設木魂館・温泉・北里柴三郎記念館・ごはん処北里バランなどを所管し、観光事業として「ウルルン体験教育ツーリズム・おぐに自然学校」を運営している。

当初は「第三セクターの無愛想」などと批判も多く、問題が山積みであった。それまでの事務局長は町からの出向者で、三年で交代し、財団職員は赤字でも町から給料をもらう身分の公務員なのでサービス向上の意識をなかなかもてなかった。財団の支出をカットする方針がとられた結果、良いものも悪いものもスリム化され、さらにやせ細る一方であった。現在の事務局長の代になってそこに肉付けをする方針をとり、五年ほどで経営改革をなしとげたという。

この取り組みを持続可能にするための経営改革として、第一に「事業のベースアップ」をおこない、食事・宿泊・農家民泊（農泊）からの収入を全体的にアップすることを目的とした。第二に「若い職員の雇用」を目標にし、ウェブデザイン・造園業・英語ができる人などが四名おり、三名は自主財源で雇用している。第三に「評価制度の採用」をし、目標設定と自己評価について年に二回面接をし、新規事業についての希望を聞いている。第四に「仕事効率アップと意思決定のスピードアップ」を目的に据え、第五に「新規事業のたちあげ」をおこなった。事務局長が食肉取扱いの免許をもっているので、年間赤牛三頭・豚三六頭を購入し、加工品にして売り切って利益を確保している。第六に「基本財源の効率的運用」として、町から提供された二億円の運用をおこない、国債・仕組み債などの購入で年間七〇〇万円の収入を得ている。第七に「経費削減ではなく経費拡大」を掲げ、新規事業を立ちあげた。二〇一〇年の一〇〇〇万円台の赤字を二〇一二年には二〇〇万円台までに減少させたが、その間の赤字に町からの支援二億円の原資から六〇〇〇万円をあて、新規事業に取り組んだ。二〇一三年には目標通りに黒字となり、二三三四万円の利益を確保したという（橋本 2018: 87-88）。

事業黒字化の要因の第一は「農泊体験の増加」であった。農泊体験の中学生を増やすために、北九州の全ての学校にＤＶＤを送って体験内容を紹介した。日程調整がついた一二校を新たに受け入れ、千数百名が訪れた。第二に「学びやの里」自身の所管事業の展開をはかり、管理収入と食事関連の事業で五〇〇〇人利用者を増やした。第三に「施設への愛情」を育むように心がけてやれば、職員もこの施設に愛情をかけてくれるだろうと考えたという。第四に「地元の人の施設利用」、第五に「今後の雇用目標」として、仕事量が一・五倍になり、いまの従業員では「いっぱいいっぱい」なので、今後は若い世代の移住者などを雇用していきたいという。

(4) おぐに自然学校・農泊体験

大人相手の「ツーリズム大学」以外に町内の子供・学生を対象にした「おぐに自然学校」が二〇〇〇年からはじまった。「自然学校」に参加する町の子供には町から一五〇万円の助成が出るので参加費を安くしている。体験学校は一コース一回一〇~二〇名単位で開催され、年に四回三コースあるので二〇〇名ほどが経験している。保育園・幼稚園向けの「どんぐりの冒険」、小学生対象の「トンボの学校」、大学生向けの農泊体験がある。幼児・小学生・中学生・大学生向けの「ツーリズム学校」や成人向けの「ツーリズム大学」が、観光を通じた学びの場を提供している。

「ウルルン農泊体験・教育ツーリズム」では、学校のなかでできないこと、学校では出会わない人、移住してきた外国人との交流などを計画している。「受け入れ農家」は六六軒あるが、専業農家の受け入れが少ないのは子供たちが収穫したものは出荷商品にならないという現実的な事情があるからだという。一家に四~九人を五~六月と一一~一二月の四カ月間に毎週受け入れている。農家の「収入」として二カ月間で三〇万円ほどになる。農泊受け入れ農家の条件としては、車での子供の移動が可能で、受け入れる子供の数だけその家の人が関わることを求めている。「農業体験」の内容は植え付け・収穫のほか、時期により天候により変わる。農業は草との戦いでもあるので草取り体験や、他に薪割り・だんご作り体験なども提供している。メニューは受け入れ家庭同士で教えあい、学習しあっているという（橋本 2018: 90-91）。

北九州で売られるものには小国の作物が多く、参加者も北九州市からが多い。小国で世話になった子供が、次は親を連れてきて宿泊し、その農家から米を直接送ってもらうようになった例もあるという。農家のなかには労働力になる男子だけを指定する家もあるが、男子の場合には一回きりで終わることが多い。女子の場合には文通がはじまり、その後も続くことが多いという。二泊三日の農泊体験を「交流」を重視してやっているので、現在の一二校からたとえ減っても続けるつもりであるという。受け入れを町全体で推進していることを示すために受け入れ家庭による「推進委員会」を作り、「財団と推進委員会の共同開催」という形式をとっている。旅行代理店は「一泊二日の農泊体験」を望むが、一泊二日では夕方来て食事をし、翌朝一時間ほど農業体験をするだけなので、子供は農家のことも名前も覚えられず、継続的な関係づくりができないという。小国では「二泊三日」のみで受け入れるために、代理店を通さず、事務局が直接学校とやりとりをしている。「家族との関わり」を大事にし、二泊三日で「涙のわかれ」をした後に親御さんを連れてくるなどの「交流」を大切にしている（橋本 2018: 92）。

「農泊体験の効果」としては、第一に「生徒」のふだん見ることのない顔を学校の教師は見ることができ、体験後に積極性が見られるようになり、その効果が三カ月程度は継続するとのことである。第二に「受け入れ農家・地域」に現金収入があることである。農泊後も文通などで交流が続くので、農家は翌年のメニュー作りを楽しみに積極的に考え、休耕地を再耕することもある。無償のボランティアではこのような農泊は続かないという。好評でリピーター率がアップしており、都市における小国の農産物への関心度アップも期待できるという。「農泊の新たな展開」となる北里大学との「医農連携」は農家からの評判がよいという。大学生は自分で自転車移動をするので自動車での送り迎えの必要がなく、中学生などよりも体験内容を深く理解し、労働力としても有効だと評判がよい。また大学生にとって「携帯電話無し・飲酒だめ」での田舎暮らしは、社会人になるためのインターンシップとして効果的であると評価され、大学側はもっとPRしたいという。大学生対象になれば受け入れ家庭が増えるのではないかともいう（橋本 2018: 93）。

8　荘園のむら・昭和のまちを歩く――大分県豊後高田

二〇一三年九月二三日、小国を朝に出発し、一時間半ほどで大分県豊後高田市田染荘《たしぶのしょう》小崎《おざき》の県道のすぐ横にある「蛍の館」に着くはずだったが、見過ごして山のなかの道にはいり、舗装路が途切れたところで迷ったと気づいた。「荘園の里推進委員会」副委員長の携帯に連絡を入れ、案内を受けた。その後、豊後高田市地域活力創造課の人に連絡を入れ、到着をまってお二人のお話を聞いた。

（1）世界農業遺産のむら――田染荘

一一世紀に宇佐八幡宮の荘園形成がはじまったが、田染荘《たしぶのしょう》は宇佐八幡宮が最も重要視した荘園であった。一〇〇〇年の歴史を持つ荘園であり、元禄二年の絵図といまも変わらない地形を保っており、多くの文化財もある。「学と官の連携」がおこなわれ、「田染荘小崎地区景観づくり検討会」においてて大学の研究者が水田や山岳信仰などの研究をこの小崎でしているという。ここの「水田景観」の特徴は、多くの古い文献が残っておりこの荘の歴史を保証していることである。二〇〇四年には田んぼが宮内庁から「新嘗祭《にいなめさい》指定」を受けた。

① 世界農業遺産への申請

世界農業遺産は、国連食糧農業機関（ＦＡＯ）が世界的に重要かつ伝統的な農林水産業を営む地域を認定する制度で、二〇二一年時点で日本では一一地域が指定されており、「大分県国東半島宇佐地域」は二〇一三年に認定された。一方、一九九二年からユネスコの世界遺産に「文化的景観」の概念が導入され、二〇〇五年の「文化的景観保護法」で重要文化的景観を文化財とする概念が制定された。これは田染荘を保護するために制定された法案だと思っているといい、こちらの登録も豊後高田市では考えているという。一九八一年に田染荘「荘園村落遺跡調査」がおこなわれ、一九九一年には「田園空間博物館」が構想された。史跡として指定するのではなく、景観として守るという新しい視点が導入された。豊後高田市の「景観保存」として二〇一〇年に「重要文化的景観選定」の申請をおこない、文化審議会より答申が出され、八月に「重要文化的景観・田染荘小崎の農村景観」として官報に告示された。「雨→林→くぬぎ→ため池→海」と水が循環する経路を強調して、ＦＡＯの農業遺産からユネスコの世界遺産への切り替え登録を考えているという。

申請に動きはじめると、圃場整備《ほじょうせいび》か文化財指定かという問題が浮かびあがってきた。自然ではあるが文化財だから修理をするという考えから、「田園風景博物館」として「遊歩道のような農道の整備」がなされた。通常の圃場整備では、畑のなかの道は機械がはいりやすいように直線にするが、ここの農道は昔のままの形を残して整備されている。「田越し灌漑システムの保存」や「用排兼用水路の整備」ではコンクリートを使っているが、景観を損なわないように幅が狭くて深い水路にし、コンクリートにはこけが生えやすいものを使用し、直線にせず、遊歩道の形で残したという。「圃場整備」と文化財指定とは相反する。地元は水利・農道など農政局管轄となる圃場整備で農道整備をし、機械などを使用しやすくしたいと考えている。しかしそれには文化財保護・文化的景観を守ろうとする文化庁からストップがかかり、文化的景観で地元が困ることになる。山で木を切れないし、家を改築するにも計画書を提出しなければならない。道も昔のままで、直線にできない。市としては住民に構成要素の理解をしてもらわなければならなかったという。

② グリーンツーリズム

小崎では農業を維持するためにグリーンツーリズムとして「農家民泊」を四軒で年に一五〇人から二〇〇人を受け入れている。九州・大阪から修学旅行の中学生が五月・六月・九月に農業体験をしている。一軒に五～六人、四軒で二〇～二四人が宿泊する。学校と農家との間を「グリーンツーリズム協会」が間にはいって調整する。「生物多様性の維持」の成果としてドジョーや紅赤とんぼなど五〇種が生息している。一時期農薬を使っていたので蛍が少なくなったときがあったが、農薬を減らすと蛍の幼虫の餌となるカワニナが戻り、いまは蛍がすばらしいという。蛍の住まう「エコ・ファーマー」の「荘園米」としてブランド化している。後継者に関しては地区全体で困っており良い知恵を探していた。そこで「畑のオーナー制度」をとり入れて、田んぼを地域外の人に耕作してもらうことを考えたという。一四〇人ほどのオーナーが田植えや収穫のイベントの時に参加している。オーナーには「米＋特産品（栗・銀杏・シイタケ・かぼす・ネギ・ホオズキ・イチゴ）」などを送っている。「蛍の館」のまえの壁には一四年前から現在までのオーナーの名札がかかっている。よそから来たオーナーが、建物のまえで自分の名札を確かめている姿を目撃した。

田染荘概観（豊後高田）

（2）荘園を歩く

この地区に「住まう」副委員長の方に案内をしてもらった。まずは全体を俯瞰できるようにと高台にある「朝日・夕日観音」に向かった。舗装されていない山道に「荘園の里サイクリングコース中世の風を感じて」という立て札があり「⑫夕日観音」と方向が示されていた。オフロードの登り道はかなり大変そうであった。その道よりもさらに急な坂道を登っていくと柵に囲まれた見晴台にたどり着いた。山の麓にきれいに整備された田んぼと比較的大きな道に囲まれた木々の合間に集落の屋根が見えた。降りる途中に小崎荘園保存地区の黄色い穂をつけた田んぼのなかに、三基の墓が並んでいた。道端には「おさきのミすミはたけ・正和四年」や「為延屋敷・正和二年」「かとのいやしき・正和四年」などと刻まれた長細い石碑がたち、家の塀の瓦には笑顔の翁面が彫られていた。正和二年は一三一三年で鎌倉時代にあたる。民家に「農機具展示館　ご自由にご覧下さい」との掲示があり、脱穀機・練炭製造機・ムシロ製造器などが手書きの説明板とともに展示されていた。最後に尾崎館を訪ねた。表には「浄土真宗本願寺派光隆山延壽寺」の看板がかけられており、裏にある延壽寺石殿は県指定有形文化財で、石灯籠の屋根の正面に六地蔵尊像、側面に虚空蔵菩薩像などの姿が刻まれている一四六八年建立の石殿であった。この寺を囲む「尾崎屋敷土塁及び石造物群」も文化財であった。稲穂が垂れた田の脇に彼岸花が咲き、歩くのに実に良い季節であった。

(3)「昭和のまち」を歩く

前記の市役所の方の説明によると、二〇〇五年三月三一日に旧豊後高田市・真玉町・香々地町が合併して豊後高田市ができ、二〇一三年七月には当初の二万六〇〇〇人ほどの人口から二万七四一人に減少し、高齢化率は三四・七％であるという。「昭和の町」をはじめた二〇〇一年はシャッター通りになっており、「鉄砲で撃っても、犬が死ぬだけ」で、「珍しくて、観光客を見にいった」と話す。「作った町」ではなく、「昭和三〇年代」を表に出して見せるという考えであった。二〇一一年に、年間四〇万人の観光者が来るようになった。この数に関しては議論になるが、「〇人から四〇万人になったのであるから、評価できると思う」という。しかし、今後の取り組みをしっかりしないと飽きられていくので、ボンネットバスを田染まで走らせて、「昭和の町部と平安時代の荘園」をともに見せられるようにつないでいる。そして「豊後高田は、他所から来て住みたい町日本一」になったという。

ボンネットバスの停留所の前に「昭和ロマン蔵」があり、その入り口で当時六八歳になるガイドの方と出会った。八年前に仕事を定年退職してから案内をはじめており、案内人は他に二名いるという。「昭和の町」は昔の商店街で廃れるばかりだったが、逆手にとって「昭和」をコンセプトにし、昭和三〇年代のまちを再現しようとした。「アルミサッシのないまち」にし、「木の戸・木の一枚看板」を掲げ、「一店一宝」で会話が弾むようにしたという。ガイドをはじめた二〇〇五年は一日七二台の観光バスが来たこともあったが、いまはバスが四〇台ほどで自家用車が多くなった。年に三〇〇組七〇〇〇人ほどを案内しており、九州近郊からが多く、お客さんからは「商店街を案内してもらうのははじめてじゃ」といわれたという。

二〇〇一年に市の職員がアルミの戸を木製に換え、看板を一枚板にかけかえる構想をうちだした。三〇〇万円のうち自費一〇〇万を出して表を直すことになるが、これで客が来るのかと疑問をもつ商店主たちを「このままではまちが死んじゃう」と説得したという。七軒の店がやってみようと乗りだすと、旅行エージェントが来て、観光バスが来るようになった。「それなら」ということで、五〇軒が「まちの修景」に応じたという。

江戸時代から続く店は三軒ある。番号つきの地図を見ると、①瓦屋呉服店は天明八年、㉗はかり（の店）・⑬佐田屋が元禄から、他に明治六年・大正三年もあり、八割が昭和三〇年からの店である。残りの二割が空き店舗を利用したものであった。そして新たに「出会いの里」という土産物店ができて、一〇〇人からの観光者が休憩したり、雨の時に雨宿りしたりできるようになったという。

「昭和の町展示館」は昭和八年の建物で、なかには『姿三四郎』『蜘蛛巣城』『七人の侍』『花の白虎隊』などの昔の映画のポスターが展示してあった。時計屋はアルミサッシのままの店だが、明治二八年創業である。ショーウィンドウに飾ってあった和時計を示して案内人は、「夜明けが明け六つ、太陽が沈むときが暮れ六つ、丑みつ時は一二時から二時で、丑みつる時だと考えています」と説明した。⑫松田履物店では「一本歯の下駄」を見せて、これは天狗が履くもので、修験者も山を登り下りするときに使うが、歯が一本のほうが坂では力が入るのだという。いまはダイエットで使われており一足五〇〇〇円だが売れるそうだ。

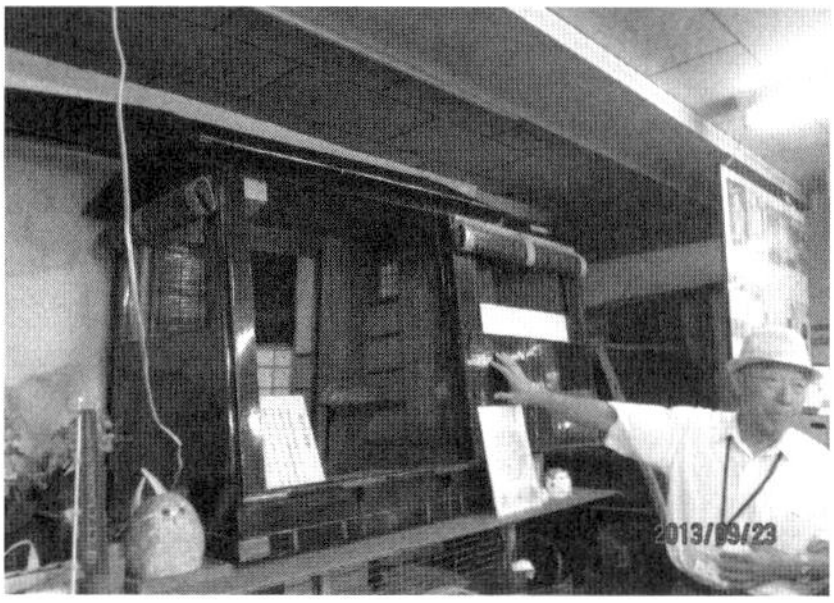

昭和の町・嫁入り駕籠

⑬佐田屋は呉服屋で、元禄時代は醸造業を営んでいた。店の中に明治一三年の嫁入り籠を展示していた。一二代目の奥さんは一三歳で嫁入りし、花婿は一七歳だった。「赤とんぼ」の「十五でねーやは嫁に行き」という歌詞を引きあいに出して、当時の嫁入りの年齢を説明した。⑭「肉のかなおか」は昭和二六年創業で、ゴールデンウィークにはおからコロッケ、一個五二円が三〇〇〇個売れたという。

案内人の「まちづくり」の説明を受けながらの「まち歩き」は、マレーシアのバテックの子供と同じように道をたどりながら知が形成される歩き方に通じる（Ⅳ章1）。歩くことは知に従属するのではなく、歩くという動きが知る方法となる（Tuck-Po 2016）。

そしてカナダのチチョの成人のように、なんにでも昔に遡るものがたりを見つけ、その意味の説明が可能な自身の経験を拡張し潤色する（Legat 2016）かのようである。子供はそのものがたりを聞いて成長する。先行者は後継者が追えるように足跡を残し（Ingold 2016: 5-6）、「ものがたり」を聞いた者は自分なりの理解を育んでいくのである。

第三部　人間／非 - 人間のハイブリッドな世界を歩く

「アクターネットワーク理論」（ＡＮＴ）を観光研究に導入することを考えたのは、ここでとりあげる「地域芸術祭」との出会いがあったからである。観光現象を扱うようになって実感しているのは、観光の現実は研究のはるか先をいき、理論が追いついていないことである。一九世紀後半にトマス・クック社の設立を契機に観光の大衆化がはじまったが、その大衆化の進展とともにジャンルの融解や遊戯性などという、後に「ポストモダン的」特徴と指摘されるような現象はすでに現出していた。最新の技術も前近代性・未開性も、ともに観光の魅力としてまなざしの対象となり、ヒト・モノ・コトが構成するランドスケープや空間、そしてそれらのアクターたちが織りなすネットワークも観光の領域ではすでにビジネスとして活用され、あらたな体験として提供されてもいた。最速度の体感、空中での浮遊感覚、最先端の人体型ロボットとの交流、ヴァーチャルな体験などを可能にする施設が、多くの観光者／体験者を集めている。第三部で扱うのは、現代アートによる大規模な「地域芸術祭」である「越後妻有《つまり》　大地の芸術祭」と「瀬戸内国際芸術祭」、そして小規模な京都の「木津川アート」、信濃大町の「北アルプス国際芸術祭」「原始感覚美術祭」などである。「大地の芸術祭」「瀬戸内国際芸術祭」は広範囲な大規模プロジェクトで、総合ディレクター・北川フラム、総合プロデューサー・福武總一郎という体制を整えて、芸術的な質と経営的な安定を確保・維持できるようにマネジメントされている。それに対して市の職員が総動員で支えているのが「木津川アート」、「北アルプス国際芸術祭」であり、アーティストが主体の異色のプロジェクトが「原始感覚美術祭」である。

過疎地において現代アートを展示する「地域芸術祭」を二〇一四年以来歩いてきたが、ここでは「観光まちづくり」の現場で問題となる「昔からの伝統」や「ほんものかどうか」といった議論がなされることはない。多くの場合、新たな産業の導入・振興による地域活性化が望めない地方の知事・市長によって「地域芸術祭」が提案・企画されている。過疎地域に現代アートという新たな要素が導入され、地域の人びとにとっては外来の現代アートをどう受けとめたらよいのか分からないところからはじまった。大都市の公園や川岸など公共の空間に置かれたオブジェは、現代建築の間に埋もれて都会の景色の一つとなり、歩き去る者に対してモノとしてたち現れることはない。「地域芸術祭」は、「住まう者」の多くが離れていった山村・離島の過疎地で、蔓草・雑草・竹・木々が侵入をはじめた休耕地や空き家・廃墟にアーティスト・現代アートが介入し、その介入の痕跡／足跡をたどろうと鑑賞者／観光者が足を踏み入れる「文化的仕掛け」である。

第Ⅶ章　「地域芸術祭」を歩く

「大地の芸術祭」は二〇〇〇年にはじまり、新潟県下の十日町市と津南町の一〇二集落が参加するアートプロジェクトである。「瀬戸内国際芸術祭」は二〇一〇年からはじまり、広島県と香川県にまたがる一二の島や港を会場とする。主催者側が地域のバス会社と提携して提供するオフィシャルツアーは二〇一五年の「大地の芸術祭」では、松代《まつだい》駅前からは半日コースの「周六・峰方コース」「周七・山平・奴奈川コース」や他コースに向けて一〇時一〇分と一四時三〇分の一日二回エリア周遊バスが出ていた。ドライバーが展示エリア近くに設けられた駐車場まで鑑賞者／観光者を乗せていき、バスに戻る時間を告げて待つ。昼食付の一日コースの場合には、添乗ガイドが参加者の芸術祭パスポートを集めて入り口まで案内し、スタンプをまとめて押していた。二〇一六年の「瀬戸内国際芸術祭」ではまだオフィシャルツアーははじまっていず、各人が直島《なおしま》・小豆島《しょうどしま》・豊島《てしま》などでは島内バスの時刻表を参照し、小さな島では帰りの船の時間を考慮に入れながら島の細い道を歩いていた。二〇一九年に瀬戸内でバスや船をチャーターしたオフィシャルツアーがはじまった。風が強くなり海が荒れるとチャーター船の運航中止によりツアーはキャンセルとなった。しかし、最寄りの港まで電車を利用して行くと定期便の高速船やフェリーは通常通り運行されていて、個人的に島に渡って作品を見ることができた。

1　道に迷う経験

第Ⅳ章でも述べたが、「地域芸術祭」では作品そのものだけが記憶に残るということはない。急な細い道を登り、山が迫る古民家や物置小屋にたどり着くまでの道を「歩く」経験や、その家を含んだ光景の方が印象に残る場合がある。次から次へと観光対象の間を輸送される大衆観光者のように作品から次の作品へ「よく知られたものを確認するだけ」ということはなく、「地域芸術祭」の鑑賞者／観光者は作品の展示場を探して地域を歩きまわったという記憶が強く残るのである。あらかじめ渡された地図を頼りに歩いても見つからず、とりあえず遭遇した作品の番号と地図とを照らし合わせて現在地を確認するが、目的地にたどり着けず、または行きすぎて迷うのである。公式ツアーガイドが案内する場合を除いて、「道に迷う」経験をあらかじめ想定していると考えられるのが「地域芸術祭」といえよう。不安な気持ちをもちはじめると、「周りを歩く」ことに意識的になり、その「場所を発見」することが可能になる。それは、出発点から目的地へのたんなる移動ではなく、「徒歩旅行者」の「歩き／発見」する経験となる。

第Ⅳ章3で述べたように、北東スコットランドの事例においてフェルグンストは「道に迷うこと」と「道を見失うこと」を区別し、前者には不安感やよりどころのなさはあってもさまようことに似た「自由」があるといい、後者は本来の場所においてたどっていた線からはずれて自分自身と周囲との関係が途切れる経験であるという（Vergunst 2016: 117-119）。そして土井清美はサンチャゴ巡礼において、一面の野原で前方と後方の風景がほとんど同じに見える場所では、道端に腰をおろしてから立ちあがった際に前方と後方の区別がつかなくなった経験があるという。地面に残された足跡の向きを見つけるまでのあいだは道を失い、周囲との順調な関係が一時失われる。いままでの連続性が断たれてはじめて、路上の微細なかたちや痕跡に手がかりを求めるようになったという。道を見失う経験が、周囲の形状や物質的に把握できるものから現在地や進路の手がかりを得るように仕向けるのである。順調に推移する関係から断ち切られた瞬間にたちどまり、足跡などの過去に作られた痕跡に進路の手がかりを求め、物質的世界と対話する関係を再び手にするのである（土井 2015: 202）。

通常「地域芸術祭」においては、参加者は地図を頼りに、または近くの人の動きを見て道を確認し、目的地にたどり着く。しかしときどき自らの判断で選んだ道に人影がなく、どこまで行っても作品の場所を見つけられないことがある。たちどまり、周囲を見まわすのだが、そのときあらためて自分がどこにいて何に囲まれているのかを「発見」する。地域にいて、はじめて地域に遭遇し、対峙する経験をすることになるのである。オフィシャルツアーでの案内などがないかぎり、そのような経験を「地域芸術祭」では何度もすることになる。マレーシアのバテックでは子供を先に歩かせ大人は後をついていき、ものがたりをただ聞かせるという。芸術祭の概要をつかむためにはガイドによる案内は有用で、作品から作品へと迷いなくたどることができる。しかし地域と対峙し、たち現れる地域を体感するためには、案内なしに自らが先に立って歩く必要がある。そしてしばらくきである。「道に迷う」時間のなかで地域を「発見」し、地域のなかにいる自分を感じる経験をこそ味わうべきである。

2 「大地の芸術祭」――新潟県越後妻有

「皆が反対しているところから、この芸術祭ははじまった」という。地元のほとんどの新聞が反対し、地元の芸術団体も都会の人だけのアートフェスティヴァルだと猛反対をした。しかしこれまで山間地域のためになされたたくさんの施策は効果がなかったので、どうなるか分からないが、「大地の芸術祭」を「やってみてもよい」新しい試みではないかと『十日町タイムス』の社長は考えたという。単なる芸術祭ではなく「過疎対策・地域おこし」という視点が他の芸術祭と違うと思い、「やってみてもよいではないか」と賛成をうち出したという（橋本 2018: 124-125）。

(1) 開催まで

一九九四年に新潟県知事が「越後妻有《つまり》アートネックレス整備事業」で「新潟の過疎地を復権」する構想をうち出した。「地域の文化」を核にしたプランを考え、一九九六年に北川フラムにアートを媒介にネックレスのように六市町村をつなぐという「アートネックレス構想」のとりまとめを託し、翌年総合コーディネーターに任命した。平成の市町村大合併で六つの市町村が合併する話が進み、その統合の核となるアートプロジェクトを一九九六年から準備し、一九九九年に「大地の芸術祭」を開催する予定であった（北川 2015: 66）。しかしこの事業は大変で、市町村の担当者は「勝手なことをいうし、役所に帰って復命はしない。担当者・課長・助役・首長それぞれに説明していかなければ話は通らない」。議会や住民への説明会でも「この地域では受け入れられない、都会から来て何を言うか」など四面楚歌であった（北川 2015: 71）、と北川は回想する。

県の予備費がつき、三回分が予算化された。その後は文科省からの補助金などを充てるようになった。二〇一五年（第六回）の場合には、地元市町村が一億円、国庫補助金が二億円、寄付・助成・協賛金で一・二億円、そして「大地の芸術祭パスポート」の売上げが一・六億円で、約六億円の予算が計上された（北川 2015: 145）。行政は費用に対応する効果を求めるので、本来の理念を維持するためには民間企業などがスポンサーとなる支援体制を確立する必要があった。地元行政が抜けたあとに福武書店が参加し、経営として成立するような体制を整えた。来場者が全作品を鑑賞できる「パスポート」を導入し、その収益を主催者の裁量で使えるようにした。パスポートは五〇〇〇円で二〇一五年には全国のコンビニで事前に購入が可能であった（橋本 2018: 126）。

(2)「こへび隊」が歩く・つなげる

二〇〇〇年に芸術祭サポーター組織「こへび隊」が結成された。全国的レベルでのボランティアはそれまでは震災ボランティアだけであったが、アートプロジェクトで初めて全国的ボランティアを呼び込み、芸大の学生などが参加した。その後、中高年による「おおへび隊」が結成され、「こへび隊」へのアドヴァイスや支援がおこなわれるようになった。現在の「こへび隊」には新たな参加者も多くなり、作品や作家についての知識をもたぬまま受付に座り、来場者からの質問に対応できない場面を何度も見かけた。二〇一八年に参加した人の話では、朝八時に越後妻有現代美術館「キナーレ」での朝礼で北川フラム総合ディレクターが、新規の「こへび隊」参加者に向けて注意点と指示、そしてアート部門の話をしていたという。その後、配置先までマイクロバスで「こへび」を「おおへび」が送り届け、夕方に回収してまわっている。

以前からこへび隊に参加していた人の話では、当初は空き家を一軒借りるのも大変な努力と交渉が必要であったという。日頃は空き家にしていても盆などには帰ってくるので貸し出せないと断られたり、見知らぬ他人に貸すことに抵抗があったりしたという。最初、積極的に引き受けてくれた地域は二つだけしかなく、希望の場所を使うことができず公園や道路など公共の場所を使うことになり、結果的に均質な空間にしか作品を置けなかった（北川 2015: 96）。北川やこへび隊のメンバーが何度も訪問し、顔を知ってもらい、人柄を理解してもらってはじめて、この人になら家を貸してもよいと承諾してもらったという。

地域との「協働」を実現するうえで、決定的な役割を果たしたのが「こへび隊」であった。北川が際限なく説明会や会議をくり返すなかでどうにもならなくなっていたとき、「北川だけが前に出て、全面的に思いを展開する」だけではなく、「思い切って若者を活用してみればいい」との忠告を受けて「こへび隊」をたちあげたという。当初は絶望的で、門前払いは当たり前で、若者たちは怒鳴られて泣きながら帰ってくることが何度もあった（北川 2014: 228）。「まちづくり」という錦の御旗は現場では何一つ通らない。「現代美術なんて冗談じゃない」とか「それを宣伝している若者たちもどういうつもりだ」という声があがった。「こへび隊」が動くことで、越後妻有の人たちの生《なま》の感情がそのまま表出されたという。しかし、「こへび隊」はすこしずつ年寄りたちを変えていった。保守的な人びとのなかに得体の知れない若者たちがどんどんはいっていく。若者たちは「どうやったら分かってもらえるか」と模索をはじめたが、その過程で自分の立場を自覚し、他者を理解するようになった。地域・世代・ジャンルが違う人たちが出会い、関わっていくことによって何かが生まれていったのが「大地の芸術祭」の基盤であった、と北川はいう（北川 2014: 229）。

それは、海外のアーティストを採用する意味にもつながっていった。気持ちのよい外国人アーティストが、世界につなげていく。集落に根をおろし、そこに徹底的にこだわることで場の固有性を発見する。一方で、世界的な視点からこの地域のいたるところに「世界」を映し込んでいったという（北川 2014: 230）。アートは他者と自己、他者と他者をつなぐ媒体である。他者と関わり・受け入れるためには、可能な限り「異なった人」が関わるのがよいと北川はいう（橋本 2018: 131-133）。

(3) 地域が受け入れる

まつだい雪国農耕文化村センター「農舞台」のある松代《まつだい》は、他地区では行政や地元との調整がうまくいかない時、多くの作品を「ひき取ってくれた」ところである。現在でも多くの作品が集積している場所で、退職した役所の人たちが中心になって「案山子《かかし》隊」をつくり、地域一帯の案内や雪の運動会などにボランティアで関わっている（北川 2015: 80-81）。「農舞台」の正面に見える「棚田」の畑のオーナー福島さんとの交渉は印象的であった。身体が悪くなってこの畑の耕作をやめようかと迷っているときに、イリヤ&エミリア・カバコフの作品を置かせて欲しいとの話をもっていったのでよい返事をもらえなかった。「先代からひき続いてやってきた田んぼです。それがよく分からない美術なるものの設置場所にしたいといわれても困るでしょう」と自ら反省し、「私は当時直線的であり、やみくもに突進していたのかもしれません」と北川は当時を回想する。何度目かにカバコフからきた計画図をもって訪ねると、やっと「ＯＫ」をもらった。福島さんはその後七年間この棚田で米を作り続け、足が悪くなり斜面を登れなくなったとき耕作をやめた。その後は芸術祭メンバーが引き継いで耕作をしている（北川 2015: 92-93）。

「棚田」（大地の芸術祭）

いまは地元から空き家情報が出てくるようになった。福島さんの場合でも最初は断られたが、この交渉過程が重要で、家の持ち主や土地の所有者・関係者、そして集落に理解してもらう機会になるという。地域にはいったアーティストも地域の歴史・風土を知り、この場で調達できる材料に知悉し、学習・説明・理解する過程のなかで地元民の意識が開かれていく。自立する地域づくりのためにもこの過程が大切だという（北川 2015: 96）。

アーティストが来る前に行政と検討し、集落の意見を聞いておき、公募のアーティストには特徴のある、典型的・具体的な場所を案内する。そのうえでアーティストから提案をうけ、その提案にあった場所の交渉にスタッフと行政がはいっていく。感触がよければ方法・構造・価格・住民の参加度を考えて丁寧なうち合わせをし、説明会を何度かおこない、アーティストをまじえての説明会がその後につづく。アーティストの熱意と人柄が、その後の進展と密接にかかわってくる。観光者／鑑賞者のアクセスルートも頭にいれる必要があるが、アーティストのなかには山の奥深い危険な場所をあえて選ぶ場合もある。だから面白いと北川はいう（北川 2015: 95）。

（4）地域が参加する

二〇〇〇年の第一回芸術祭で、古郡《ふるごおり》弘が下条地区の千手神社の境内に「無戸室 UTSUMURO」という土の胎《こぶくろ》のようなものを作ろうと工事用単管を組み、それを軸に土でできた神様の室《むろ》をつくる作業を始めた。赤茶けた土色の泥人形を数カ月間ひとりで作っていた。孤独な泥人形作成作業を最初は怪訝な顔をして見ていた近所の人が、やがて一人二人と手伝いに来て、ついには近くの小学生全員も参加し、そこに赤い注連縄《しめなわ》を作ってむすびつけたという（北川 2015: 98）。第二回芸術祭には、同地区で田んぼに巨大な砦のような土壁を作りたいとの意向が古郡から示され、下条地区が「ぜひ自分たちの所でやりたい」と申し出てくれた（北川 2014: 127）。下条でその年使われていなかった棚田二枚が作品設営場所として用意された。田んぼの土・木材・わらを使用し、伝統的な土壁の工法を用いて築く予定であった。しかし会期が迫っても進まず、あと三週間というとき半分もできていなかったが、古郡は慌てる様子もなかった。困った下条の長老たちは相談し、全戸に「大人たちはこれから開幕まで、可能な限り有給休暇をとって現場にはいるべし。子供たちは学校が終わり次第急行すべし」とのお触れを出した。そしてできあがったのが「盆景－Ⅱ」であり、五万人が来訪した。豪雪と翌春の田植えに備え作品は会期終了とともに撤去されることになったが、下条の人びとの落胆ぶりは気の毒なほどだった。彼らは祭りを催して、作品を土地へと還したという（北川 2014: 127; 橋本 2018: 133-134）。古郡の作品は「地域化」して、地域の人びとのものとなっていたのである。

やはり二〇〇〇年に、松代の棚田だった場所に國安孝昌が「棚守る竜神の御座」を無数の間伐材と煉瓦を主材料にして築きあげようとひとり黙々と作業をはじめた。この作品は稲と田と人びとの命を守る神・竜が降臨する憑代《よりしろ》をイメージしたものである。ときには学生のサポーターも手伝ってはいたが、学生は足腰が定まらない。木を組み、煉瓦を重ねて針金で巻くという一連の作業は、組んだ素材がうまく固定できずに難航していた。針金で丸太を縛るには技術が必要だが、おぼつかない学生たちを冷やかしながら遠巻きに眺めていた集落の年寄りたちに、北川があるとき「やってみますか」と水を向けると、ついにこらえきれなくなって手伝いに参加したという。年の功で要領をつかんでおり、みな幼なじみばかりでチームワークもよく、各自の持ち場も決まり作業がどんどん進んでいった。作家ひとりの手では実現不可能な規模の作品が、「地域が手をさしのべることによってはじめて完成が見えてきた」という。おそらくその瞬間に「竜神は作家の手を離れ、地域の人たちの作品になった」と北川は指摘する（北川 2014: 125）。

「竜神」は、期間中の五〇日間だけという条件で地元の許可をもらった作品であったが、会期が終わっても誰も撤去を求めなかった。終わって一年たった頃に作家の國安はひとりでメンテナンスをしていたという。第二回目の芸術祭が終わってもまだ解体されず、震災や積雪によって木材が痛んで痩せ、いよいよ作品がもたないとなった二〇〇六年の第三回芸術祭のときに、地元の人たちは自分たちの誇りとなった作品の補修、というよりも作り直しに手をあげた。十日町の消防団まで出動し、最初の作品より大がかりな「棚守る竜神の塔」を作りあげた（北川 2014: 125; 北川 2015: 98-100）。作品を支えた地域の老人たちは、訪れる人たちに作品を語り、アーティストとの交流を語り、ついには自分の集落から家族のことまで語っている。北川は「アートは赤ちゃんと似ている。面倒で、やっかいで、生産性がなく、放っておけば壊れてしまう。だから思わず周りの人たちが協力して支え、育てていくのではないか。竜神はそんなアートの姿を体現していた」と述べる（北川 2014: 125; 橋本 2018: 134）。

3 「生成変化」を誘う

「大地の芸術祭」では、地域の人びとが制作作業に参加する事例が次第に多く見られるようになった。得体の知れないアーティストが自分たちの土地に来て、なにやら理解のできないモノを作りはじめた。地域の人びとは遠目からながめていたが、両者が関わるなかでともに「生成変化」を経験していき、さらにはそこに取り込まれていったモノ／作品もまた「生成変化」していったのである。

(1) 動きが誘い、ものがたりが魅了する

先の二つの事例は、作業自体の質とアーティストが数カ月にわたって提示する熱心さがアクターとなった。泥人形作成作業という作業(モノ)を見て、自分にもできると思い、ちょっとやってみたいと身体がうずきだす。針金で丸太を縛る技術は丸太で足場を組むときに必要な技術(モノ)で、長年の作業を通じてそれを身体感覚としてもっている人間は、不器用な他者の作業を見ているとつい身体がうずきはじめ、お手本を見せ、ちょっとしたこつを教えたくなるものである。現代アートは外部の要素(モノ)であり、理解できず近づきがたい対象であった。しかし、その制作段階を数カ月にわたって見ていると、作業は親和性のある身体運動の繰り返しであると知ることになった。アーティストの作業を見ていて、地元の人びとの身体が動きだしたのである(橋本 2018: 161)。

アーティストは住民との協働を経て、作品を制作・出展する。アーティストはその過程で地域を学び、「生成変化」する。そして住民も「生成変化」することが重要である。アーティストは住民と関わり、住民〈とともに〉学び/変化する。この山間地でともに「生成変化」していくのである。しかし、時が経つと当初は人を集めた作品も訪問者が減少する。クリスチャン・ボルタンスキー「最後の教室」(二〇〇六年制作)の受付にいた老人は、二〇一五年には「来る人が減っている」と話す。常に魅力を更新する努力をしなければ現代アートは陳腐化していく。コロナ禍で延期されなければ、二〇二一年開催時にはボルタンスキーの逝去を受けて新たな光が当たるはずであった。イリヤ&エミリア・カバコフの「棚田」や國安孝昌の「棚守る竜神の御座」「棚守る竜神の塔」には地域の人びととの交流の「ものがたり」が積み重ねられていく。それが語られるたびに作品も「生

成変化」し、あらたな魅力となって来訪者を魅了するのである。

「地域アート」の鑑賞者は、都市の美術ファンとは様相を異にし、このような「ものがたり」をもった作品を求めて中山間地の村落をめぐり歩くのである。この鑑賞者／観光者は、地域で制作するアーティストとその制作活動を支える地域の人びとがともに「ものがたり」を紡いだ作品に出会ってはじめて完結した作品を鑑賞した気持ちになるのである。それはもはやよく知られたものを「確認」しにくる大衆観光者の姿ではなく、地域の人びとが紡ぎだす「ものがたり」を探し歩く「地域文化観光者」、そして本書の「旅人／観光者」なのである。

(2)「生成変化」し「地域文化」となる

「大地の芸術祭」は「トリエンナーレ」として三年に一度開催する予定であったが、当初は一回目を無事に開催できるかどうかもおぼつかない状態であったと十日町市役所の職員はいう。三回目を終了し県の事業からの自立を求められるようになると、「地域化」の度合いが問われるようになった。地域芸術祭の作品は既存のアート領域におけるいわば客観的・審美的な評価を受けることもあろうが、それよりも地域にとって重要なのは、地域の人びととそこに誘われ／集う訪問者にとって「地域のもの／地域文化」となっているかどうかである。作品は地域の人びととの参加／活動によってほんものとなる「真正化」の過程、すなわち「地域化」の過程を経てはじめて地域の文化資源となり、「地域文化」に「生成変化」するのである。

地域の人びとが参加した作品ほど「地域化」の度合、すなわち「土着化」の度合が強くなり、地域の作品となる。会期終了後は取り壊す予定であっても、そこを訪れた鑑賞者／観光者の評価・賞讃を受けると、作品は自分たちの誇りに変化し、設置の継続を願うようになる。先に紹介した「竜神の御座」制作者の会期後もひとりで手入れをする姿が、地域の人びとの共感を呼び、長年の風雪でやせた素材を修復する際にさらなる手が加わり、「竜神の塔」に作り直されることになった。作家の熱意が作品を存続させたと考えるのは単純すぎる。休閑地の棚田という地域の空間、そこにも ち込まれた木材や煉瓦、他所者のアーティストと手伝いの学生が資材を針金で留める動き、それを遠巻きに見つめる地元の老人たちの協動作業であった。ここで老人たちを動かしたモノは、アーティストと学生たちの「つたない技術」であった。エージェンシーを発揮し老人たちを動かすきっかけとなったのは、土地であり、素材であり、他所者たちの身体技法の未熟さであり、老人たちのチームワークであった。完璧な技術をもつ専門家集団が木材の組み立てをしていたならば、老人たちの参加はなかったであろう。「未熟な技術」が人を動かし、交流のきっかけを作ったのである。学生もアーティストも学び地域の人びとと協働するなかで、両者がともに「生成変化」を経験し、制作活動が地域に根付き、作品そのものも「生成変化」し、地域のものになっていったのである。

(3)「うぶすなの家」へと「生成変化」する

「うぶすなの家」は二〇〇四年一〇月の中越大震災で空き屋になった築九〇年の茅葺き民家を再生させたものである。民家に詳しい棟梁、焼物専門誌の出版者、料理のプロに参加してもらい、そこを宿泊が可能なレストランにすることにしたという。昔からの工法の家で地元の食材を使って、地元のお母さんたちの料理が振る舞われる場となり、さらには焼物のディレクターや焼物名人によって、いろり・竈《かまど》・洗面台・風呂などがしつらえられ、焼きものの美術館として再生した（北川 2015: 47）。二〇〇六年には、一階が地場の食材を活かした女衆たちがもてなす手料理を現代陶芸家の器で味わえるレストランで、二階は和紙の「光の茶室」や金箔を施した「闇の茶室」など安藤雅信の作品の展示場になった。芸術祭の五〇日間に二・二万人が訪れ、一二〇〇万円の売上げがあった（北川 2014: 89、北川 2015: 48）。

代表の水落静子は、「過酷な自然と背中合わせの土地にあって、なかなか気づくことがなかった地域の絆や伝統への誇りを、この家に携わったアーティストやこへび隊、そして訪れるお客さんたちから学んだ」という（北川 2014: 89）。地域の封建的な関係をうち崩したのが「アーティストの到来」であった。保守的な村落で、それまで公の場から外されて発言の機会をもたなかった女性たちが村に来たアーティストを支えたが、男たちは手伝わず遠巻きにしていた。芸術祭がはじまると、訪問した観光者を迎えたのも女性たちであった。こうして訪問者とアーティストたちが、黙っている女性たちを表に出させたのである（橋本 2018: 141）。

二〇〇九年七月三一日版の新潟県「ふるさとレポート」では、交流が盛んになってもそれだけでは地域の再生にはならず、定住人口の増加が必要であり、そのためにはその地での生計がたたなければならないと述べる。その答えのひとつとして「うぶすなの家」を紹介していた。レストランのまとめ役の水落は、「最初はこんな山奥にお客さんが来るのかと半信半疑のところもあったのですが……、想像以上の方々に来ていただいています。……地元の妻有ポークと山菜を使用した「山菜餃子定食」、妻有ポークの蒸し豚がメインの「山地ごっつぉ定食」「夏野菜のカレー」です。……できる限り地産地消を心がけています。山菜餃子定食は一〇〇〇円で、決して豪華な食材を使ってもいませんし、一流の料理人が作るわけでもありません」という。レストランの収入で生計が成りたつところまではいっていないが、大切な収入源となっていると紹介していた（橋本 2018: 142）。

『十日町タイムス』の社長は、この集落では「うぶすなの家」を経営するなかで、女性が表に出るようになったという。夏だけで一二〇〇万円の収入を得ることができたが、それが成果となって女性たちの仕事を男たちが認めるようになった。地域の封建的な関係をうち崩したのがアーティストの到来であり、普通のおばちゃんが「ものをいう」存在に「生成変化」したのである。彼女たちにとっても突然であったが、芸術祭に関わったら面白く、その活動が対内的・対外的に評価され、保守的世界のなかで「ケ」の存在であった女性たちがまさに「ハレ」の存在となっていき、そこに巻きこまれたすべての人間と非-人間が形成するネットワークが「うぶすなの家」へと「生成変化」していったのである。

「大地の芸術祭」では、外来の要素であるアートプロデューサー、現代アート、アーティスト、ボランティア、地域振興政策、芸術祭などと、地域のヒト・モノ（空き家、廃校、棚田、空間、景色、土、木材、農作物、素材）・コト（祭り、地震など）とが織りなすネットワークのなかで、越後妻有という空間と「アートプロジェクト」というキーコンセプトが中心的なアクターとなり、他のアクターをむすびつけていった。これまでは棚田とか里山は、効率が悪く大型農法を使えず気がひける「恥ずかしい」モノであったという。みな町場や市街地へ出ていき、空き家となり、子供がいなくなって小学校が廃校となった。そのマイナスの要素と考えられた空き家・廃校・休耕田が現代アートと出会うことによって創作空間に「生成変化」したのである。その過程のなかで地域の人びとが創作に参加することになったが、それは仕事（苦役）ではなく、祭りに参加するのと同様の「楽しい、新しいハレ」の活動であったのである。

4　瀬戸内国際芸術祭——香川県・岡山県の島々・港

「越後妻有　大地の芸術祭」から一〇年後の二〇一〇年に「瀬戸内国際芸術祭」が開催されたが、それ以前から地域におけるアート活動はベネッセ（福武書店）によってはじまっていた。直島では地域の特徴・特性を活かして制作する「サイトスペシフィックワーク」がおこなわれていた。アートが主張するのではなく、アートが自然や歴史のもっている良さをひき出し、それらの相互作用で人間を動かし、観ている人の生き方を変えてしまう。そういう可能性のある場を直島に出現させようとし、「あるものを活かし、ないものを創る」あり方を理念としているという（福武・安藤ほか 2011: 6）。

（1）瀬戸内国際芸術祭開催まで

一九九二年に「自然・建築・アートの共生」をコンセプトに、美術館とホテルが一体となった施設「ベネッセハウスミュージアム」が安藤忠雄の設計で完成した。アートに包まれたホテルは世界ではじめてで、収蔵作品に加え、アーティストたちが滞在してその場所のためのサイトスペシフィックワークをし、作品は海岸線や林の中にも恒久展示されている。一九九七年に「家プロジェクト」がスタートし、古くからある本村《ほんむら》集落の民家を改修した宮島達男の「角屋」が最初の作品となった。二〇〇四年にクロード・モネ、ウォルター・デ・マリア、ジェームズ・タレルという三人のアーティストの作品をゆっくりと見てもらうための「地中美術館」がオープンし、二〇〇九年には大竹伸朗が手がけた直島温泉「I♥湯（アイ・ラヴ・ユ）」が開業し、直島観光協会が運営している。二〇一〇年には「李禹煥《リ・ウファン》美術館」が完成した（福武・安藤ほか 2011: 6）。

「瀬戸内国際芸術祭」開催までに香川県では、二〇〇三年に「アートツーリズム」推進の取組みを開始し、二〇〇四年に「アートアイランド・トリエンナーレの開催」が提言された。二〇〇五年に直島福武美術館財団が「瀬戸内アートネットワーク構想」を発表し、翌年に直島全域を会場とした展覧会を開催した。この年、福武が越後妻有を視察し、北川フラムと「瀬戸内国際芸術祭」を構想した。二〇〇七年九月に香川県議会において芸術祭への参画表明がなされ、二〇〇八年四月に「瀬戸内国際芸術祭実行委員会」が設立され、会長・香川県知事、総合プロデューサー・福武總一郎、総合ディレクター・北川フラムの体制が整った。二〇〇九年一〇月に「こえび隊」（瀬戸内国際芸術祭ボランティアサポーター）が誕生し、二〇一〇年に「瀬戸内国際芸術祭」が開催された（橋本 2018: 147-148）。

第一回「瀬戸内国際芸術祭二〇一〇」は「アートと海を巡る百日間の冒険」というタイトルで、七月一九日〜一〇月三一日の一〇五日間開催された。会場は八カ所で、来場者は約九四万人、予算規模は三年間で七億二七〇〇万円であった。翌二〇一一年と二〇一二年に「ART SETOUCHI 春、夏、秋」を開催し、通年化を実現している。特定非営利活動法人「瀬戸内こえびネットワーク」がこの年に設立されている。第二回は二〇一三年に「アートと島を巡る瀬戸内海の四季」として一二カ所の会場で開催され、来場者は約一〇七万人、予算規模は三年で一〇億一五〇〇万円であった。二〇一六年の第三回は会場が一二カ所、予算規模は三年で一一億九八〇〇万円であった（橋本 2018: 148-149）。

(2) 犬島を歩く

「大地の芸術祭」と「瀬戸内国際芸術祭」の違いは、「迷い方」が異なることである。「大地の芸術祭」は先にも述べたが、自分の車を利用しない場合は半日・一日コースの周遊バスを使わざるを得ず、展示エリアでの案内がついているので「迷うこと」が難しい。それに対し「瀬戸内」では二〇一九年の第四回からチャーター船を使ったオフィシャルツアーがはじまったが、会場の島には通常運行のフェリーで行けるため個人で島にたどり着き、島内を歩きながら心置きなく「迷うこと」が可能になる。犬島や豊島では、歩き・迷う経験が可能になる。

岡山県犬島は周囲三・六キロメートル、人口五〇人弱の小さな島である。一九〇九年から一〇年間稼働して停止したままの銅の精錬所が、廃墟として放置されていた。そこを産業廃棄物の投棄場にする計画があり、豊島の不法投棄の二の舞を避けるために二〇〇一年に福武が用地を買いとった。「一九七〇年」をテーマにし、三島由紀夫邸をモチーフにした作品を柳幸典が作り、完全な自然エネルギーで冷暖房をおこなう「犬島精錬所美術館」が二〇〇八年に完成した。柳は一九九五年から犬島で活動し、廃墟のもっている力と島の歴史・資源を利用してアートの力で島を再生させ、産業廃棄物投棄場計画をくい止めたいと思っていた。柳は他者との関係性のなかで現れるアートの特性を活かすため、自分とは絶対出会えない他者として死者とこれから生まれてくる者をイメージし、三島を墓からよみがえらせることにしたという。三島の作品『太陽と鉄』で扱われるギリシャ神話のイカロスをモチーフにしたアイディアを精錬所の高い煙突との関連で生かしたという（福武・安藤ほか **2011: 102-104**）。

「犬島精錬所美術館」（瀬戸内芸術祭）

この犬島への直行便が高松港からはないため、まず直島に渡りそこから高速船に乗り換えて犬島へ向かうので、片道二時間かかる。待ち時間と移動と犬島での作品鑑賞のために丸一日使うことになる。後に詳しく紹介するが、高松港発のオフィシャルツアーを利用したときは、ガイド付きのチャーター船で乗り継ぎなどの心配をする必要がなかったが、宇野港で作品を見て昼食をとり、犬島に午後二時に着き、帰りの船の出発までの二時間ほどで精錬所を中心に民家の中に点在する「家プロジェクト」を探して歩いた。時間が短く離れた植物園まで行けない参加者がほとんどだったが、ガイドによると宇野港も含めて歩数が一万四千歩になっており、いちばん歩くツアーだったとのことである。

「豊島美術館」（瀬戸内芸術祭）

（3） 豊島を歩く

豊島《てしま》は一九七五年から一九九一年までの一六年間にわたり産業廃棄物が不法投棄されてきた島である。産業廃棄物についての闘争をしてきた人びとのエネルギーを「食とアート」というテーマで昇華できるように、棚田を再生し、豊島でできた米・野菜・果物で自給自足できるようなイメージをうち出した。海に臨む丘の中腹にある広大な棚田の一角に、建築家・西沢立衛と作家・内藤礼を迎えて豊島美術館が二〇一〇年に完成した（福武・安藤ほか 2011: 8, 93-94）。

バスを丘の上で降りて自然のなかに埋もれた白いドームを目指すのだが、道を一本間違えたようで降りていくと林のなかにはいってしまった。元の道に戻って受付にたどりついても白いドームはそのまだ先にあった。道は一度ドームから離れていき、ベンチも置いてある岬を回りこみ、道なりに戻ってくると入口がある。靴を脱いで棚におき、水滴をモチーフにした大きな白い楕円形の建物にはいると、天井と壁に三つ大きな開口があった。ガラスは使われていず、風の音や鳥の声が直に聞こえる。穴の一つは天を望み、一つは海を望み、一つは背景の林に開かれていた。床の何カ所かから水が一滴ずつぽつりとわき出て、線を引いて流れる。訪問者は白い大きな床に座ったり寝そべったりして、静かな時間を満喫する。表に出て一時間に二本あるバスを待つか、坂を歩いて上の集落まで歩くかを考える。阿部良が設計した「島キッチン」は、唐櫃《からと》港からこの豊島美術館を経てすぐ上の唐櫃岡にあり、大きな屋根に包まれた半屋外にテーブルがある開放的なレストランである。

豊島では産業廃棄物に対する態度の違い、集落間の落差、長老と若者の意識の違いなどで島の今後のあり方に対するコンセンサスがとりにくい状況があった。そのなかで協働する仕組みを作っていかなければならないと北川は考えていたという（北川 2015: 169-170）。空き家と庭を使った「島キッチン」に地元の女性たちが参加し、地元の食材を使った料理をふるまうという協働のコンセプトができあがったが、考えの異なる人びとの共通のプラットフォームにまではなかなかならなかった。いろいろな試行錯誤のあと、月に一度誕生会を開くことにしたという。八〇〇人二七〇家族の各戸に、誕生会の四日前から戸別訪問をした。スタッフ・サポーター全員が動き、ひとり家でこもりがちな年寄りの気持ちを変えはじめたという。執拗な試行錯誤を継続したなかで、「島キッチン」が地域の人びとの中心になっていった。北川は、この「こえび隊」の活動から、先輩格にあたる越後妻有の「こへび隊」の活動に熱意のみならず粘度をもってやっていく必要性を、改めて反省したという（北川 2015: 170）。

「島キッチン」は一一時から一四時まで開店しており、二〇一六年は島キッチンセット限定九〇食が鮮魚のフリットと夏野菜のラタトゥイユ添えで税込み一六二〇円、人参・カボチャ・なす・オクラ・ジャガイモなどの島野菜添えカレーセットが一二九六円、季節のドリンク（庭でとれたいちじくのソーダ）五四〇円があり、飲み物は外テラスで一六時まで利用できる。人気があっていつも行列ができ三〇分待ちは常態で、バスや船の時間に追われている者は容易にはここで食事をとることができない。近くの作品を見た後に広い半屋外のテーブルに場所を確保し、向かいのテイクアウトメニューがある「みかん小屋」で「島キッチン」のキーマカレー八六四円やアイス・ケーキ・飲料を買って戻り、「島キッチン」内で食事をしている客をガラス越しに眺めながら、のどを潤し空腹を満たすことになる。私たちは、バスの時間に合わせてそこを出て、唐櫃港へもどり、船の時間まで港近くの作品を見てまわった。

高低さまざまなところにバスケットを設置した「勝者はいない」マルチバスケットボール、海沿いの細い道を行き、さらに海岸を歩いてようやくたどり着くクリスチャン・ボルタンスキーの「心臓音のアーカイブ」では世界の人びとの心臓音を聞き、自分の心臓音を登録することもできる。唐櫃港に戻り船の時間を待っていると次第に人が集まり、「アイランド・ブリーズ」号が三〇人ほどの乗客を高松まで運んだ。

5　地域のものとなる

外来の要素であるアーティストと現代アートが地域のものとなるか、または外来のままに留まるかは、「地域芸術祭」の存続にとって大きな分かれ目となる。外来のアーティストを迎え、芸術祭の手伝いを地元の人びともおこなう段階にあるのか、アーティストが地域の住民となり作品が地域のものとなっているのかが問題となる。私はこれを「地域化の過程」と呼んでいる。地域化の第一段階を「ローカル化」といい、外来の要素を受け入れスタッフなどは地元の住民が担当をするようにはなっているが、概念は外来のままで重要事項の決定などは外部の者がおこなっている状態である。その状態から徐々に資金的に地域のスポンサーが支え、どこで・何をテーマとし、どのようなアーティストを採用するかなどの決定を地域がおこない、アーティストを地域で育て、自分たちのものとして芸術祭を開催できるようになると、「完全な地域化／土着化」が実現した段階になる。アルジュン・アパデュライはインドにおいてクリケットがいかに「土着化／インド化」し、インドの国民スポーツになったかを分析する際、「土着化の六つの基準」に注目した（Appadurai 1995: 24-25）。それは「①パトロンの土着化、②エリート階級の模倣、③ナショナリズム、④プレイヤーの育成、⑤地元言語化、⑥男性性」であった（橋本 2018: 26）。その内容を踏まえて「地域文化観光論」では、「①スポンサーの土着化、②一般化、③地域の誇り、④アーティストの育成、⑤地元言語化、⑥あこがれの対象」という六基準に置き換えて、地域芸術祭の「土着化」の度合を評価するようにしている。

この「地域化」の過程は「地域芸術祭」が「地域文化」となって継続するかどうかにとって重要な基準になる。地域の人びとの支持を得られなければ、この種の行政主体のプロジェクトは三年か三回を目処に終了することが多い。しかし地域の人びとがアーティストを迎え入れ、作品制作にもかかわり、作品が地域のものとなった場合には、作品の維持・管理・修復を自分たちの手でおこない、正規の芸術祭の出展作品とはならなくても開催期間中に地域の人びとの解説付きで提示する事例も出現しはじめる。その場合は、現代アートが「地域化／土着化」の過程を歩んでいるといえるのだが、企画運営やアーティストの育成をすべて地域がおこなうまでには至っていないのが現実である。

（1）土着化と主観的真正性

提示される「観光文化」を「ほんもの」と感じる観光者がおり、「ほんもの」と考える地域の人びとがいる。この「地域芸術祭」において「土着化」の段階にはいった作品は、地域の人びとが地域の資源を発見・創造し地域文化として育てあげて、観光者に提供する「地域文化観光」と同じ過程のなかにあり、地域の人びとにとって「ほんもの」となっているといえよう。このとき両者にとっては「主観的真正性」が問題になっているのである。観光研究で当初問題になっていた「真正性」は、伝統文化や儀礼などが本来の文脈から切り離されて観光の文脈に置かれたときにすでに喪失していることを、ポストモダン観光者はみな認識している。それゆえ、現代の「ポストモダン観光」の現場では「真正性」の議論は相応しくないという結論となってくるのであるが、その議論の対象は「客観的真正性」の問題であった。「主観的真正性」に関する議論がまだ大きな問題として残っていたのである（橋本 2018: 29-38）。「観光まちづくり」の現場などでは「昔からの伝統」や「ほんものかどうか」といった議論が取りあげられることが多いが、その場合、誰が真偽を定めるのかが重要な問題となる。現場では立場や利害関係によって判断が分かれるが、それを考慮にいれた上で、真偽を定めるのは主体的に活動する地域の人びとであるとの立場に私はたっている（橋本 2011）。そして「地域芸術祭」における作品に関する「真正性」の問題は、「よい作品か否か」という「主観的真正性」の問題に置き換わるのである。アートの世界における専門家による審美的判断の一方で、「地域芸術祭」においては地域の人びとによる判断が重要となる。アトリエで制作した作品を搬入するだけの美術展ではなく、地域の環境のなかにアーティストが住まい、地域の人びと

〈ともに〉協働して創り、地域のものとなった作品を、誇りをもって提示する。それが「地域文化」となった「ほんもの」の作品である。

（2）間人的真正性とアクターネットワーク論

「地域文化」や「地域性」は、グローバルな流れやナショナルな流れから画一性を押しつけられるときに、ローカルな主体の出現とともに姿を現す。「ローカルな主体」として現れた地域の人びとが「発見・創造」した文化資源を、「地域文化」に「育てあげ」、それを観光者に提示する活動／地域文化観光に私は注目している。「地域文化」を「ほんもの」にするのは、このような地域の人びとの活動であり、この活動を通した「真正化」の過程において、「発見・創造」された「地域文化」は「ほんもの」になっていくのである。現代の観光者は観光現場に提示された対象が本来の文脈から切り離された時点で「客観的真正性」を喪失することを認識している。しかし地域の人びとが誠実に「真摯に」自分たちの文化を伝えようとしている場合には、その人びとの姿勢を「ほんもの」であると評価するのである。ホストがゲストに「真摯に」応対し、ゲストもそれに応えるとき両者の間に信頼関係が生まれる。この信頼関係に基づいて「間人的真正性」は担保され、観光者は地域の人びとを信じ、彼らが提供する文化を「ほんもの」だと信じるのである（橋本 2018: 16-17）。

問題となるのは観光者と地域の人びとだけではない。「地域芸術祭」では過疎地域の環境のなかにアーティストを「取り込み」、地域のモノ・ヒト・コトと現代アートが形成する新たなハイブリッドとしての「アートプロジェクト」が展開している。アクターネットワーク論（ANT）の視点からは、「地域芸術祭」は現代アートというモノを中心とした異種混交のアクターからなるネットワークを形成する「擬似物体」と定義される。その人間と非 - 人間が形成するハイブリッドな世界を「歩くこと」を考察するのが本書である。

(3) 観光研究とANT

アクターネットワーク論(ANT)は、近代的存在論が前提とするヒト・モノ、社会・自然、マクロ・ミクロといった二元論から出発することなく、ヒトとモノを対称的に扱うという「非近代的存在論」によって議論を展開する。ブルーノ・ラトゥールは『虚構の近代』(2008)などで、ヒトとモノの世界の関係を分析するために「ハイブリッド」という独特の概念を提示した。それは人間が自然に働きかけた結果であるのか、自然が人間に働きかけた結果であるのか、判然としないグレーゾーンにある対象で、そのどっちつかずの性格を残存させたまま、私たちに影響を与え、また私たちからも働きかけられるのである。近代はこのようなハイブリッドの存在を必死に否定し、この両者が截然と分けられるものであるかのように扱ってきたのである(清水 2013: 123)。ANTでは、翻訳・媒介・ネットワーク・純化・ブラックボックス・安定化などという数少ない用語を使って社会・自然、マクロ・ミクロを横断してつながるヒトとモノのネットワークを記述していくという特徴をもつ。言語をもたぬモノとの「対称性」を確保するためヒトのもつそのような側面(言語・情動・記憶)に触れることを控え、これまでの視野のなかにありながら消されてきた多くのモノを取り戻し、近代的な存在論を批判的に検討する革新的な戦略となるものである(足立 2009: 181)。

レン・ヴァン・デル・デュイムは、観光研究ではもはや構造・システムといった概念による説明に頼らずに、ANTにおいて基本となる「対称性原理」「アクターネットワーク」「翻訳」という三点に注目し、異種混交的な要素がむすびつく過程を観察し、これらの要素が「観光景観」として秩序化される特別な過程を検証し、身体、モノ・空間、情報・メディアに注目すべきだという（Van der Duim 2007: 962）。

（4）「地域芸術祭」の「地域化／ローカル化・土着化」

二〇〇〇年に二八集落で、鑑賞者／観光者一五万人を集めてはじまった「大地の芸術祭」は、その後二〇一八年には一〇二集落で五四万八千人が集まるプロジェクトになった。「瀬戸内国際芸術祭」は二〇一〇年にはじまり、七つの島と高松港の八カ所の会場で九四万人の来場者を集め、二〇一三年第二回には一二カ所の会場で一〇七万人を集めた。以後二〇一九年まで同じ規模を維持している。

現代アートという外来の要素が地域に受容され、どのように「地域のもの」になっていくのかが問題となる。「真正化」との関係でいうと、「土着化」の過程までたどりついたものを「ほんもの」、すなわち完全に「地域化」されたものと考える。ANTと「地域化／ローカル化・土着化」の過程は、一つの事象を異なる観点から解明するものである。後者は地域の人びとの側にたって一つのアクターの「地域化」の過程を追うものである。ANTはヒトの果たす役割を相対化し、一つのアクターをめぐって非－人間を含む他のさまざまなアクター〈とともに〉形成されるネットワークを見渡そうとする、より全体的な視野にたった存在論的考察をおこなうものである。「地域化／ローカル化・土着化」に視点を据えることは、一応「安定化／ブラックボックス化」を達成したネットワークがどのように構築されたのか、その過程を分析することであるといえよう。すなわち、現代アートという新たなモノが、他のさまざまな要素を「取り込み」、いかなるネットワークを構築しているかを明らかにするとともに、それが地域にどの程度受け入れられ地域のものとなっているかという、「地域化」についての検証をするものである（橋本 2018: 59）。「地域芸術祭」ははじまって一〇数年を経過するものもあるが、集客に失敗している事例もあり、まだ評価が定まらない現在進行中の過程にある。

（5）「地域化／ローカル化・土着化」の過程

過疎地域で現代アートを展示するという新たな試みは、最初は拒否された。日頃使われることのない空き家であっても見知らぬ他人に貸すことに抵抗が見られた。最初に地区内にひき受けたのは二地区だけであった。そこでは過疎化が進み、いかなる「開発」ももはやもち込まれることがなく、アートプロジェクトのわずかな可能性にかけてひき受けることになった。他地区より先駆けて多くの作品をひき受け、芸術祭を代表する地区となった。いまでも語り草になっているが、企画の中心地とされた十日町商店街では反対が強く、当初予定していた旗竿を使った作品が各店舗の看板を隠すという理由で撤去されたということもあった。作品は過疎地の一〇二集落に広く点在し、鑑賞者／観光者はバスツアーか自家用車で訪ね歩く。過疎地を歩くことが、このアートプロジェクトの大きな狙いでもあった。

「地域芸術祭」が地域の人びとからの「承認」を獲得するまでには若者のボランティア・グループ「こへび隊」の熱心な活動があった。世代の違う地域の人びとを何度も訪ねるうちに、この若者にならば空き家を貸してもよいと信頼されるようになった。また「アーティスト・イン・レジデンス」の試みでは、外国人アーティストも含むすべての作家たちが地域に一定期間住まい、その地の固有性を発見して作品に活かし、地域の人びとも作品制作に「取り込まれ」ていった。アートが媒体となりヒトとヒト、ヒトとモノ、そしてモノとモノをつないでいった段階が、地域化の最初の段階であるローカル化の過程であった。

地域化の完全な段階である「土着化」への過程を歩みはじめた事例としては、イリヤ&エミリア・カバコフの「棚田」、古郡弘の「無戸室 UTSUMURO」「盆景-Ⅱ」、國安孝昌の「棚守る竜神の御座」「棚守る竜神の塔」などがある。地域の人びとが制作に参加し、作品が地域のものとなっていったのである。アーティストと地域の人びと、そして鑑賞者/観光者との交流の「ものがたり」が積み重ねられ、それらの「ものがたり」がさらに新たな魅力となって人びとを引きつけているのである。アーティストが示す地域への愛着と努力がアクター/エージェント（作用主・行為主体）となり、エージェンシー（作用する力・行為主体性）を発揮し、アーティストと作品そのものの魅力となって来訪者を引きつけるのである（橋本 2018: 135-136）。

古郡の作品「盆景-Ⅱ」が撤去されるときは、作品を「土へ還す」祭りが催されたという。これは地域で生まれた作品が、完全に地域のものとなり、「地域に還る」儀式であった。外来のアーテイストの作品に地域の民俗的儀式が適用されるという「土着化」の過程を着実に歩んでいる事例といえよう。

(6) ラインをたどる、ものがたりをたどる

ヒトやモノの痕跡であるラインが交錯することとは、それぞれがたどってきた「ものがたり」が交錯することである。人間と非 - 人間が形成するネットワークは、さまざまなラインが交錯して形成される。そしてそのラインはそれぞれのヒトとモノのこれまでの軌跡であり、それはそれぞれの「ものがたり」が交錯して形成するネットワークでもある。その意味でANTに「ものがたり／歴史」を付与しているとの批判を受けるかもしれない。しかし、ヒトを動かすモノを考察するときに「ものがたり」を抜きにしてはならないと私は考えている。

ANT的視点から「地域芸術祭」に見られるさまざまな過程では、「翻訳」と「取り込み」作業を通してヒトとモノの「生成変化」が可視化されることが分かる。変化を誘うアクター間の関係が、モノを媒介とし、アーティストに対しては「妻有と関わって、変わりなさい」とのメッセージが、そして地域の人びとに対しては「アーティスト／他者と関わって、変わりなさい」というメッセージが発信されているのである。ANT的分析においては、ヒトとモノを「対称的」に扱い、その場の現在性が強調され、歴史性が背後にまわされるとの批判があるが、ヒトを動かす大きな要因がモノにまつわる「ものがたり」であり「歴史性」であることに注目すると、ANTにおいても「ヒトと歴史性」が考慮にいれられるべきであると提唱したい。

十日町・鉢集落の廃校で展開する田島征三の「絵本と木の実の美術館」では、廃校（モノ）が喚起する地域の人びとの「思い出／ものがたり」が作用する。二〇〇五年に廃校になったが、最後の生徒三人がこの小学校の菜園の様子を見にきたところから絵本のものがたりがはじまる。ここにはトペラトトというオバケがいて、みんなの思い出を食べていた。戻った三人が退治すると、オバケは学校の思い出をはき出し、学校がよみがえった。こうして鉢の人びとのモノをめぐる思いが、アーティストによって子供とオバケが活躍するものがたりに「翻訳」されたのである。この小学校の大勢の卒業生が制作に「取り込まれ」、この集落の人びとが二〇〇五年に廃校になった小学校を残したいと考え、二〇〇九年（第四回）に「絵本と木の実の美術館」となったのである。

廃校（モノ）には地域の人びとのさまざまな「思い／ものがたり」が蓄積されている。廃校がモノとしてあるだけではヒトを巻きこむことはない。アーティストが地域の人びとのモノに寄せる「思い／ものがたり」を「翻訳」し、モノへの働きかけをはじめた。それがきっかけとなり、喚起されたモノにまつわる「思い／ものがたり」が、地域の人びとの身体活動へと「翻訳」された。それが作品となって会期中に展示されると、最後の生徒とトペラトトの話とともに、制作の過程も来訪者に語られる。それらすべての「ものがたり」が、鑑賞者／観光者を引きつけるのである。モノがヒトにエージェンシーを発揮するというときには、このような「ものがたり」が媒介して「翻訳」作業が促進されることをＡＮＴでは注目する必要がある（橋本 2018: 154-156）。

6 「アートネクサス」と「観光ネクサス」を行き来する

「地域芸術祭」の大きな特徴は、「アーティスト・イン・レジデンス」といわれる制作方法を採用し、制作者が一定期間地域に滞在して地域の特徴・特性を観察して作品に反映することと、鑑賞者／観光者が広範囲に点在するアート作品をめぐるための「移動」を促されることにある。従来の美術館での鑑賞方式とは明らかに一線を画す、鑑賞者にこれまでにない「空間的移動」を誘発するための企画である。この地域芸術祭は美術館の鑑賞者を地域に呼び込み、複数の地域を巡らせる仕掛けを通して移動を当然と考える「観光者／鑑賞者」に変換させ、地域を移動する観光者をアート作品の「鑑賞者／観光者」に変換させるという、「双方向の社会的移動」を促すものとなっている。このプロジェクトは単に空間的移動（spatial mobility）を促進するだけではなく、地域にあるモノを「芸術作品」に変換し、「観光者」を「鑑賞者」に、そして「鑑賞者」を「観光者」に変換するという、ヒトとモノの「社会的移動」（social mobility）をも促すものとなっているのである（橋本 2022c）。

地域芸術祭の創作過程は、アートネクサスという概念から明らかになる。アートネクサスは「人と事物の社会的関係や事物を介した人間同士の社会的関係によって、「アート的なるもの」が人びととむすびつけられている領域」（Gell 1998: 12; 久保 2011: 44）である。アルフレッド・ジェルはイメージの受容・考案・工夫と、それが受け手に与える影響、そして受け手が「アクター」（エージェント・行為主体）となりエージェンシー（行為主体性）を発揮する存在となるという関係性に焦点を当てる。地元住民からは「なにもない」と認識されていた地域で、人びとの記憶や景色など地域の「モノ」と遭遇したアーティストが、ジェルのアートネクサス論（Gell 1998）に倣っていえば、モノのエージェンシーを受けて「イメージ」を構成し、空き家となった古民家で「作品」制作をおこなう。その作品のエージェンシーを地域住民や鑑賞者が「受け手」（レシピアント）となって、ヒトとモノによる生成するつながり（ネクサス）が形成されるのである。地域芸術祭を契機に住み込んだ作家の世話をしたのは、保守的な地域でこれまで「ものをいうことのなかった」女性たちであった。彼女たちは、作家や「鑑賞者／観光者」というゲストを迎える活動のなかで、レストランを開設し、都心のシェフと協働で地元の産物をもとにした料理を提供し、思いもよらぬ多くの収入を得て自信をつけ、保守的な男性たちからも一目置かれる「ものをいう」女性へと変わっていった（橋本 2018: 141-143）。いまや他の地域で講演し、請われて市議会議員になった女性もいる。「ものいわぬ」女性から「社会的移動」を経て、「ものをいう」存在へと「生成変化」しているのである。これも本節で提案する「観光ネクサス」のひとつの動きといえる。

ここでは地域芸術祭を「アート的なるもの」をめぐるアートネクサス論的視点から検証する。地域芸術祭そのものが地域振興や「観光まちづくり」の過程に組み込まれ、「観光的なるもの」をめぐる「ホストとゲスト」の関係がともに「生成変化」するポストツーリズム的現状を受けて、「アートネクサス」から「観光ネクサス」への「移動」が、両者の間で同時かつ往還的におこなわれているのである。

（1）「アート的なるもの」と「観光的なるもの」

「地域芸術祭」の創作過程においてアーティストＡ（アクター／エージェント）がＢ（作品／レシピアント）に対して働きかけ、さらにＢ（作品／エージェント）がＣ（鑑賞者／レシピアント）に働きかけるとき、Ｂを通じてＡがＣに働きかけるという事態が生じる。この過程で重要なのは、「アート的なるもの」である作品Ｂが鑑賞者Ｃに何らかのエージェンシーを発揮する点である。「モノ」を単なる受け身の存在と措定するのではなく、Ｂ（モノ／作品）はＣ（鑑賞者）に対してＡの「エージェンシーのアブダクション（仮説的推論）を促す指標（インデックス）として働く」（久保 2011: 44-45）と考える点にこの理論の特徴がある。作品（Ｂ）を媒介にして人間と非-人間の間でエージェンシーが連鎖する場が「アートネクサス」である（橋本 2018: 197）。ヒトとモノは「対称的」なアクターとして「ネットワーク」を形成してエージェンシーを発揮し、「与え手」が「受け手」に、「受け手」が「与え手」になるのである。

アートネクサスの視点は、観光の現場を「ホスト」（与え手）と「ゲスト」（受け手）の二項対立的関係で捉えていたパースペクティヴを見直す契機を与える。先のアートネクサスにおける「アート的なるもの」（作品Ｂ）が、ここではディーン・マキァーネルが『ザ・ツーリスト』の最終章でいう「観光的なるもの」（the touristic）（マキァーネル 2012: 240-244）に置き換えられる。現代では、その「観光的なるもの」の受け手であったゲストが、観光地に滞在・移住してホストとなり、与え手側になるというポストツーリズム的現象が起きている。そのような連鎖的関係をジェルに倣い「観光ネクサス」と名づけようと思う。これまで、「ホスト・ゲスト関係」は固定化して考えられてきた。しかし地域の人びとは、「観光的なるもの」の到来・借入や地域での発見・創造が契機となって、はじめて「ホスト」となり、その与え手（アクター／エージェント）になるのである。「観光ネクサス」と名づけたネットワークにおいて、個々のアクター間のエージェンシーの授受のあり方、またはそれらのつながりや相互関係を詳細に検討することを可能にするのがＡＮＴ的な観光研究である。この「ホスト・ゲスト関係」は、観光化の「過程」が介入して、はじめて創出されることに注意すべきである。

（2）モバイルな社会におけるモバイルなアクターたち――新たなツーリスト概念

「ホスト・ゲスト」の境界融解にともない、ゲストがホストになり、ホストがゲストになる「社会的移動」が頻出している。世界を動かす裕福なグローバルズの頻繁な移動（エリオット＆アーリ 2016）の一方で、小笠原やバリ島への移住者たちのようにささやかな観光業に携わり、豊かとはいえないが、しかし、その地にいることへの満足感を語る人びとも多く存在する（山崎 2016; 吉田 2020）。"The Touristic Society" とは「観光的なるもの」が「日常化」した社会である。マキァーネルは「私たちはみなツーリストである」という隠喩を使って、「観光的なるもの」にあふれた現代社会を解明しようとした（マキァーネル 2012: ii）。しかし、つねに「ホームなるもの」を離れ移動を続ける「グローバルズ」は、もはや自らを「ツーリスト」として自覚することがなくなっていると想像される。アーリは『社会を越える社会学』で、人間社会という中心的概念を喪失しつつある学問分野が、あらたにネットワーク・移動性・水平的流動性をめぐって再組織化される必要性を説く（アーリ 2006: 6）。

モバイルな人的アクターとしては、①現代社会のエリートである「グローバルズ」、②移動を伴う生業を営む遊牧民や行商人たち（Nash 1981: 463）、③「逸脱者」と見なされた旅芸人やサーカス一座の人びと、そして④社会的劣位におかれる外国人移住労働者や難民などが考えられる。いまやこの「モバイルなアクターたち」と「観光ネクサス」との関係を考察すべき状況にある。

（3）「地域芸術祭」を歩く

地域の人びとにとって現代アート作品は、当初は異質で非日常的なモノであったが、時とともになじみのモノとなり、日常的な光景となった。一方、「観光者／鑑賞者」にとっては、過疎地域という「異質な空間」において、非日常であるはずの現代アートを日常として扱う地域の人びとは「異質な存在」となる。彼らは、単なる作品観賞ではなく、社会的コンテキストのなかに位置づけられた「過疎地域の現代アート」を観て感じるために歩くのである。

「越後妻有 大地の芸術祭」では、七万四千人が住まう、東京都に匹敵する広大な地域で初年度は二八集落を一六万人が、二〇一八年には一〇二集落を五四万八千人が「歩いた」。主な移動手段は約六割が自家用車で一割がレンタカー、他に電車とバスなどの公共機関の併用で、リピーター率は四割だという。この広大な中山間地域を、ガイドブックを頼りに道ばたに立てられた「芸術祭」の水色の幟《のぼり》を目安にして探りながら、迷いながら、車と徒歩で移動するのが「大地の芸術祭」である。「海の復権」をテーマに開催される「瀬戸内国際芸術祭」は二〇一〇年から三年ごとに瀬戸内海の一二の島と高松港・宇野港を拠点として春・夏・秋の三期にわたって開催され、一〇〇万人を越える鑑賞者・観光者を集めている。

広大な地域を「歩くこと」を目的にした「地域芸術祭」には移動手段の確保が必須であった。越後妻有では自家用車・レンタカーの利用が七割を占め、バスによるオフィシャルツアーの利用者も多い。「瀬戸内国際芸術祭」においては船が必須となる。先に触れた二〇一九年度の「宇野港・犬島」オフィシャルツアーでは、二名のオフィシャルガイドがそれぞれ一八名の班を担当し、四〇人定員の高速船を一日チャーターして移送する。高松港を一〇時ちょうどに出発し、一〇時四五分に宇野港に着き、港周辺の作品を見て、産業会館の部屋で「化学調味料・保存料を使わない地元の食材をたっぷり詰めこんだ」弁当を食べ、JR宇野駅周辺の作品を見学した後、一三時一五分に宇野港を出て一四時前に犬島に到着した。一つの班が先に精錬所美術館にいき、別の班は「家プロジェクト」をめぐる。それぞれの作品までの距離は徒歩で五分と、程よい距離に作品が点在しており、徒歩移動で三時間もあれば九つの作品すべてをまわることができる。オフィシャルツアーでは岡山港にも寄ったため犬島での時間は十分にはとれなかった。

「地域芸術祭」の魅力は作品をめぐる移動の途中にもある。人のすれ違いが難しい細い路地・神社・道ばたの六地蔵の姿などが記憶に残る。作品番号は付けられていないが、道にまではみ出た作品に出会うこともある。地域芸術祭では、都市部のような画一的な道路ではなく、先が見通せぬ曲がりくねった路地に魅せられ、棚田・水車・港・屋号看板などに地域性を発見する。案内板はすぐ近くの作品の場所を示し、鑑賞者／観光者にはそこに示された場所が次の目的地となり、周囲を見まわして道を探る。作品紹介板や芸術祭の幟を見つけるとほっとする。この地域芸術祭は、地図を頼りに道を見つけ、目的地をめざすという「宝探し」ゲーム的な様相も呈する。迷いながらも、経路途中の風景を堪能している姿をよく見かける。

（4）記憶から景観へ――「アートネクサス」から「観光ネクサス」へ

瀬戸内海の直島は、いまやアートの島として有名であるが、一九九七年に現代アート作品を媒介とした地域景観保全プロジェクトとしての「家プロジェクト」が開始された。本村《ほんむら》集落の二〇〇年前に建てられた「角屋」と呼ばれる古民家で、宮島達男による作品が制作された（宮本 2018: 101-102）。作家による島の生活文化の聞きとりの過程で、本村の住民たちは「自らの思い出を語ることを通じて、単なる作品の受け手としての立場から脱却し」、「現代アートを媒介として地域の景観保全」を模索するようになったという（宮本 2018: 103）。二〇〇一年開催の「スタンダード展」では、家々の歴史や生業をモチーフとしたのれんを掲げる「のれんの路地」という作品が制作・展示された。島では商号、初代の人物名、持ち船の名にちなんだ屋号を用いる家が残っていた。屋号を書いた表札を各家に設置した「屋号計画」は、これまで「口頭のコミュニケーションのなかだけにあった屋号を可視化する試み」となった（宮本 2018: 104）。二〇〇四年には「本村のれんプロジェクト実行委員会」が設立され、町の助成を受けながら、のれんの数を増やし、新たな景観が作りだされた。

宮本結佳は、歴史を取り込んだ作品の制作によって思い出が可視化され、それを契機に住民たちの地域の景観保全への関わりが変容したと指摘する。現代アート作品を媒介とした歴史的経験や記憶の可視化が、景観を作りだす動きの端緒となった。この活動を通じて「語られた景観」が作りだされると同時に、住民自身が担い手となる新たな物理的景観が作りだされたという（宮本 2018: 207）。

この過程には「アートネクサス」におけるエージェンシーの連鎖的移動が見られる。作品制作を機会に住民の記憶が作家へ、作家から作品へ、作品から住民へとエージェンシーが移っていき、芸術祭開催を機会に作品とその解説者となった住民から鑑賞者／観光者へと連鎖的にエージェンシーが移動しているのである。一方、住民は作品から再帰的にエージェンシーを受け取り、「芸術祭」活動だけではなく、むしろ「観光まちづくり・景観創造」に力点を置いた活動へと移行していった。「アートネクサス」が「観光ネクサス」へと変換・移動していることが指摘される事例である。

(5)「アートネクサス／観光ネクサス」というハイブリッド

移動は観光の同義語ともなる。観光は人びとに空間的移動を促す。その移動が繰り返され蓄積されると、さまざまなアクターの「社会的移動」が促される。それが「観光的なるもの」をめぐるアクターたちの「移動」である。アーティストは地域のモノとヒトが形成する混淆的ネットワーク内の景観・歴史・記憶などからエージェンシーを受け、「アート的なるもの」（作品）を制作する。その受け手（レシピアント）となった地域の人びとと鑑賞者は、同時に「観光的なるもの」をめぐる「ホスト・ゲスト関係」に編入され、「観光まちづくり」のネットワークにも取り込まれる。アーテイストは地域の一時的「移住者」となり、鑑賞者は「観光者」になり、「アート的なるもの」が「観光的なるもの」に「生成変化」し、「アート的なるもの／観光的なるもの」のハイブリッドが生成する。「観光的なるもの」が異種混交的なネットワークのなかにたち現れると、そこにさまざまなアクターたちが誘いこまれ、観光ネクサスが形成される。作品は、アートネクサスの関係性のなかではじめて「アート的なるもの」として「生成変化」する。同様に、この異種混交的に形成された観光ネクサスの関係性のなかではじめて、「観光的なるもの」はたち現れるのである。

地域芸術祭は、もはや単なる「アート的なるもの」をめぐる文脈だけには収まりきらず、「観光まちづくり」の文脈にも編入されている。地域芸術祭活動には社会的意味が付与され、その社会的意味を担う主体が生成される。そこでは「アートネクサス」の文脈と「観光ネクサス」の文脈が重層的に見られ、「アート的なるもの」の「観光的なるもの」への「生成変化」と、「観光的なるもの」の「アート的なるもの」への「生成変化」が同時に往還的に生起し、「アートネクサス／観光ネクサス」というハイブリッドが生成しているのである。そこでは鑑賞者が観光者となり、観光者が鑑賞者となる「生成変化」を経験し、新たなネットワークにおいてこれまでにない「鑑賞者／観光者」という新たな社会的領域が生成しているのである。

第Ⅷ章　小規模芸術祭の存在意義——モノの「ものがたり」をたどる

ラインの「ものがたり」をたどること、そして人間や非‐人間の痕跡であるそのラインが交錯するということは、それぞれがたどってきた「ものがたり」が交錯することである。その人間と非‐人間がアクターとなって形成される混淆的なネットワークは、さまざまな「ライン／ものがたり」が交錯して形成されているのである。

これまで述べてきたように「地域芸術祭」とは、それまで自らのラインを形作ってきたアーティストを、地域の人びとの足跡が残る地域に迎え、いまそこに住まう人びとの「後を歩き・ともに歩き」ながら地域を知り・学び、作品を創造する場である。そして地域のヒト・モノ・コト、そして雨・風・空気から形成されるネットワークは、アーティストにこれまでとは別の「あり様／アフォーダンス」を提示することになる。そのアフォーダンスを感知し、地域がたどってきた痕跡を感受して作品制作をおこなうのがアーティストの役割であるといえよう。アーティストはこれまでの自らのラインを継承しつつ、この地において新たなラインを描き、地域の人びととのラインとまじわる。それぞれのラインにはそれぞれの軌跡がある。本書においては、それは「ものがたり」とも呼ばれる。そのラインの「ものがたり」をたどるのが鑑賞者／観光者であり、そして「地のもの」の「ものがたり」をたどる地域での活動が「地域芸術祭」なのである。

1　アフォーダンスを探る

(1) アフォーダンスと観光

現代アーティストの多くは意図的に日常的に目に触れる身近な素材／モノを使い、非日常のモノを現出する。地域にある紙・針金・丸太・鏡・廃材・トタン・廃棄物・漂流物・ビニール・紐・布・糸・枯れ木・土・泥、そして作品の劣化／生成変化をうながす気候など。それぞれの示す特性／アフォーダンスとともに作品を制作するのがアーティストである。アフォーダンスとは、ジェームズ・ギブソンが『生態学的視覚論――ヒトの知覚世界を探る』で提出した造語で、「環境のアフォーダンスとは、環境が動物に提供するもの、よいものであれ悪いものであれ、用意したり備えたりするものである」(ギブソン 1985: 137)。この語は動物と環境の相補性を包含しており、例えば陸地の表面がほぼ水平・平坦で、十分な広がりをもっていてその材質が堅いならば、その表面は支えることをアフォードする。われわれは、それを土台・地面・床と呼ぶのである(ギブソン 1985: 137)。水平・平坦・拡がり・堅さという四つの特性を備えた支えの面が、もし地面よりも膝の高さほど高ければ、その面はそのうえに座ることをアフォード(提供)する。われわれは一般にはそれを座るものと呼ぶのである。

異なった配置は動物が異なれば異なった行動をアフォードし、かつ異なった機械的動作をアフォードすることになる。対象となる存在／主体によってどのような「アフォーダンス」になるかが規定されてくる。人間と非‐人間、そして気候をも含んで形成されるネットワークのなかにある存在は、それぞれそのなかでモノのエージェンシーを感受する（インゴルド 2020: 136-143）。しかしながらみな同じ影響を受けることがないのは、感受する知覚によって環境が示す情報が異なるからである。地域において制作をしているアーティストの作業を見て地域の人びとが反応する場合も、各人の異なる身体感覚が反応するかしないかという違いとなって現われるのである。そして反応する人びとの「生成変化」の過程を見ながら、無関心の人も少しずつ生成変化していくのである。

アーリとラースンは『観光のまなざし 増補改訂版』（2014）で観光写真の分析をおこなっているが、写真技術的「アフォーダンス」が劇的に拡大したことを指摘する（アーリ&ラースン 2014: 282）。「観光のパフォーマンス転回」においては、モノと技術が重要であり、身体的性能を増大させ、新しいことをしたり、ちがった現実を感受したりすることを可能にする。パフォーマンス分析に欠かせないのは「アフォーダンス」という概念である。それは客体的であると同時に主体的であり、環境でもあり器官でもあり、人の行動を左右もする。過去と現在の社会関係が与えられ、人間が感覚的・肉体的で、技術の助けで拡大・移動する存在でもあるということであれば、環境のなかのモノが可能性や抵抗を発信《アフォード》してくるのである（アーリ&ラースン 2014: 300-301）。

（2）「地域芸術祭」とアフォーダンス

作品がヒトに影響をあたえる点に注目して、須藤廣は「アフォーダンス」と「パフォーマンス」

の関係から、アートツーリズムにおける「参加」の意味について考察する。観光者にとって観光環境は多義的な情報／意味・価値をもっており、観光環境の変化が観光者にさまざまな選択と能力を開花させる可能性をアフォーダンス理論は明らかにするという。そして観光が提供するアフォーダンスを観光者が読み取り、それに向かって創造的に行為しようとパフォーマンスを発動したときに、観光の快楽は実現するという（須藤 2017: 66-67）。

現在、観光環境は　ヴァーチャル情報と混在しつつあるものの、人工的に演出されたものであっても「場」は無限の情報をもっており、その「場」が示すアフォーダンスから観光者はその意味・価値を読み取り、創造的に行為の方向を選択し、パフォーマンスへといたるのである。先に述べたエデンサーが提案する「廃墟歩き」はその典型的な事例となる。もはや利用されず自然に浸潤された人工物も「廃墟歩行者」にとってはさまざまな活動を可能にするアフォーダンスに満ちた場となる。観光提供者は観光地のアフォーダンスをできる限り多く観光資源化しようとするのであるが、観光者のパフォーマンスは、観光地のアフォーダンスの意味・価値を創造的に読みとりつつ、観光提供者の意図を超えてゆくのが現実である。

芸術と観光は、商品化と政治的支配に回収される面と、文化的および社会的革新に向けた創造力の開放という面をともにもっている。現代の表現芸術が「観光化」することは必ずしも、芸術の商品化と「退廃」をもたらすわけではない。問題はそのただなかで、対立性と創造性という現代芸術の核心をいかに担保できるかということである、と須藤はいう。パブロ・エルゲラやクレア・ビショップのいう「ソーシャル・エンゲージド・アート」（社会関与アート）は、美学的な関心から語られることが多い。ビショップらと同様に「地域アート」の無批評性を批判する藤田直哉は「地域アート」において、地域のつながりの回復を目指すなかでさえ、芸術は「世界を全的に変えてしまうような……現世を超えたある種の力」（藤田 2016: 41）、すなわち「違和」の力を持つべきである、と主張し、須藤も同意する（須藤 2017: 74）。しかしながらこの美術的な価値は、誰にとっての価値なのだろうか。

この点に関しては、「地域芸術祭」において地域に注目する視点が藤田や須藤には欠けていると批判したい。地域で現在起こっている現象を検証すれば、現代アートを含むあらたな「地域文化観光」の生成／創造の過程を見ることができる。「地域芸術祭」では単純に批評的で「違和」の力をもち、現世を超えたある種の力をもつ作品であればよいというものではない。美学的評価だけでは地域芸術祭の作品としては十分とはいえない。どこまで「地域のもの」になっているかに注目し、その「地域化」の度合を評価に入れなければならない。

「地域芸術祭」における地域の人びとはアーティストでも美術評論家でもない。そこで展示される現代アートは、西洋的審美システムのなかで評価を受けるという側面と、過疎地における地域活動のアクターとしての側面がある。アーティストが芸術作品として展示しているかぎりはアートワールドの「芸術／文化システム」内での評価を受けるのは当然である。「大地の芸術祭」や「瀬戸内国際芸術祭」の作品のなかには世界的な評価を受けているものもある。しかし、この「地域アート」を「地域文化観光」として考察する場合には、なにが必要であろうか。「地域文化観光」として「地域アート」を研究するときに参照するべきは、ジェルの「方法論的世俗主義」であると私は考える（Gell 1999: 159-162）。

藤田などによる地域アートに対する批判は、いまだに「美」という神話に囚われていると指摘できよう。「未開芸術／民族芸術」と称されるモノを対象とした「芸術の人類学」においては、西洋芸術との対比によって作られた非西洋芸術というカテゴリーを、批判の刃として西洋芸術へと突きつけ返すという堂々めぐりに陥っていた。「地域アート」を批判するために西洋美学をもち出し、今度は西洋美学を批判するために「地域アート」をもち出すのだ。必要なのは、「方法論的世俗主義」的な考察である。芸術の領域でも観光の領域でも有効な分析手法となる、物質文化としてアート／観光対象を見直す「世俗主義的」視点が必要とされているのである。

地域における観光対象の創造・制作過程をみると、先に述べたようにインデックス・アーティスト・レシピアント・プロトタイプという四項のそれぞれが当該項それ自身をも含む他項との組合わせにおいて、アクター／エージェント（作用主）あるいはレシピアント（受動者）となっているのである。その組合わせのなかでアブダクション（仮説的推論）が展開して、生成するつながり（ネクサス）が「アート的なるもの」の作動する「芸術的状況」全体を覆うことになる。すなわち、「アートワールドの芸術／文化システム」だけではなく、当該地の行政も都市部からの鑑賞者／観光者も、そして地域という場と地域の人びとをも含めた、「世俗主義的」な生成するつながり（ネクサス）が、現代アートによる「地域芸術際」全体を覆うのである。

ここでは「地域芸術際」も含んだ「地域文化観光」において、観光対象だけではなくさまざまなアクターのネットワーク内におけるエージェンシーの発揮と受容の関係に焦点を当てる。あらためてANTが「地域文化観光論」において新たな展望を拓くことを指摘しておきたい。

2 「木津川アート」を歩く

二年に一度一一月に二週間ほど開催される「木津川アート」を三回歩いた。二〇一四年は片町線西木津駅から近鉄高の原駅までの範囲であった。当時はレンタサイクルもなく一日で歩くにはかなりハードな行程が設定されていた。二〇一八年と二〇二一年はJR加茂駅からシャトルバスが恭仁《くに》京《きょう》跡まで出ており、レンタサイクルも準備されていた。二〇二一年はコロナ禍の影響で二〇一八年より範囲が縮小されていた。

(1) 木津川市のアートプロジェクト

二〇一〇年から三回の開催を経て、二〇一二年一二月に設置された「木津川アート検証委員会」で市の考えがまとめられた。一回の事業期間を準備期間も含めて二〇カ月程度とし、二年に一回「ビエンナーレ」形式で開催することが提案された。その他に、運営主体は市・観光協会ならびにプロデューサーなどで組織する「木津川アートプロジェクト」を核とした「木津川アートプロジェクト・チーム」であり、最重要課題として市民ボランティアやスタッフの確保と継続的な参画をあげ、「木津川アート応援団（サポーター）」を立ちあげることが、検証委員会の報告（「木津川アート20130716-110233.pdf」）では確認されている。評価点としては、「開催期間がちょうどよかった」、

「区や地域から応援・協力を得られた」ことがあげられていたが、反省点のなかに「地域芸術祭」にとって重要な内容が含まれていた。「事前に住民との関わり・寄り合いの場をもてればよかった」、「地元との接点をもっともつべきである」、「市内の人をもっと増やす工夫を」、「全体像がわかりにくかった。事前に具体的な目的と内容を伝えてほしかった」という意見が「木津川アート20150410-191711.pdf」には記載されていた。

反省点としては、芸術祭の「地域化の過程」についての認識不足が指摘されていたのである。「大地の芸術祭」では反対を受けて地域に何度も交渉に出かけたが、その交渉の過程が重要であったと北川フラムが述べていたように、「地域化の過程」を深めるには芸術祭を担う人びとが地域にはいり、「地域の人間」になったと認めてもらう過程が重要であった。「木津川アート」においては、この「地域化」の視点が不在だったのである。それでは作品制作のために民家の提供を受けることは望めない。公共の場での制作と展示だけで終わることになる。

(2) 西木津のまちなか・公園を歩く

片町線西木津駅を降りて「木津川アート」の受付の前に立ったのは二〇一四年一一月九日(日)であった。駅の近くに使われなくなった三階建ての建物があり、受付で地図が記された無料のガイドブックを受け取った。一〇〇円のスタンプラリー・パンフレット、三〇〇円のアーティストブックが売られており、スタンプラリー参加者への賞品見本の缶バッジ二〇個も置かれていた。この建物では映像展示があった。国道一六三号線を地下道でわたり、少し先の相楽《さがなか》神社境内の建物に海外の景色などが印刷された大きな布を数枚垂らした展示があり、作家の老人が説明をしていた。案内に沿って大里会館分館まで歩くと、庭に背を丸めてベンチに座る老人、コンクリートの広い台のうえに座って空を仰ぐ実物大の妊婦のまるい像があった。小杉俊吾の作品で、子供を背負った男性と女性、箒をもって掃除をしている男性がまち角や線路横遊歩道脇にも立っていた。大きな家の離れに無数のミニチュアの兵士を配置した作品、民家の倉庫を使って無数の木の枝と葉を船の上に並べた作品があり、民家風ギャラリーカフェの庭には人の倍以上の高さがある木製の額縁が設置され、景色を切り取っていた。邸宅や寺の蔵などに作品が「おとなしく、目立たず」に展示されていた。

「妊婦像」（木津川アート）

自走するミニトラックのカメラから路地を撮った映像を流す民家の倉庫の前では、年配の女性ボランティア・スタッフが三人、来訪者に七輪で温めていた干し芋を勧めていた。

　旧漁業事業所の廃屋の床が抜け埃だらけの室内に白い大きな花を十数輪置いた作品、西ノ宮神社の階段を登った社殿の天井からは白い木の根が無数に垂れ下がり絡みあい、床から木製の白い若芽を何本も芽吹かせた作品。相楽《さがなか》老人福祉センターのドーナツ状の円盤数十個をアーチ状の数本の棒に貼り付けた作品、そのアーチ・トンネルの下で幼児が飛びまわっていた。

　さらに北に行き、女性センターの風呂場では作られた岩山の溝を水道の水が細く流れ落ちていた。そして南に戻り、大里公園の池にたくさんの壺が浮かぶ「壺の夢」、ポンプ場の建物に昔のちゃぶ台・風呂桶・糸車が展示された「のうぐゆうぐ」、長い線路横遊歩道をたどり、近鉄線沿いの土師山《どしやま》公園には鋼鉄製の黒と茶の大きな蟻二匹、親子が叩いて遊ぶ大きな木製の打楽器、道ぞいの木から大きな白い紙製のミノムシが垂れ下がる「かぜとあそぶ」、最後に近鉄線の鉄橋を渡ると高の原駅であった。

二〇一四年は市の公共施設が多く使用されており、民家では普段使っていない離れや倉庫が展示場となっており、借り物を汚さずすぐ原状復帰ができるように「よそのうち」にお邪魔するように作品が置かれていた。全体の印象としては、路地を散策して地域の人に出会っても会釈だけ交わして帰ってくるという、「おとなしい」感じであった。

(3) 瓶原の田園と恭仁京跡を歩く

二〇一八年と二〇二一年はJR加茂駅近くの恭仁京《くにきょう》跡・瓶原《みかのはら》が中心となった。田園が広がり、旧家屋や倉庫などの使われなくなった建物、さらには休耕田が展示場となっていた。建物自体の「ものがたり」や地域の歴史を写真や映像で伝える作品もいくつかあり、「地域芸術祭」としての体裁が整ってきたとの印象をもった。

① 「地域芸術祭」を自転車で「歩く」

二〇一八年一一月一一日（日）に加茂駅からシャトルバスで恭仁京跡に向かう。シャトルバスは九時四五分からほぼ三〇分おきに午後三時前まで出ている。バスは「恭仁ッ子バス」と名づけられ、天井から吊り下げられた木の葉やドングリの顔が来訪者を迎えていた。ボランティア・スタッフが案内する「行きの車内アナウンス」用の用紙には「木津川アートにお越しの皆様。ようこそ、みかのはらへ」、「かつての都、恭仁京跡の森にはどんぐりがいっぱいです」と書かれていた。

史跡恭仁《くに》宮跡《きゅうせき》（山城《やましろ》国分寺《こくぶんじ》跡《あと》）では大きなビニールの球体が迎え、西へ行くと総合案内所の受付があった。地図のついたパンフレットとスタンプ用紙が無料で配られ、レンタサイクルも置かれていた。自転車を借り、恭仁大橋手前を東に折れ、狭い坂道を自転車を押して登り、「①泉川温泉」展示場へいく。木津川を臨む畳の部屋に大きな「リンゴのうさぎ」が十数個つるされている。道沿いに東に行き、「②龍山邸ガレージ」の二階にあがるとプロジェクション・マッピングを使って、実物の草や花とその影が壁に映しだされている。その先のアートショップの壁には「恭仁《くに》京大学《のみやだいがく》制作展」として聖武天皇家系図などが掲示されていた。「③井平《いびら》尾《お》区第三集会場」には野草の綿毛で「野生化しつつあるこの地域の土地から発生した精」を集め見える化した作品、「④旧藤村邸」の同じ形の無数の陶器が桃色・黄・青とグラデーションを示しながら並べられた作品、その横の部屋には枯れたセイタカアワダチソウがびっしりと植えられた藤生恭平の「川」があった。家の横の漬け物小屋に内藤伸彦の「ひびのあとさき」が展示され作家が説明をしていた。土による造形のあとにひびがはいり、さまざまな形になっていた。その先に「⑥春日神社里道」があり、神社に向かう田んぼのなかに木材と藁《わら》を使った道が作られ、「霞処《かすが》の音連《おどづれ》　音連庵《おとづれあん》　空ノ間《うつま》」という作品名をつけ、藁に囲まれた円形の空間に椅子を置き、「風が吹き音を連れて、神が来訪する音連《おとづれ》を感じてほしい」とのキャプションがついていた。「しずくプロジェクト」の「⑦旧小寺邸」、水がわき出る二つの井戸の脇に糸のインスタレーション「⑧二ツ井」、畑のなかの「⑨西脇産業倉庫」では細長い角材をつなげた二つのオブジェを展示していた。この地区は高低差がなく自転車で「歩く」には適していたが、二〇二二年には対象地区から外れていた。

そこから北へ山道を登ってゆく。自転車を降りて押していくと「⑩炭本庄司邸」である。倉庫には中村幹史の絵画「時の痕跡」が、母屋にはうしこの「みかのはら」のイメージを表現した作品が展示されている。「⑪炭本光雄邸」には林直の「きおくの記録　みかのはら」の写真がならぶ。「⑫長柄邸」から下り、大きな目のなかに景色が映るパネルが何枚も展示された「⑬恭仁宮大極殿跡」と「⑮恭仁小学校講堂」内の展示、そして西に行った「⑯石井製畳」では大きな畳工場の壁に映像作品が映されている。「⑰山岡邸倉庫」を経て「⑱恭仁神社」の坂道を登った境内では輝くブリキ板で作られた新山浩の「九邇狛《くにこま》」が迎える。社殿には加藤史江の紙と墨による造形「musubu × yen」が展示されていた。さらに西に行き「⑲土阪邸」、そして最後の「⑳奥田邸」では藤生恭平の「南天五〇〇m」の作成映像と南天の実を数珠状にして束ねた作品が展示されていた。二〇一四年に比べて、二〇一八年は民家での展示が多くなっており、ようやく「地域芸術祭」の様相を呈するようになってきた。

② 地域芸術祭を電動アシスト自転車で「歩く」

二〇二一年は、前年開催の予定であったが、コロナ禍で一年延期され「木津川アート 2020-2021」となり、一〇月三一日（日）～一一月一四日（日）に開催された。一一月一二日（金）にJ

R加茂駅からシャトルバスで恭仁京跡へ向かったが、シャトルバスには前回のような飾りはなかった。総合案内所が同じ場所にあり、地図と説明が書かれたパンフレットと一体になった木津川市役所を含めた二一個のスタンプが押せる用紙を配布していた。側にスタンプラリーの賞品用缶バッジが二〇個展示されていた。案内所では電動アシスト自転車を一日一五〇〇円、普通車を八〇〇円で貸し出しており、山の上の「①寺子屋やぎや」まで行くには「電動がおすすめです」といわれ、前回は自転車を押して登ったので、電動を借りることにした。

まず山の上へ行き、山羊が二匹飼われている「①寺子屋やぎや」で三組のアーティストの作品を見、少し下って「⑳公園東屋」へ、そこから「⑫岡崎待合所」「⑪中西邸」を経由して、木津川沿いの「⑨泉川温泉」と恭仁大橋の上から見る「⑩木津川河原」をまわった。木津川土手下の「⑬岡崎休耕地」の Chakky Kato の作品は衝撃的であった。奥の大きな土台の上には口を大きく開けた坊主頭の顔があり、近づくと口の中に顔がある。頭の後ろを見るとトレッドヘアのように人の顔が束ねられて一列に七つ、十数列並んでいた。顔の形が残っているものや崩れかけたものなど、すべてが休耕田の土で作られていた。板で支えられひび割れのはいった半体の恐竜が頭を下げており、首には人の顔が浮かんでいる。土台のまわりの土は前日の雨でぬかるんでいた。足下を見ると「こわれやすいので さ

「生成彫刻」（木津川アート）

「神奈備の森」（木津川アート）

わったり　のぼらないでください」との注意書きと、「周囲との距離をとってARフィルターをご使用ください」との掲示があり、スマートフォンで撮影され加工されることを前提とし、なおかつ変化する気候のなかで作品が「生成変化」する過程が想定されていた。

「⑭石崎邸」「⑮旧ポンプ小屋」では受付スタッフとの会話が、次節で述べるように珍しく成立した。過去の木津川の写真をプロジェクターで映す「⑯堀邸」、「⑰髭邸」の城戸みゆき「かすかに、おぼろに」は床の抜ける屋根裏にあり、かすかな光のなかに水面に墨流しをした模様が浮かぶ作品が幾枚も展示されている。なかにはいくつもの円錐状の布が天井からの糸で引っ張られ角のように突き出た作品もあり、幻想的な世界を醸し出す。その先の倉庫では「木津川ストリーム」の一七名の作家の小品展が続く。

道の突き当たりに「⑲河原恵美須神社」がある。入り口に小作品、なかの社殿には銀杏の葉の複製が縦横に列になって数百枚並べられていた。キテラス河原えびす店の「神奈備《かんなび》の森」は幅広い半透明のビニールテープを森に縦横に張り、中央にそのテープに捕らえられたビニール製の白い大きな竜が瀕死の状態で据えられている。髭の片方が取れ、片前足だけをテープにかけている。森の中に忘れ去られようとする伝説の存在の最後の姿があった。

「⑱河原休耕地わいわいぱーく」「第二の田んぼ」の二カ所では休耕田に板が敷かれた道をたどる。恭仁神社の参道を登ると社殿いっぱいに園川絢也「〝命〟ウゴメク　ウゴメキ　恭仁神社からはじまる物語」の赤い長く大きな筒・胴のうごめきが展示されており、西に戻ると「蔦の倉庫」「西休耕地」では、「田んぼ山水」を制作していた。「⑧土阪邸」の「ひびあかり」、「④石井製畳」での大きなパネルを並べた「色の襲《かさね》」、そして最後の「③恭仁宮大極殿跡」の「遡及空間」には無数の鉄の廃材を組み合わせた作品が広場いっぱいに展示され、弦楽器奏者の男性が石に腰掛けて曲を奏でていた。「②恭仁宮跡（山城国分寺跡）」では二名の作家の作品「白い回廊」と「陽だまりハウス」が展示されていた。

二〇二一年には電動アシスト自転車のおかげで、一一時から一六時前までに木津川市役所を除く二〇カ所をまわることができた。歩いてまわる人も多く見かけた。畑や田んぼを見ながら作品を探し、キッチンカーが提供するジャンボ焼き鳥一本五〇〇円やチャーシュウ麺六五〇円を食べてゆっくりと歩き、残った作品を次週にまた歩いて見るという、近くの市民向けのアートプロジェクトとなっていた。

(4)作品・作家を知る

ところどころ床が抜けた「⑭石﨑邸」の陶芸作品「ギャルる」の受付スタッフは観光課の男性であった。話によると、受付に人が必要な作品が九カ所あり、土日には市民のボランティア・スタッフの都合がつくが、平日にはなかなか集まらないという。次の「⑮旧ポンプ小屋」の佐々木紘子

「曖昧なあいさま」では受付スタッフが、無数に釘が打たれた屏風板の前に置かれた色とりどりの輪ゴムを釘にかけて自分なりの絵にしてくださいと説明をしていた。板をよく見ると来訪者が輪ゴムで描いたチョウチョやネコの姿が浮かびあがってくる。向かいの壁には二つの映像が流れており、一つは作家の住むまちのライブ映像だという。木津川アートではじめて作品についての解説ができるスタッフに出会った。彼は前に観光課にいて木津川アートに関わり、いまは「マチオモイ部農政課」に移動したそうだが、作品・作家についての知識をもっていて、どのように作品を楽しむかを伝えていた。ここでは初めての経験であった。

「大地の芸術祭」や「瀬戸内国際芸術祭」では作品の制作過程や作家について話してくれる地域のボランティア・スタッフに出会うことも多い。「木津川アート」や次に紹介する「北アルプス国際芸術祭」のように市が進めるアートプロジェクトで受付を担当することになった市職員が作品や作家についての知識を来訪者に伝えることはほとんどない。「アーティスト・イン・レジデンス」でどのように地域で過ごしたのか、作品の制作過程について質問しても、その知識をもちあわせていなかった。しかし市の職員が受付をしているので、市民との対応は如才なくこなしていた。「作品展示付き地域めぐり」としての「木津川アート」は十分にリピーターをひきつける魅力がある。来訪者への配慮としては、さらなる地域の人びとによる対応や休憩施設の設置などが必要である。それがこのプロジェクトがどれだけ「地域のもの」になっているかの目安になる。このままであれば、現代アートという外部要素の「地域化」の前段階、すなわち地域の人びとがスタッフにはなっても、作品のみならず「地域芸術祭」そのものがまだ「地域のもの」にはなっていない、「ローカル化」の段階で終わる可能性がある。

3　「北アルプス国際芸術祭」を歩く

二〇一七年六月四日〜七月三〇日の五七日間、第一回「北アルプス国際芸術祭 2017 信濃大町食とアートの廻廊」は長野県大町市の五つのエリアで開催され、五万四三九五人が訪れた。二〇二〇年に開催予定だった第二回目は新型コロナ感染拡大の影響をうけて延期された。さらに当初二〇二一年八月二一日〜一〇月一〇日までの開催予定であった第二回「北アルプス国際芸術祭 2020―2021」は延期され、二〇二一年一〇月二日（土）〜一一月二一日（日）の五一日間の開催となり、来場者は実行委員会発表によると三万三五九七人であった。二度目の延期期間中の二〇二一年八月三〇日に、大町市総務部まちづくり交流課国際芸術祭推進担当内に設置されている「北アルプス国際芸術祭実行委員会事務局」を訪ねた。

(1) 芸術祭開催まで

第一回終了後の二〇一八年二月に発行された『北アルプス国際芸術祭 2017〜信濃大町　食とアートの廻廊〜水・木・土・空』で北川フラム総合ディレクターは、「信濃大町の芸術祭は難産でした」と記す。公募説明会のときにも作品の設置場所の説明を聞いているアーティストたちを周りで監視する人がおり、反対派の運動は度を越すものであったという（北川 2018: 64）。

信濃大町のまちづくりは芸術祭招致活動以前からはじまっており、二〇一二年に全六回の勉強会「おおまちラボラトリ」が開かれた。その第二回目の講師が北川フラムで、八月には越後妻有の「大地の芸術祭」を視察にいった。二〇一四年には「信濃大町フラム塾」が開講し、ここに当時三期目にはいった牛越徹大町市長も個人的に参加し、北川と知り合ったという。市長は財政政策をいろいろとやったなかで、「北川フラム氏と連携して現代アートを市の活性化のために、人と人を介在させるソフト面の事業として取り込みたいと考えた」という。

二〇一四年夏に町でほんものの芸術祭を経験してもらおうと、二〇〇九年から毎年開催されていた「信濃の国　原始感覚美術祭 2014 ～水のうたがき～」と「信濃大町　食とアートの廻廊 2014」との共同企画で小規模な芸術祭が提案され、実行委員会が発足した。「あふれる源流に育まれた信濃大町の自然と文化を体感するプロジェクトへ向かってアドバイザーに北川フラム氏を迎え、八人のアーティストによる水をテーマにした作品と、地元の力を結集した食のおもてなし」をおこなう目的で、八月九日～二四日の一六日間で開催された。

この芸術祭の成功を受けて、二〇一五年一一月に「北アルプス国際芸術祭実行委員会」が発足した。しかし、市民からは「金もかかる、資金調達に補助金や賛助金が必要」になるとの反対意見が噴出し、北川からも難色を示されたという。懸念通り、第一回「北アルプス国際芸術祭」開催にあたり、大町市は賛否で二分された。反対派はアートに大きな公費を費やすことを問題とした。しかし事務局員は「お金の総額だけが外に出て、内訳について知る人がいないからで、本当は事業費としての売り上げがちゃんとあるのに」と反論する。芸術祭への反対派には、北川フラムに対する反発もあったようで、「公費を突っ込み、評価の高い作家、ブランド力を前面にだして、身の丈に合わない。地元のアーティストを顧みない文化祭など、数億円も出してやることなのか。民主導ではない」と反対した。しかし三期目の市長が主導していたこともあり、「大町市議会は多数が賛成した」という。

芸術祭の成果を見える化させるために、北川は『北アルプス国際芸術祭 2017』のなかで第一回芸術祭の収支と社会的な波及効果について記している（北川 2018: 65）。来場者数五万四千人、サポーター登録者六〇七人、国・県の補助金八千万円、市の一般財源から六千万円、基金・寄付金五千万円、パスポート・グッズ販売・協賛金等事業費収入九千万円など総収入二億八千万円に対し、支出は二億三千万円であり、五千万円の黒字であった。メディアの露出一三〇〇本は広告費換算で三億円弱と計算している。市内からの来場者二割、県内三割、県外五割。県外の六割が初来訪者で、来場者のうち四五％が市内に宿泊した。日帰り客は一人当たり五千円を消費し、宿泊客は二万五千円を消費していた。

(2) 市職員が関わる

「北アルプス国際芸術祭」を歩いて、「越後妻有」や「瀬戸内」の地域芸術祭との違いは受付スタッフにあると感じた。「大地の芸術祭」では「こへび隊」、「瀬戸内国際芸術祭」では「こえび隊」というボランティア・スタッフが編成されており、各作品の受付に配置された若いスタッフのぎこちない対応を見てきたが、「北アルプス」の受付スタッフは如才なく、対応が手慣れていた。アーティストや作品についての知識はもちあわせていなかったが、その他の基本的な対応には窓口業務さながらそつがなかった。さまざまな部局からシフトを調整して市職員が出向し、受付を担当していた。例外的だが作品の解説を積極的におこなう担当者もいた。既存住宅を切断し、外にえぐり出した㉙持田敦子「衝突（あるいは裂け目）」の受付スタッフは、「ここはもと小学校の校長と教頭の宿舎で」あり、山の方を指して「近くのフォッサマグナが地殻を変動させ、隆起し、削り取られたこの土地で、家が切断されるイメージを得た作品」で、「小学校はなくなり、小・中学校が合併されて、ほかの場所に移っている」と説明していた。

他地域の芸術祭と比較して特徴的であったのは、「市役所職員が現場に出たことです。反対派の動きに多くの人が惑わされ、人手不足のためにサポーターにそれほど期待ができない状態になり、市の職員のほぼ全員が芸術祭に関わることになった」ことを北川は指摘している。いざ職員が現場に出てみると、「これが意外と面白い。土地をよく知っているし、住民がさまざまな態度で関わってくる」。職員自らも現場で対応し、「市職員の創意工夫は見事なもの」と住民も評価するようになった（北川 2018: 65）。

「はっきりいって、まちが変わってきた」と住民も喜びだしたという。「ここに自発的な地域づくりの芽が出てきたことは、化学変化を眼にするような驚きでした」（北川 2018: 66）と北川がいうように、地域芸術祭の活動を通して市役所職員のあり方の「生成変化」を見ることになったのである。それは先の「木津川アート」における市役所職員の対応にも見られた変化であった。多くの反対を受けるなか市長の決断ではじまった「北アルプス国際芸術祭」であったが、逆風のなかでやむをえず市職員を「芸術祭」運営のために総動員したことで、はからずも「ＯＪＴ」（オン・ザ・ジョブ・トレイニング、現任訓練）的トレーニングの効果が発揮され職員の意識を変えたのであった。

（3）市職員のかたり——二〇二一年に向けて

二〇二一年八月末に事務局員にインタビューをした段階では、「北アルプス国際芸術祭」は一〇月二日開催という予定だけ決まり、新型コロナ感染拡大の状況次第では開催ができるかどうか危うい状況であった。「北アルプス国際芸術祭」はまだ一回目を終えたばかりで、二〇二〇年開催予定の第二回目が延期になった。さらに二〇二一年も延期・中止となると、大反対のなかではじまっただけに今後の開催自体が危うくなる状態であった。

第一回目の開催時には、東山エリアの八坂地区でロシアの作家ニコライ・ポリスキーが竹を使った「バンブーウェーヴ」を制作したとき、八坂地区の全面協力を得た。竹を切る・曲げる作業を地元の人びとが協力し、「われわれの作品だ！」と感じるまでになったという。「一個一個の作品が根付くところを見てきたが、今回のコロナ禍でどのくらい地域の人びととの協働ができるか」が問題になっているという。そこが一番のネックで、このコロナ禍のなかで制作の人を集めるのが大変であり、開始日は一〇月二日だが、出店予定の作品三九点のうち今完成しているのは三四ぐらいであると語っていた。結局三三組の作品が展示された。

大町の人びとが「北アルプス国際芸術祭」にさまざまな形で関係することでレベルがあがることを期待している、と事務局員はいう。二〇一七年はアーティスト・イン・レジデンスもやっており、地域の人びととアーティストの交流もあった。ボランティア・サポーターに登録してくれても、実行委員会は市の職員が中心にやっているので、芸術祭全般に市民がどのように参加できるかが問題であるという。いくつかのまちづく団体が参加しているが、「芸術祭」に関してはそれぞれのモチベーションが異なるので、全体としてはもうひとつであると事務局員は感じていた。

事務局が評価基準としているのは「市民主役が見えること」だという。反対運動もあり、市長が四期目ということもあって、結果を早く出さなければならなかったので、芸術祭を継続させるための下準備の時間が十分にとれなかったという。だからといってイベント屋に丸投げすることなく、市の職員が中核となる実行委員会事務局を中心に芸術祭を作りあげている様子がうかがえた。時間不足で地域の人びと〈とともに〉「試行錯誤を繰り返す経験」ができなかったことが、今後の芸術祭の継続に影響を与えることになるだろうという。

第一回目は地元企業がスポンサーになったが、二回目は規模が大きくなり、東京の資本もはいってきたので「東京のイベント」といわれる可能性もあるが、収支や来場者数に関してはちゃんとした結果が出そうな感触を得ているという。芸術祭を担う人材の継承に関しては、役所では人事異動が三年に一度あるので、いまの事務局には第一回目を経験したメンバーは一人だけになっている。二回目までは開催可能だが、その後どうなっていくかが問題となる。多くの人びとが何としてもやりたいと思っているが、市長選挙があり、その結果次第でこの事業が大町に必要なのかどうなのか市民の判断が下される（二〇二二年の市長選挙に現職の牛越市長が立候補したとの報道がされている）。

先にも収支について記したように、六千万〜八千万円を市は出しているが、事業全体では二億〜

三億円の事業規模になっており、経済効果に関しては一〇億円の効果があると出ていた。有料の芸術祭パスポートでは七千万円の事業収入がある。国庫助成や市からの財源一億二千万円をアーティストの招致にあて、パスポートなどの事業収入をイベント運営資金にあてている。

この「北アルプス国際芸術祭」は「人と人をつなぐための事業」であることを実感していると事務局員はいう。とくにこのコロナ禍状況下でも全国のサポーターから物販の注文があって、八月七日からの三日間で一〇〇万円以上の売上げがあったという。

（4）まちなかを歩く——信濃大町

到着した二〇二一年一〇月二四日（日）午後の大町のまちなかは人であふれていた。八月二五日～三一日の間「原始感覚美術祭」調査で同じ信濃大町に滞在したが、その時は閑散としていた。実は一〇月二二日から「中心市街地にぎわい社会実験・大町のまちなかの未来を探る三日間」が開催されていた。「シャッターオープンプロジェクト」を三日間に集中的に開催し、「まちじゅうのシャッターを開けて商店街が深呼吸！」を掲げて「北アルプス国際芸術祭」市街地エリアの作品とともに商店街を盛りあげていた。

駅前公園の花壇に①a ジミー・リャオの本を楽しむ二人の「書童」が訪問者を迎えると、『「北アルプス国際芸術祭 2020―2021」公式ガイドブック』は説明している。広場ではギターをひきながら歌っている若者、五平餅・どらやきなどを売るテントに二〇数名が集まっていた。大町商店街ではシャッターがおりていた店を開け、さまざまなものを売る試みをしていた。町の通りには

「書童」と街路（北アルプス国際芸術祭）

「水・木・土・空」のロゴマークを印刷した小さな旗が等間隔に連なり、作品の近くには水色の大きな旗がたてられて展示場所を示していた。

②ドナルド・ワッスワ「アマーニ・ガ・ナブジ」という作品は、一面に敷かれたウガンダの赤茶の樹皮布ナブジの上に竹で組んだ大きな棚があり、味噌樽が何十と並べられていた。「自然の恵みと引き継がれてきた地域の暮らし」を表現していると『公式ガイドブック』はいう。③蠣崎誓「種の旅」は、大町の人たちによって集められた無数の種で作られた大きな絨毯に、「日常にある植物・種・小さな粒たちが、動物・風・人の手によって運ばれ、めぐり続けている」様子が描かれていた。奥まった大町名店街にはいると、二〇一四年の「食とアートの廻廊」の時に水と植物をテーマに作成された恒久作品⑥浅井裕介「すべては美しく繋がり還る」が、通り全面に白線を引く素材を使ってモザイクのように広がっている。名店街の出口に①bジミー・リャオ「私は大町で一冊の本に出逢った」の展示があり、店の前で男女の「書童」が迎え、中では作家の絵本が閲覧可能になっていた。

通りの向かいある長屋門を通り抜けた蔵のなかの④ニコラ・ダロ「クリスタルハウス」は、機会仕掛けのフィギュアのサウンド・インスタレーションで、弦の音・波の音が室内に響く。その広い庭の先に⑤麻倉美術部「ひみつの森」があり、二階には「自然物や身近な素材から生まれた北アルプスの精霊たち」を展示し、小さな小屋に幼児がはいって遊んでいた。通りを渡ったビルの一階にはガラス張りの店舗があり、そのなかに⑦地村洋平「Water Trip」の「熱というエネルギーで変型するガラスやプラスチック素材」を使って、「自然と人工物、自然と環境汚染の対比を考えさせる」展示があった。まちなかの作品は二カ所残っていたが、レンタカーを借りたときにまわることにし、一日目の午後はここまでにした。

(5) 山間地を歩く——アーティストと歩く

一〇月二五日(月)九時半にNPO法人原始感覚舎のプログラムディレクターで、昔からの友人である森妙子さんに迎えにきてもらい、車で西に向かい、大町温泉郷を通り山中の名倉ダムに行った。途中の高瀬渓谷仙人岩の⑯トム・ミュラー「源泉〈岩、川、起源、水、全長、緊張、間〉」の受付には人がいず、スタンプを押し、クマよけの鈴をもってふかふかの枯れ葉の細い道を歩き、仙人岩に向かった。案内板には「霧の発生は土曜日・日曜日・祝日の一三時二〇分から二〇分おきに一六時四〇分まで一一回」との掲示があった。見上げるような仙人岩からは水が細い滝になって落ちていた。駐車場に戻る手前で道を見つけ、その岩に登ってみると青いホースとポンプで汲みあげた水を放出して人工の滝や霧にしていることが分かった。車で急な傾斜をさらに登ると、外壁全部にびっしりと石が積みあげられた七倉ダムがあった。その裾野広場の⑰磯辺行久「不確かな風向」は、ナスカの地上絵のように白く塗った小石を曲線状に並べて描かれていた。「エコロジカルプランニングの手法に基づき実際に測量調査し収集した風の流れのデータを視覚化した」と『ガイドブック』では説明されている。このダムはロックフィルダムで、中心部に粘土、両脇に砂・砂利、そして高い外殻部を岩石で覆っていた。作品よりもその岩石が積みあげられた外壁の存在感に圧倒された。

ダムからの帰りに大町エネルギー博物館の壁面に描かれた森妙子さんの仲間の作品⑮浅井祐介「土の泉」を見た。「信濃大町で集めた一三種類の土を使い、地域内外のサポーターとともに巨大な壁画を描いた」二〇一七年の作品を再制作・メンテナンスしたものであるという。大町温泉郷の旧酒の博物館内に⑳松本秋則「アキノリウム in OMACHI」の風・竹細工・音の世界が広がる。「大地の芸術祭」の上鰕池地区や「瀬戸内」の男木島にも作品展示があり長い行列ができていた。「風の流れを捉えて動き続けるサウンドオブジェからは素朴な竹音が響き、時間とともに絶えず変化する空間」を体験できる。すぐ先の多目的ホールまで行く時には、クマの出没に警戒するように受付の男性から注意を受けた。ホールでは⑲リー・ホンボー「童話世界」が広がる。床・壁のすべてに大町の水を表す鏡面を用い、その上に色鮮やかな紙の彫刻が広がると『ガイドブック』は説明する。仙台七夕祭りの紙飾りのような大きな作品を半分に切って並べているが、鏡で全体像となる。鏡の床に座りこむと無限の世界にどこまでもはいりこんでいく。

北部の仁科三湖に向かい、青木湖の㉘杉原信幸「アルプスの玻璃《はり》の箱舟」を見る。森さんは仲間のこの作品制作を手伝ったそうで、『ガイドブック』では「春先に現れる水晶を用い、北アルプスの雪の白さに見立て、水晶と石を台湾で学んだ「三合土」(黒糖・餅米・石灰・砂を混ぜ合わせた伝統的な建築材料)でつなぎ、北アルプスの山脈の形」を作りあげているという。大町に戻る途中の中綱湖畔には㉗マーリア・ヴィルッカラ「何が起こって 何が起こるか」の展示場がある。駐車場から湖の側の小径を五分ほど歩く設定になっている。展示受付のテントで「右の道を行き、その先の塩の道を戻ってきてください。その時何かが起こります」と案内を受け、地図を渡された。湖の中の舟は「地震で湖に流された寺院の鐘の音が今も聞こえてくるという古い伝説」と関係するものであり、先にある二つの小屋には水と塩をテーマにした作品が並ぶ。そして「塩の道」を戻ってくると小屋の側の小さな池から霧が発生した。池の縁には筒状の霧発生装置が設置され、来訪者がさしかかると霧が噴出した。

「心田を耕す」(北アルプス国際芸術祭)

そこからはるか南東の大町市のはずれの東山コースへ向かった。急な曲がりくねった山道を登って、八坂神出《じんで》に出た。㊱ヨウ・ウェンフー「心田を耕す」は、急な坂をおりた道路の下に開けた田んぼ四面に銀と黄色の「グラデーションに着色された五〇万本の竹ひごを、地域住民と協働して田植えのように植えて」いた。森さんは自分も竹ひごをたくさん使った作品を制作したことがあるということで、作家に強い共感を示していた。強い雨や風にさらされて「天候—世界」(インゴルド 2020)の影響を受けたところは竹ひごが倒れ、下の雑草の色が透けて見え、当初の色合いに緑が加わっていた。そこから細い山道をたどって鷹狩山山頂に行った。二〇一七年制作の恒久作品㉜目「信濃大町実景舎」までの長い階段をクマに注意しながら話し声を大きめにして歩く。㉜「信濃大町実景舎」は「鷹狩山山頂からのぞむ圧倒的な北アルプスの山並みと信濃大町の風景を見るための装置として構想」され、民家内部を改造した作品である。二階に登り「梁や天井をまたいだり、潜ったりしながら不安定な白い空間を進む」と、平衡感覚を失わせる角のない白い壁と床、そこを抜けると北アルプス全体を見渡せる広い窓。その前に座って「いる感覚／見る感覚」は、長い三〇〇段ほどの階段を登ってきた者にとっては「絶景・絶好」の場所となった。午後四時過ぎには展示場は閉鎖される。

アーティストと一緒に作品を見て歩く経験ははじめてであり、森さんからは仲間の作家たちについての話しを聞くことができた。作品の素材についての関心、どのようなテーマをもち、何を訴えようとしているのかなど、話を聞きながら歩く経験であった。とくに感動した作品としては、旧大町北高等学校の作品と須沼神明社の作品をあげていた。自らも多くのアーティスト・イン・レジデンスに出向いており、受け入れ先の人たちや他のアーティストと交流をしながら作品を制作するのは楽しい経験だという。しかし次節で紹介する、本人も深く関わっている「原始感覚美術祭」は特別で、三日間を一貫したストーリーにそって構成し、アーティスト／パフォーマーの強い連携があり、手作りで、主張もはっきりとしており、他にはない美術祭であると賞賛する。仲間のアーティストたちについても、どこでどのような活動をしているのか、人柄なども含めて愛情のこもった紹介を受けた。

（6）電動三輪バイクで「歩く」

一〇月二六日（火）の朝は、信濃大町駅前案内所に二人の五〇代男性が詰めていた。市役所の職員で本来は他の職務についているが、ローテーションを組んで芸術祭の受付にまわっているという。午後からレンタカーを予約しており、九時三五分に「仁科三湖コース」の無料バスに乗った。一〇時ちょうどに⑱川俣正「源汲・林間テラス」で降り、一〇〇メートルほど歩いた右側に広がる林の中に木の幹を挟んで木製のテラスが設けられている。枯れ葉が積もる小径を歩き、腰ほどの高さのテラスに乗る。二〇一七年制作の恒久作品で、『ガイドブック』では「地域と環境に寄り添って森林アクティビティを活性化する「源汲・林間テラス」を制作」したという。細い道には落ち葉が厚く積もりふかふかしていた。この感覚は都市では味わうことができない。そこから歩いて戻り、宮の森を目指す。

㉑平田五郎「水面の風景」の駐車場から細い道の先に無人の受付があり、クマ用の鈴が置かれていた。池があり、その中央のギザギザの縁をもった大きな容器から満杯になった水が流れ落ちていた。辺りに水音がしており、探すと、木道にそって小川が森のなかに向かって流れている。入り口に戻り、一一時二〇分のバスを待つ。バスには私一人で、ドライバーから「この辺りにクマの出没情報があって、㉑番と⑱番は午前中閉鎖になります」といわれた。バスは木崎湖・中綱湖・青木湖をまわり、一二時二〇分に大町駅前に戻った。

昼食後、六時間四〇〇〇円で電動三輪バイクを借りた。まず八月の「原始感覚美術祭」の主会場であった馴染みの木崎湖まで二〇分ほどで行く。電動三輪バイクの最高速度は時速二八キロメートルで、道路の左端を走る。後続の普通車がどんどん追い越していく。道端にはマンホールの蓋があり、乗りあげると車体が大きくバウンドする。しかし車の少ない脇道では快適で、速度も十分であった。木崎湖手前の駐車場に車をおいて湖畔を五分ほど歩く。㉕浅井真至「おもいでドライブイン」は元土産物屋兼食堂で、お土産、看板、カラオケシステム、大きなシロクマの置物がとり残されている。「その場に眠る「おもいで」を舞台に「絵を描く」という作家の行動が、長い間止まっていた空間を未知の方向へ動かし始める」という。二部屋に思い出が詰めこまれていた。その先の㉖木村崇人「水をあそぶ「光の劇場」」は、見事な作品であった。民家にはいって二階へ登り、扉を開けると部屋に「湖」が広がっていた。鏡が一面にはりめぐらされており、外に目を向けるととり払われた窓枠から湖が直接見え、鏡にも映り、眼前全面に景色が展開していた。大きな流木が部屋の奥に置かれており、そこに腰掛けて見るようにと案内された。

市街地に戻って、若一王子神社の参道にはいる。杉の大木の間に社殿があり、なかに⑬宮永愛子「風の架かるところ」が展示されている。そして旧大野北高へ向かう。一階の大きな部屋の⑨原倫太郎+原游「ウォーターランド~小さな大町」は、「信濃大町の大自然・四季・動物・建物・人々の生活・伝承等をミニチュア化し、〝フィクショナルな小さな大町〟」を体験するインスタレーションである。水車が勢いよく回り、水の速い流れで二艘の小舟を競争させ大きな声をあげて喜ぶカップルや子供たちが部屋を走りまわる。⑩渡邊のり子「今日までの大町の話」はワークショップの成果を展示し、⑪布施知子「OROCHI（大蛇）」は紙製で、幾匹もが床を大きくのたうっていた。そして注目の⑫ポウラ・ニチョ・クメズ「自然の美しさと調和」は、マヤ（グアテマラ）のアーティストの作品である。原色で鮮やかな色彩の大町の壁画が正面に展示され、「風の流れとともに踊る水、北アルプスにささやく風と雪、花と畑を愛撫する露、生命を祝福する動物」が描かれている。マヤ文化の伝統を活かした絵画も展示されている。

旧大野北高校を出て、⑭コタケマン「New ま、生ケルノ山」を探すが、何度か往復をしてもなかなか見つからず、迷った。実は大糸線の線路を越えなければいけなかった。踏切の先に旗のたつ駐車場をやっと見つけたが、そこから二〇〇メートル北にいき、さらに農具川を左に折れて土手を四〇〇メートル歩く。そこに竹などで作った楕円の高さ五メートル・幅一〇メートルほどの建物があった。二〇一七年に「地元住民を巻きこみ人気を集めたコタケマンが、再び地元住民のサポートを得ながら、材料集めから基礎・土壁づくりまでひとつひとつ手作業で今回は巨大な構造物に挑む」と紹介されている。この日の最後に、アフリカをはじめ世界を自転車でまわって写真を撮り、その後大町に移り住んで米作りをはじめた⑧本郷毅史「水と光」の作品を見た。彼も森さんの仲間で、一階には米粒ひとつが発芽するまでを何枚かの写真にして展示し、二階には世界の水の様子を映した写真を並べていた。

大町駅から南に少し離れたフレスコにはドラッグストアー・ホームセンター・食料品店などの大きなショップが並び、その北端に芸術祭のオフィシャルショップが出店されている。そこには出展とりやめとなった「㉛、㉞、㉟」のスタンプが置かれていた。そのスタンプを押し、前回二〇一七年の写真集とガイドブックを購入した。

翌一〇月二七日（水）は、九時三五分に東山方面のバスに乗る。先日の八坂（作品㊱）・鷹狩山

（作品㉜㉝）を経由し、北部の美麻（みあさ）地区を目指すが、道路が狭く、道をよく知るドライバーでないと不安になる。作品㉚の屋内ゲートボール場を越えて、㉙持田敦子「美麻教員住宅」をまず見る。先に紹介した元校長宅と教頭の家を切断した作品である。そこからドライバーによると二キロメートルあるという距離を、刈り入れが終わった田んぼの脇の道をゆっくり下って一一時〇五分に㉚青島左門「いのちの記憶」にたどり着いた。暗闇のなかにはいるが、しばらくすると正面に星座のような映像が見えてきた。帰り際になって、後ろに木株の椅子があることがわかった。「外とのつながりを保つ自然光を取り入れた光ファイバーが大量の光の粒となって見え」ていたのだった。次の一一時一五分のバスに乗るには、ゆっくりしている時間がなかった。バスはもう一度作品㉙に行き、昨日の木崎湖をまわり、大町駅前に一一時五〇分に着いた。

午後は電動三輪バイクを借りて、「原始感覚美術展」の作品が残っているという千年の森を目指した。エネルギー博物館の手前の道を左にはいると、がたがたの登り道が一キロメートルほど続く。電動三輪バイクは道のでこぼこをそのまま車体に伝えるので、飛び跳ねながら登っていくと、ツリーハウスがいくつか見えてくる。広場があり、車を止めるとサルが二匹こちらを睨みつけた。そこに車で森の管理スタッフが登場し、パチンコを使ってサルを追い払った。「原始感覚美術祭」の人たちとも顔なじみで、知り合いの作品も残っているといって、岩石にペイントが施された作品の一部と茅の輪の上半分が消失したものを見せてくれた。下りはブレーキだけで、石を避けてゆっくりと降りることができ、登りよりもガタガタが減っていた。

一四時三〇分にエネルギー博物館で淺井裕介の作品（⑮）をもう一度見た。帰り道の途中で国営アルプスあづみの公園の標識を見つけ、急遽公園をめざすことにした。広い公園の駐車場に車を止め、芸術祭割引で入園料を二〇〇円払い、㉔ミラ・ヴァーテラ「リントゥマー（バードランド）」がある「そまびとの家」まで空中回廊を渡っていった。家の周囲の草むらのなかに細いモビールとガラスの照明が配置されていた。「森のなかの小さな植物に触発されたという作家が、想像の植物を真鍮で彫刻し」、「ガラスの部分はフィンランドの伝統ガラス職人が一緒に制作」したという。公園の西の端の方でクマが目撃され、一部が閉鎖されているとのアナウンスが流れた。

一六時四〇分に駅前に戻り三輪バイクを返却し、受付の市役所の職員にあずみの公園でのクマ情報を伝えた。市役所の人間だけあって、みな対応が如才ない。その点が、ボランティア・スタッフが対応している他の芸術祭とは異なった雰囲気を醸しだしていた。事務的というのでもなく、本来の部署での専門的な対応でもなく、スタッフ全員が慣れない部署を担当しているのでどこか「よそ行き」だが、「町としておもてなし」をするという意図のもとに「愛想よく対応」しているという感じが出ていた。

一〇月二八日（木）は、最終日である。一〇時ちょうどに車を借りて県道一四七号線を南に行き、森さんのフランス時代の友人だという㉒エマ・マリグ「シェルター・山小屋」を目指した。大きな駐車場で車を降りたが、展示場はそこから南に一〇〇メートルほど行った道ぞいの工場であった。四角い高い建物のなかにはいると四面に七メートルほどの高さからグラデーションのあるA４のクリアーファイルのようなものが無数に垂れ下がっている。透明なファイルが汚れて全体で山のような形になっている。「礼拝堂のステンドグラスを想起させ、自然光を用いて大町の〝山・湖・谷〟

「私を照らす」（北アルプス国際芸術祭）

を描きだし、工場内を光で満たす。……北アルプスの登山者を守り、温かく迎える山の避難小屋の様な空間である」と『ガイドブック』には紹介されていたが、工場の油のにおいが残る殺風景な光景が印象に残っている。

㉓マナル・アルドワイヤン「私を照らす」は、駐車場から刈り入れ前の広い田んぼや赤や緑の唐辛子を栽培している畑のなかの道をたどっていった先の、大きな木々に囲まれた須沼明神社の拝殿にある。太い藁で作られたしめ縄が、無数に拝殿の上からつるされており、なかを歩くことも可能であった。縄の太さが、迫力を出している。『ガイドブック』では「天照大御神の神話で語られる稲わらのしめ縄を、神社をとりかこむ木々に見立てて舞台上に再現し、神が歩く光の道を表現」していると説明されている。また、広い畑のなかを歩いて戻り、そこから最後の作品㊲エカテリーナ・ムロムツェワ「すべてもって、ゆく」を目指した。駅を越え交差点を左折して宮本橋を渡るのだが、その踏切が通過不能になっていた。工事関係者が数名いて、道をふさいで申し訳ないとの挨拶を受け、近くの踏切を探した。宮本橋をわたった先の交差点を左折し、北にだいぶ行った坂の上に盛蓮寺があった。真っ暗な蔵のなかで、切り絵の映像が前後に重なって流れ、二重になっているのが面白い。『ガイドブック』では「大町市は昔、塩の道千国街道の宿場町として栄え、六〇kg以上の荷を背負って日本海から雪深い山道を運ぶ「歩荷《ぼっか》」という壮絶

な仕事があった。作家はこの歩荷の振る舞いに興味を」もったという。そして境内の蔵で「重い荷物、もしくは魂を運びながら進む人々の姿を壁に映し出」し、本堂では住民との絵画セッションを通して、等身大で描いた「大切なものを運ぶ人」の水彩作品を展示していると説明する。

これで全作品を見たことになり、全作品コンプリートの者には抽選で一〇名に記念品が贈られるとのことであった。スタッフに押した判を確認してもらい、ためしに応募したら、年末に参加賞の栞《しおり》が届いた。昼食はネパール・インド料理店「サティ」に行く。そこのスタッフはみなネパール人であり、北アルプス芸術祭の「アーティスト・イン・レジデンス」プログラムの協力店ということで大町市から表彰を受けていた。昼食後はまちなかに戻り、右折して県道一四七号を北へ行き、途中から五一号にはいってと、迷って何度か同じ道を往復した。迷いながら山の入り口にある大町山岳博物館にたどり着いた。北アルプスの成り立ち・登山用品・山小屋の開設にまつわる逸話などが展示されており、三階の大きな窓からは雄大な北アルプスの全貌を望むことができた。外には博物館付属園があり、保護されたライチョウ・ニホンカモシカ・トビなどが飼育されていた。

4　「原始感覚美術祭」を歩く

二〇二一年八月二七日〜二九日に開催された「原始感覚美術祭」に、二五日から信濃大町に滞在して調査をした。「原始感覚美術祭」は「北アルプス国際芸術祭」より一〇年以上前から、アーティストが中心になって開催してきたものである。昔からの知人であり、美術祭のプログラムディレクターの森妙子さんからこの美術祭を紹介され、二〇二〇年はネット配信をフォローした。二〇二一年は新型コロナ感染症拡大の影響下であったが、かかりつけの医者に相談し、行くことにした。美術祭事務所に二八日開催の「アートツアー」への参加申込みをしたときには、自分で抗原抗体検査キットを手に入れ、その結果を写真にとってツアー当日に持参するようにいわれた。

二五日にホテル到着後、連絡を受け、木崎湖畔の西丸震哉記念館で森さんと待ち合わせた。信濃大町駅から三駅で稲尾駅に着いた。そこで迎えの車を待っている様子の女子高校生に西丸記念館の場所を聞くが、知らないという。ネットで調べてくれて、前方の南小谷の方向に進んでいくと線路を渡る道があるという。しかしいくら行っても線路を渡る道がないので、自分でもネットで調べはじめると、後ろから「ごめんなさい」と先の女子高生が追ってきた。方向が逆だったという。一緒に駅まで戻っていった。西丸震哉記念館を知らないというので、では「北アルプス芸術祭は?」「原始感覚美術祭は?」と尋ねてみたが、知らないという。駅では母親の車が待っていた。話をしたら、車で西丸記念館まで送っていただいた。信濃大町の人の親切と、「地域芸術祭」の知名度のなさを実感した。

(1) アーティストの美術祭

「原始感覚美術祭」は二〇〇九年から毎年開催されている。コロナ禍の二〇二〇年にも開催されたが、それがこのアートプロジェクトの顕著な特徴を表していた。二〇二一年二月に出版された『信濃の国　原始感覚美術祭 2020　山の清め、水の面』には、「海外作家の招聘とゲストを呼べない状況で、コアメンバーのみ」でも開催できるのが、このアーティスト中心の「美術祭」であることが記されている。他の芸術祭や地元の祭りが中止されているなかで、「疫病退散の儀式として〈山の清め、水の面〉をテーマに開催した。参加者は県内に限定し、県外から参加する作家については二週間の検温をおこなった」という。「静かな儀礼としてとりおこなうために、早朝五時から原始感覚山車を仕舞う流木水舎の棟上げの儀と餅まき……、木崎湖一周山車曳き」をおこない、途中の岸辺と水中で仁科まさし・佐藤啓・草深将男による「言葉の始まり」、淺井真至「コロナ獅子」、佐々きみ菜・安土早紀子「あさつゆのひかり」、佐藤啓「面」など、「一〇年間の即興を宿し、積み重ねてきた作家たちの舞」が舞われたという。

「原始感覚」に関しては、『信濃大町あさひ AIR 2019 夏――水のうぶすな』のパンフレットのなかで、「真摯に自然と向き合う時、人は感覚の原始へと還っていく」といい、「そのときにおのずと生まれる態度が美であり、その術として美術がある」という。「自然というのは、外に広がる世界だけではなく、自らの身体のなかに連綿と受け継がれる生命としての自然も含まれる」と説明している。木崎湖畔の「西丸震哉記念館」敷地内に「レイクサイドギャラリー・木崎小丸山遺跡野外展示・流木水舎」があり、八万六千年前の旧石器時代から縄文時代の遺跡が保存されている。そこで「縄文時代から受け継がれる生活のなかにあたりまえに美のある在り方こそが、本当の豊かさであり、北アルプスの荘厳な自然に抱かれる木崎湖畔で滞在制作をおこない、その地に暮らす人と出会うことでしか生まれえない表現を創造することによって地域の〝文化〟を生みだしていく」という。

原始感覚と縄文時代がテーマとなるこの「美術祭」は、金曜日の朝の「火おこしの儀式」で始まり、最終の日曜日の「水しずめの儀」と「なおらい」で終了する。

(2)「アーティスト・イン・レジデンス」プログラム

信濃大町市における「アーティスト・イン・レジデンス」プログラムは二〇一六年一月から、主催「北アルプス国際芸術祭実行委員会」・企画「NPO法人原始感覚舎」で開始された。旧旭町教員住宅をリノベーションして四棟の滞在棟・制作棟・交流棟からなる施設に、二〇一九年には国内外の七名のアーティストが滞在し、原始感覚美術祭十周年記念でもある「信濃大町あさひAIR2019夏　水のうぶすな」が開催された。「水と土地の原点を見つめ、水の生まれる地で、新たなるはじまりの場を生み」、「木崎湖畔で、一週間火を灯し続け、火を捧げ、国内外から訪れるマレビトとしてのアーティストと、訪れる人すべてがともに祭りを生み出す」と説明されている。二〇二一年は大町市に申請した助成金の拠出が決まったのが二週間前だったという。二〇二一年の開催のためには招待可能なアーティストが限られていたようであった。

二〇二一年八月二五日夕方に美麻《みあさ》にある森妙子さんの家を訪問した。幾人かのアーティストが滞在しているので、途中スーパーによって豚汁にする素材を仕入れた。家に着くと中から犬と子供の声が聞こえ、美術祭参加のアーティストや制作協力者たちが一〇人ほどいた。「アーティスト・イン・レジデンス」の現場をはじめて訪問した。隣の蔵を改造したギャラリー「爽風館」の二階で開かれていた「サイケデリック映画上映会」にも顔を出した。五名ほどが見ていたが、内容は変更されていて「サイケデリック」ではなくネイティヴアメリカンのミュージシャンのドキュメンタリー

『Meet Remarkable Men』が上映されていた。終了すると母屋で夕食をとるように誘われた。そこに滞在している人が、そこにある食材や持参した食材を使って料理をしている。アーティスト受け入れの現場の姿である。幼児連れのアーティスト、二階で大きな犬と一緒に寝るアーティスト、夕食時間途中で駅に到着したアーティストを車で迎えにいく家の主人など、開幕直前の慌ただしい様子を実感する。この家の以前の持ち主の女性も自宅で作った野菜をもってきて料理をし、そらまめのてんぷら・かき揚げ・トリの鍋などを食卓に出していた。後から来る人と迎えにいった主人のためのご飯がなくなると気づき、宿泊の男性陣が急遽米を洗い電気釜にセットしていた。

夕食後、少し落ち着いたころに自己紹介をしようという提案があり、それぞれが話しはじめた。上映会を主催したアーティストは、「日本列島のアートの誕生と「ヴィーナス」」を展示する予定で、「相谷土偶《あいだに》」の形をした小レプリカを創り、蔵の天井からテグスでつるしている。考古学などに興味があり、上映した『Meet Remarkable Men』が求めていたスピリチュアルなものが自分にとってのテーマになっているという。この家の前の持ち主の女性は社会福祉関係の仕事をしている。イタリア系の父と日本人の母をもつ上田・松代のドラマーは、東京の世田谷で育ったという。後から顔を出した工芸大出身の大工さんも、世田谷出身だったので、祖師ヶ谷大蔵の話で盛りあがっていた。映画はこの大工さんのリクエストで、アメリカで先住民出身のミュージシャンと出会ったと話していた。高い木に登って伐採する「空師《そらし》」（特殊伐採）の人は松代でのドラムのワークショップにも参加しており、ネイティヴアメリカンの音楽家や、民俗学の赤坂憲雄などにも興味があるという。イヌを連れてきた女性アーティストは、アメリカ人ハーフの父と日本人の母をもち、アメリカで修士号をとり、日本に来て日本の芸術について学び、金粉を使う技術などに興味をもったという。今回は二七日夜の信濃公堂での短編映画祭前のパフォーマンス、木崎湖POWWOWキャンプ場前でのオブジェの展示と、その水中でのパフォーマンスをおこなった。小さな娘と一緒に森家に滞在していたのは、踊りのパフォーマーであった。二七日の夜の短編映画に出演し、放映時には同時に実演し、二九日には木崎湖畔で踊った。夕食後、ピーター・ブルック監督作品をみんなで見たあと、森さんに車で大町駅前まで送ってもらった。

（3）公堂で、夜、寝転んで短編映画祭を見る

八月二七日は朝九時から西丸震哉記念館前で、黒田将行が中心になった「火おこしワークショップ」で「火おこしの儀」がはじまった。黒田が平らな板にアザミの枯れた小枝を手のひらで擦るようにまわし、先端に回転を加えていく。説明では、平らな板に目安の穴をつけ、その穴から外に溝を作る。その溝から木くずがこぼれて、それに火がつく。アザミは真ん中に空洞があり、断面が円状の線となっているから、よく擦れてよいとのことであった。最初は、黒田が小枝を擦りつけて白い煙が出たところを次の人がひき継ぎ、ほとんど全員が参加した。擦りながら下に力を伝えていくのだが、男性がやると力が強すぎて、下の板をつき抜けてしまう。気分が乗ると鉦《かね》がたたかれ、手拍子がうたれ、場全体がリズムに包まれた。天気が非常によく、みな汗だくになっていた。特に中心の黒田は汗びっしょりになった。本来なら一〇時ごろには火種ができ、それをみんながほぐした麻の紐と、干したもぐさを両手で擦ったものに点火し、薪に移す。その火のなかに中村綾花が制作

して乾かした土器をくべるはずであった。一〇時半にそこを離れたが、火はまだ創られていなかった。その後点火に成功した模様で、翌日の昼には焼き入れが終わった大小六個の「縄文式土器」が信濃公堂の前の壇に展示されていた。テトラ・ピラミッドのなかに前日起こした火が保持されていた。

夜七時過ぎから信濃公堂では小林テイのパフォーマンス上演があり、八時ごろから国内外から応募のあった短編映画上映会が開催された。参加者は作品をネットにあげて送ってきているが、ネット環境が悪く途中で切れるものもあった。作品は二三あり、コンピューターのリスト画面が映しだされ読み上げられただけなので、印象的な映像は記憶に残っているが、名前・タイトル・映像がつながらなかった。上映会参加者は二〇名ほどで、幼児二名・小学生男女二名もいた。みな公堂の畳に寝転がって見ており、なかには寝息をたてている人もいた。

美術祭終了後にホームページが更新されオンライン参加作家が一五名紹介されていた。最初の何人かの作品を紹介すると、沖田リサ「The Cosmos」はさまざまな大きさの水滴が、重なり合って変化する映像である。イスラエルの作家セリーヌ・アブラハミ「The Pond」は、水と花と鯉を映す。ポルトガル／フランスの作家アナベラ・コスタ「The Lake」は、床の下を水が流れ、ゴミが入り乱れる映像である。ジャン・ミッシェル・ロラン「Trace waves」は印象的で、海の岸壁に波が寄せ、砕けてしぶきが飛び散るとき静止画像となり、しぶきが創り出す線を切り取って提示していた。台湾のコーヒ・リンとイタリアのマウロ・サッキ「Excessive Steps」は、石造りのまちなかを、透明な男女二人が舞う映像で、印象に残っている。豊島彩花「優しく宿る感覚をたどって」

は、映像の中の踊り手が公堂に現れ、映像の中と現実の空間で同じ演者が重なりあい、虚実の入り混じった幻想的なパフォーマンスとなっていた。森家に泊っていた幼児の母によるパフォーマンスであった。

終了は二三時で、帰りはアーティストのハ・ジョンナムさんの車で大町まで送ってもらった。彼女は大町出身で、今は佐渡に住んでいる。家は大町駅前のホテルの近くにあり、七階建ての大きなホテルが建った時は家からの北アルプスの眺望が台無しになったという。二日後の二九日に、信濃公堂で作品の展示とパフォーマンスを予定しているという。紙で裃《かみしも》を作り、屏風の作品を制作中なので、夜は二時間しか眠っていないといっていたが、二九日には出来上がり、展示していた。

(4) アートツアーを歩く

八月二八日、朝九時に大町にある作品展示施設「麻倉」に集合し、車八台に二〇名ほどが分乗して「アートツアー」に出発した。大町の仁科まさしスタジオ・常盤の家・爽風館・山本邸で作品を見て、信濃公堂にいく予定が組まれていた。「麻倉」のギャラリーが開いており、中にはTシャツ・木工・陶器・ガラスなどの作品が並べられていた。この時間から作品を見られるのはラッキーと、みな見学にはいった。二階には精霊の姿、翼をもった白馬、カメ、天上からつり下がった木製の男の子、「ひみつの森案内所」には「係の者はちょっと用事でゴメンなさい」との掲示があった。「麻倉」の扉の前には大きな精霊の像が置かれており、店主がその作品の説明をした。その時、突然、獅子の舞いがはじまった。白い点がちりばめられた赤い布を纏った扁平な口の獅子が踊りはじめると、太鼓と鉦が動きに合わせて鳴りはじめ、やがて大きくはやしたてた。浅井真至作の赤獅子の舞いであった。舞いが終わると、八台の車に分乗して出発した。

大町市街にある「仁科まさしスタジオ」を訪問する。一一〇年前の民家を再生したスタジオで、作家は四カ月かけて大工仕事をし、ほとんどひとりで仕上げたと説明していた。原色のさまざまに分節化された幾筋ものうねりが上下に、放射状に、半円状にうごめく作品が多く、二階の床に三〇センチメートル四方のガラスを張った穴があり、そこから一階の作品が見える工夫も施されている。「正三角形に一メートル掘って、そこに炭の粉をいれた」といい、「半径二〇メートルは抗菌作用がある。三角形のパワー、風水的に気の流れを感じながらヨガと瞑想」ができ、ヨガインストラクターのパートナーがここでヨガ教室を開いているという。

信濃公堂で展示をしている中條聡さんの車で、自称ボランティア・スタッフの人と移動する。彼は三カ月前に「原始感覚美術祭」のスタッフと出会い、ボランティアで関わるようになったという。少しぬかるんだ草の間を歩いて二階建ての「常盤の家」にたどり着いた。廃屋になっていた民家を中條さんが整理したという。杉原信幸・中村綾花・蛭田香菜子の作品が展示されていた。

美麻地区の「爽風館・蔵」では、ツアーから先に戻っていた爽風館主人が飲み物を用意していた。蔵の二階では川崎三木男制作の「一三、〇〇〇年前のヴィーナスの夢」が展示されていた。いくつもの女性のふくよかな胸の素焼きが、天井から糸で円を描くようにつり下げられている。一階では草深将男の「遺志湛える意思を持つ獣の姿を象る石の壁」、中島春美、森妙子の作品と、ソフィー・メロンの「Rêve＝夢」が展示されていた。

アートツアー中の実験躰ムダイ（原始感覚美術祭）

　ここで突然、舞いがはじまった。実験躰ムダイが昨年度の草深将男作品「穢れの面」をつけ、幼児を右手で抱いたまま舞いを始めると、安土早紀子が鉦を鳴らしリズムをつける。しばらくすると面をとり、道にあおむけに寝て幼児を腹に乗せ、舞いを続ける。豊島彩花も踊りはじめた。この美術祭ではアーティスト／パフォーマーたちの気分が尊重されており、それを周りの仲間が即興で支えていた。

　このあと、美麻から車で木崎湖近くの稲尾地区に移動した。「山本邸・蔵」では但馬ゆり子が古い民家を作品としていた。家の土間の敷居の先には部屋がなく、床下がむき出しになって大きめの石が敷かれている。光が遮られた暗闇の中を、二人ずつ懐中電灯の光で歩かせ、その凸凹具合を直に感じさせる。家の前では「稲尾地区の地域の人びとに迷惑がかからないように」という注意を受け、大声を出さないように静かに鑑賞した。向かいの家の蔵の二階には淺井裕介の「コメミソグラ」という以前の作品が展示されていた。柱と柱の間の幅一間の土壁ごとに一枚大きな絵が貼られており、朱色が鮮やかな作品群の間に黒い土偶の絵が挟まれていた。

　そこを出て、農作業中の人に会釈をし先のボランティア・スタッフと歩いて、この稲尾地区についての民俗調査さながらの詳しい解説を聞いた。蔵の前に格子がめぐらされているのは全国的にも珍しい形であり、また、以前この地区が裕福になった時に墓を一斉に黒い立派な御影石にしたそうである。そこから地区の神社などを案内してもらいながら、信濃公堂まで歩いて、一二時半にアートツアーは終了した。

（5）原始感覚山車曳き――木崎湖をめぐる

八月二九日は朝七時二五分に信濃木崎駅から歩き、一五分ほどで木崎湖入口に着き、そこから左回りにさらに一五分以上かけてPOWWOWキャンプ場に到着した。キャンプ中の人びとの間を通って水辺までおりていくと二〇名ほどの集団を見つけた。すでに小林テイのパフォーマンスが水中ではじまっていた。水中の鉄の杭の上に黒いオブジェがひとつ付いており、それが三本立っている。その水中で先夜同様の布を細く引きちぎるパフォーマンスがなされた。終了後に小林は森プログラムディレクターに先日とどちらが良かったか質問していた。次に、巫女・佐々きみ菜がマントラのようなものを唱えるなかで、松尾和哉演じる仮面の者が沖合からカヤックを漕ぎ、木の棒が七本吊るされた打楽器と木製の刀をもって上陸した。水辺で弦楽器を次々に鳴らしていく。一辺二メートルほどの五角形の木枠の中に大小さまざまな円形のモノを三〇枚ほど水に浮かせ、用意してあった湧き水を大きな瓶の中

「山車曳き」（原始感覚美術祭）

「木崎湖」（原始感覚美術祭）

にそそぐ。周りでは、土曜日に宿泊したキャンプ客や子供たちが大声で水遊びをしている。水辺の儀礼のあと仮面の者は弦楽器をもって沖に帰っていく。終了後、巫女が用意された竹の容器に湧き水を注ぎ分け、チャツネ一個とともに参加者にふるまった。

そこからは車で木崎湖入口の広場に行き、山車の到着を待った。三〇分ほどで、遠くから鉦と太鼓が聞こえてきた。木崎湖入口の広場で豊島彩花のパフォーマンスがはじまった。体に長い麻の布をまいて踊りはじめた。向こう岸まで走っていき、桟橋の上で踊った後、蓮の花が咲く水の中に飛びこんだ。父親と後を追っていった幼い娘が桟橋の上でなにやらメロディーを歌いはじめ、それに合わせて豊島の水中の踊りが進行する。蓮の間から顔が浮かんだ。

終了後、山車は信濃公堂に向かった。最後は主催者の杉原信幸が真ん中で山車を引き、坂を一気に登り、公堂にたどりついた。

（6）信濃公堂でのパフォーマンス

八月二八日と二九日の午後は信濃公堂内と前の庭で多くのパフォーマンスがおこなわれた。二八日の一三時～一四時半には、二瓶野枝のコンテンポラリーダンス・ワークショップが参加費一人一五〇〇円で開催されていた。一四時半からは久田舜一郎の小鼓と雲竜の笛の上演がはじまる。佐藤啓が面を被り手足に黒い塗り物と黒いぼろをまとって登場し、舞いはじめた。そこに杉原信幸が直面で荒々しく登場して舞う。小鼓の久田が「万歳楽」と謡い、雲竜は柔らかな音の縄文時代の笛、少し高い音をだす弥生時代の笛、能の笛をつかってさまざまな音色を聞かせた。この日の観客は七〇名ほどであった。終了後、「投げ銭」の要求があり、「賽銭箱」をもったスタッフがまわると千円札などが箱にあふれた。

この日のメインイベントは詩人吉増剛造の朗読パフォーマンスであった。東日本大震災の石巻にようやく踏切ができた。その踏切を映像で映しながら、「Poet / Art」という題の詩を「朗読／叫ぶ」パフォーマンスであった。「／とは、スラッシュ！」と叫ぶ。「詩の中にスラッシュを入れてみたい……。スラッシュもそうだけど、叩ける床・畳は、普通はない」といいながら、金槌で公堂の畳を何度もたたき、そして「スラッシュ！」と叫ぶ。「書き始めのときに、斜めの exclamation を頻発した。タイトルは Ciel!」。「シエル、空、そびえたつ、いのきのきみのスラッシュ！」、叫びが続く。「石巻の踏切の脇。色が違うと音がちがう。それは自分の心がちがうから。それぞれの豊かさ」と読み上げ、インクを上から和紙にたらす。「モンブランのインクをおとす。雨音。もったいないと思う心が大事」といい、畳をたたく。「いい床だ！」「石巻に帰り続けて」と詩を「朗読／叫ぶ」。吉増パフォーマンス

吉増剛造のパフォーマンス（原始感覚美術祭）

の終了後は、インクが公堂の畳のうえに漏れていた。茣蓙《ござ》を敷いて予防していたのだが、スタッフが総出で雑巾をもって懸命に汚れを落としていた。

翌二九日の信濃公堂のパフォーマンスは、原始感覚山車曳きが戻ってきた後にはじまった。戻ってしばらくすると、白い衣装を着け背中に白地に黒い線の絵を張り付けたハ・ジョンナムが、公堂の前にそびえ立つ大木への祈りの舞いをはじめた。大木に巻いた白い布を一〇数メートル下方にまで伸ばした作品である。木への祈りの舞いの終わりにお神酒《みき》を原始感覚美術祭の代表者たち四人にふるまった。伸ばした白布の脇に白い紙で作った裃《かみしも》や屏風状の作品「障子の遠い記憶」を展示していた。

佐藤啓は、公堂の中央の柱から昨日踊った衣装をつるし、面を下に置き、作者名をつけた名刺「片子　佐藤啓」を置いていた。受付には絵葉書が何枚も置かれており、掲示には「げいじゅつ家馨子、ポストカード一枚一〇〇〇円」と書かれていた。千年の森にも作品を展示しているという。庭の端では石花ちとくが「石花（ロックバランシング）」として、石の尖った角と角を合わせて奇跡的に三個積み重ねており、作品の横には「投げ銭をおねがいします」との掲示があった。

表では餅つきの準備が始まり、黒田将行制作の臼「うけのよりたま」が運び込まれ水がはられた。側にエクセラン高校美術科の生徒がすわり、搗《つ》きあがるのを待っている。打ち粉がまかれたパレットが七〜八枚並べられ、準備が整った。もち米が臼にいれられ、黒田・草深などの男衆がこねはじめると、これからパフォーマンスをおこなう男子・女子の高校生も大きな杵をもって搗きだした。おはぎときな粉餅が出来上がり昼飯となった。

一三時〜一四時半まで「Sandii古典フラ（フラカヒコ）」ワークショップに三〇人ほどが参加していた。参加費は五五〇〇円で、若いマリリンが踊りの手本を示し、クムフラのサンディが解説と打楽器を担当していた。カラカウア王を称えるフラを一時間半かけて教えていた。一七時からのショーにも出演するので、このワークショップ参加者にカラカウア王のフラ上演の時にも参加するように促していた。

一四時半からはエクセラン高校美術科の男女生徒たちの庭での踊りが披露された。次に公堂内で前日上演した雲竜の尺八にあわせて、大きな鍋と意味不明の言語を駆使した姫凛子の迫力ある一人パフォーマンスが上演された。途中、小さな女の子が尺八に興味をもって近づくが、ここでは誰も子供の動きを止めない。子供のこのような反応も含んでのパフォーマンスであった。意味不明の言葉であったが、強さ・不可解さ・怒りなどの感覚・感情は伝わってきた。「外に出てください」との案内があり、「玉様祭壇」の着物の女性二人と傘をさしかける男性一人が「道行き」を演じた。

公堂に戻って、ano ai companyによる日本語でのフラダンスの上演、その後の永井朋生のパーカッション演奏は壮絶であった。まずは陶器製の大きな平らな板を両手の陶器片で響かせる。その後ろで乳のみ子を腰に抱えた実験躰ムダイの舞踏と赤い衣装で顔を隠した佐々きみ菜の舞いが演じられる。実験躰ムダイの背中には鈴木彩花がボディペイントをしていた。永井朋生は多くの木片をつるした楽器をならし、ドラムを手でたたく。大太鼓の上にビー玉をぶちまけ、そこをスティックで叩くとビー玉がはじけ飛んだ。子供たちが興味をもってドラムのそばによっていき、音が大きくなると耳をふさいで逃げだした。ドラム演奏の終了後に、踊り手とボディペイント作者の紹介があった。

一七時からサンディとマリリンのフラカヒコ上演があり、女神ヘレへの祈りのチャントと踊りの解説をし、カメハメハ王への賛歌、そしてカラカウア王への賛歌を上演した。カラカウア王のフラの時はワークショップ参加者も会場のなかから登場した。そして子供を産み続けるための神聖な祈りの歌と踊りが、マリリンの歌とサンディのヒョウタン製太鼓で演奏されて、この原始感覚美術祭は終了した。

一九時から関係者のみの「なおらい」と「水しずめの儀」がおこなわれたという。

5　小規模「地域芸術祭」の存在意義

「木津川アート」「北アルプス国際芸術祭」「原始感覚美術祭」と見てきたが、作品数が二〇～四〇ほどで一つの美術館に収めるとすべて見るのに二時間ほどであろう。しかし地域のなかに、そして地域と地域のむすびつきのなかに作品が置かれるとその存在意義は違ったものになってくる。「地域芸術祭」はなによりも地域〈とともに〉あって、鑑賞者／観光者に地域の魅力とアートの魅力をともに味わわせるものである。それは必ずしも美術的な価値と一致せず、存在論的な地域における位置づけが注目されるのである。何よりも地域の人びととは現代アートの美術的な価値を評価して制作活動に参加するわけではない。地域の歴史、素材、制作のための技術、アーティストの熱心さ／真摯さ、偶然の機会、地域の人びとの関心などが絡みあって現代アート自体の地域における存在論的な位置／価値が「生成変化」し、「地域化」の過程を歩むのである。

（1）「地域アート」というカテゴリー——京都・神戸

現代アートによる「地域芸術祭」においても、既存のいわゆる「芸術／文化システム」からの評価を受けることになる。藤田直哉（2016）が指摘するようにこれまで適切な批評・評価を受けていなかったとすれば、それは芸術批評の領域における怠慢であったといえよう。事象が先行する「地域芸術祭」の問題は他にある。現実の少子高齢化と中山間地や離島の村落における過疎化は止まることがない。そこでは行政による対策や支援はそれなりに講じられてはいるものの、間に合わないのが現状である。もはや開発プロジェクトがもち込まれることのない地域に、ただひとつやってきたのがアートプロジェクトによる「地域芸術祭」であった。高齢化・過疎化による空き家・廃校の存在が、皮肉にもアートプロジェクトにとってのアフォーダンスを提供したのである。都市におけるアート作品の展示は常態化しており、現代アートの展示もいまや珍しくない。多少とも話題となるものは、次に述べるような京都におけるビルの地下の広大な印刷所跡や市場の製氷工場跡、有名な寺の塔頭での展示であり、神戸港前の広場に広大なテントを張った展示などである。

「PARASOPHIA：京都国際現代芸術祭 2015」と「神戸ビエンナーレ 2015」、そして「KYOTO GRAPHIE international photography festival：京都国際写真展 2018」を訪ねたが、いわゆる美術館や建物内での展示が主で、人は建物から建物へ移動し、従来型の美術館鑑賞がおこなわれていた。神戸では港の側に大きなテントを設置しそのなかでの展示が中心であった。兵庫県立美術館では「日本の漫画＊アニメ＊ゲーム」展が開催され、最近までの動向をまとめ、若い世代を集めていた。興味深かったのは東遊園地で開催されていた「アート・イン・コンテナ国際展」であった。異空間であるコンテナ内での展示という決められた条件のなかで創作された、ひとつひとつ異なった作品をめぐるのは楽しみであった。コンテナ内を暗くし光を使った展示が特徴的であった。黒い下地に白の線を浮き立たせた作品や、切り抜いた白い下地を立体的に積み上げた作品もあった。すべてのコンテナをめぐった後では一つの統合的な印象をもつことができた。

京都で印象に残った場所は、ビルの地下に降りた油のにおいがする新聞社の元印刷所であった。二〇一五年・二〇一八年に展示場として使われており、作家もこの場に刺激を受けて展示方法をいろいろと工夫をしていた。京都市の市場の元製氷室とポンプ場跡、さらには建仁寺塔頭の建物を使った展示も印象的であった。しかし神戸と京都の都市における芸術祭の全体的な印象としては、一日にいくつかの建物／美術館をまとめて訪問する機会を提供しているというものであり、まちあるきに誘われてはいるが地域の人びとと出会うことはなかった。「地域文化観光」の視点からは、とくに注目すべき対象とはならなかった。

(2) 小規模であること

まず助成金がなくても開催する「継続する意思」の重要性が明確になった。「原始感覚美術祭」ではアーティストが集まり、制作活動をし、発信をはじめた。制作された面をつけた舞い、創作舞踊などのパフォーマンスも重要な要素になっている。コロナ禍でも集まりネット配信を継続し、一般の参加が可能になると作家と五カ所の展示場を地図で示したパンフレットを発行し、信濃公堂には固定ファンが集まっていた。出演料／旅費を工面するために有料ワークショップを開催し、パフォーマンス終了後には祝儀（ドネーション）を集めるために「お賽銭箱」をまわしていた。出演者はそれでも納得して参加する、この美術祭のファンでありスタッフであった。

「木津川アート」「北アルプス国際芸術祭」は市単位の企画で、市の職員が狩り出されている点では似ているが、定着度は対照的であった。二〇一七年と二〇二一年に二回開催された「北アルプス国際芸術祭」は大町市長の主導ではじまったが、「大町の芸術祭を考える会」は二〇一六年三月には反対の声をあげている。それに対して「木津川アート」は地域に根付いた芸術祭の「お手本」といわれているが、総合プロデューサー個人のマネジメント力によるところも多く、支え手の高齢化・死亡などによる後継者問題が浮かびあがっているという。「木津川アート」では週日には市の職員が九つの家に配置されて受付をしているが、土日はボランティア・サポーターの都合がつきやすいという。第二回「北アルプス国際芸術祭」はコロナ禍といまだ続く反対派の動きのおかげでボランティア・サポーターの確保は難しく、市職員の総動員体制によって支えられていた。四期目を終える市長選挙の結果次第で、芸術祭の継続か終了かが決まるという。市などの財政から支出を受けている場合は、税金の使い道として「地域芸術祭」がふさわしいのかどうかが問題になり、政争の道具となる。三回目を目安に運営組織を行政から民間中心の実行委員会に移管し、経済的に自立して自力で開催する体制づくりができるかが成否の鍵を握る。市・県・国などの行政は、その芸術祭が果たす地域への貢献度を評価して補助金を支出するという関係が望ましいといえよう。

「まちづくり」の基本は、仲間が集まって酒などを飲んでいるときに話題になった地域の問題に、みんながとり組もうとしたときからはじまる。そこでおのずと代表役・参謀役・まとめ役などの役割が振り分けられ、必要な場合には、行政からの智慧・援助を要請する。行政は地域の人びとの活動を支援するために知恵を絞り、どのように市の財政から援助できるか、県や国の事業費に応募して必要な財源を確保できるかを工夫する。このような初期段階の過程が無事に進めば、一応の成果を実現することができる。その後新たなメンバーの参入にともない、当初の中核メンバーと新規参入者の間の関心や利害関係の違いによって生ずる確執を調整できるかどうかに「まちづくり」組織の継続がかかってくる。その時問題となるのが、新規参入者に「まちづくり」組織の成りたち、初期のメンバー間の合意事項、その変遷についての確認をおこなうことができるかどうかに、その後の存続がかかってくる。この第二段階目における伝達と確認をおこなわずに放置したままだと、内部対立が増大し、組織は自然崩壊していくのである（橋本 2019: 171-174）。

「地域芸術祭」でこの「まちづくり」の基本に則っているのが「原始感覚美術祭」だといえよう。中核にアーティストを据えている点が、本書で扱ってきた他の芸術祭との違いである。地域の人びとを「取り込む」という課題は残っているが、信濃公堂の展示／パフォーマンスには固定ファンが詰めかけている。「火おこし」「原始感覚山車曳き」「火しずめ・なおらい」などの儀礼における主要な祭祀は中核のアーティスト・メンバーが執行している。祭りのにぎやかな部分にどれだけ見物人が来るかよりも、祭祀自体が滞ることなく毎年執行されることが重要なのである。これは「まちづくり」に置き換えると、初期過程を着実に歩んでいる証しになる。しかし、主催者がアーティストであるがために、他地域や他国での制作活動に出かけて留守がちになっており、これまでのメンバーや新規参入者に対するケアがおろそかになる。この芸術祭を地元で恒常的に支える人材が必要になってくる。

(3)「地域化」の過程を歩む

「地域文化観光」の視点からは、あらためて地域の人びとにとってその企画を「地域のもの」にする必要があるのかがまず問われなければならない。越後妻有の多くの地区では、この企画を成功させないと地域がなくなるという危機感があった。一方、近隣の過疎地とは違い、消滅の危機に直接はさらされていない十日町のような市街地には、なにやら分からぬ現代アートの「地域芸術祭」開催に反対し、抵抗を示す余裕があった。その意味では「北アルプス国際芸術祭」の大町市も市街地がシャッター通り化している実情はあるとしても、反対する余裕がまだあるといえよう。「木津川アート」の開催地区は、十日町市街地と同様に地区消滅の危機に直接さらされているわけではない。人口の推移で二〇〇五年と二〇一五年を比べてみると一万人近く増加している。近くに京都・大阪・奈良などの都市を控え、その中間地点に位置しているので、この企画がなくても地区が消滅することはない。行政や主催者だけによるたんなる地域活性化策であるなら、協力する必要性を感じない住民も多いはずである。さらに重要な問題は、地域の人びとが考え、作りだした企画かどうか、その企画を地域の人びとが育てようとしているのかどうかという点である。さいわいにも強い反対がないのは、予算規模が適当だったからであろうと思われる。二〇二一年の招待作家はメインの会場となる恭仁宮跡と恭仁《くに》神社に作品を展示された三名であり、なかには木津川市出身の作家もいた。地域の人びとが発見・創造し、育てあげ・支える地域文化でなければ「地域文化観光」は成立しない。一〇年経過した「木津川アート」が「地域文化」になるかどうかは、この点にかかっているといえよう。

「原始感覚美術祭」は、アーティストの祭典であった。参加アーティスト全員がそれぞれのもてる技量をその場その場で発揮して、即興的に加わり、全体として形となっていた。その「生成過程」を参加者全員が楽しんでいると感じた。誰かが何かを始めると、それをすぐフォローし、全員に広がっていく。小規模だから、「同質の同志同士」だから成立する濃密な場を、ジャズの即興演奏のように楽しんでいた。

しかしながら、アーティストも自らの「地域化」の過程をおろそかにしてはならない。アーティストは地域においては「フィールドワーカー」にならなければならない。地域に「住まう」ことになるアーティストは、地域の人びと〈ともに〉地域を歩き、ともに「信頼関係」を築くことが必要である。作品制作の過程では、地域の人びとを「取り込み」、ともに制作し、作品を「地域のもの」にしていく努力が求められる。この過程が「原始感覚美術祭」にとってのこれからの課題になるといえよう。

第四部　観光の新たな領域

二〇一七年三月三日にオープンした宮城県「南三陸さんさんタウン」を二〇一九年一月末に訪問した。一〇メートルのかさ上げをした場所に再開した商店街の中央で、震災の翌年にチリから贈られたモアイ像が見守っている。雪が残る日曜日であったが、食堂や新鮮な魚を売る店があり、訪問者も多くいた。南三陸観光協会ではガイド付きツアーを有料で提供していた。依頼した女性ガイドは震災当時中学生で、海岸近くの体育館で卓球の練習をしているときに津波被害に遭い、屋上に避難しても足元が水に浸ったという。事実だけを淡々と話すのだが、それがかえって当時の様子を鮮やかに浮かびあがらせた。八幡川河川災害復旧工事現場を解説付きで遠くから見たが、工事の説明版にもモアイ像が描かれていた。北上川脇で大きな被害を受けた石巻市立大川小学校跡を訪れ、被災者の生徒たちがたどらなかったすぐ裏の山への道を歩いた。海岸ぞいを車で走ってもらうと一〇メートル以上の高い堤防が築かれ、人の目にはもはや海の姿は映らなかった。

新型コロナウイルスの世界的蔓延によって、観光のあり方と観光研究は大きな変容が求められている。それは、コロナウイルスのみならず、ときに災いを引き起こす自然（海・山・川）や霊的存在などの「地のもの／非－人間的存在」がもつ視点から世界を見直す存在論的思考への転回を求める。またそれは、地域の「民俗的世界」に「住まう」あらゆる存在が主体となり、相互に対話／交渉をするなかでたち現れてくる「地域文化資源」に、地域で発見・創造・育んだ「ものがたり」を付与し、発信する新たな存在論的な「地域文化観光論」を考えることを促す。

第Ⅸ章　アフターコロナ時代の観光

本章では「普通の生活者／観光者」の生活の立場から、今回のコロナ禍と観光について、「地のもの」の民俗的世界観を基盤に据えた存在論的考察を試みる。二〇二〇年四月七日からの緊急事態宣言と外出自粛要請で明らかになった点は、「普通の生活者／観光者」にとって直接対面による「おしゃべり／雑談」、そして忌避すべき対象とされた「三密」は、決して「不要不急」のものではなく、普通の生活を送る生活者／観光者にとっての「生活必需品」であったということであった。また、われわれの「民俗的世界」が、荒ぶる神（災害）・マレビト神（幸い）・地のもの（自然・動物）・人工物などの非‐人間も人間もすべて「対峙」すべき存在としてしっかりと見据えて観察し、「儀礼」をもって迎え、そして送り出す世界であったことを思い起こさせた。存在論的視点は、すべてのモノとの対応・交渉を可能にする「民俗的世界観／観光観」を拓くものとなるのである。

1　「普通の生活者／観光者」の民俗的世界観

「緊急事態宣言」にともない各自治体は「外出自粛・休業要請」によって人びとの移動を制限し

た。この移動自粛要請は海外からは奇異な目で見られた。為政者を批判しながらも、外出を自粛し、他人に迷惑をかけないようマスクを付けるという高い衛生環境と生活習慣を基盤に、国民の自発的な努力をひき出すのが「日本モデル」だといわれた。日本人の衛生観念に支えられ、自主的行動変容を求めるという緩やかな規制でコロナに対応するやり方は、生ぬるく見えるが、長期化が避けられないなかで比較的問題は少なく、持続可能なコロナ対策といえるとの見解もあった（橋本2021a: 127）。

（1）民俗的世界観

ここで「日本モデル」なるものについての明確化が求められる。そのような日常衛生習慣が、不浄なる「そと」から清浄なる「うち」をまもるという「民俗的慣習」に依拠していることを明らかにした大貫恵美子の『日本人の病気観』（1985）に遡って考え直す必要がある。しかしその「そと」は、大貫も指摘するように、他人の汚れやばい菌に溢れた「ひとごみ・まちなか・電車内」などという社会の「周縁」を指すだけではない。不浄なはずの「そと」のさらにその外側には「完全な外部」が措定されており、その具体的現象形態として病気を治癒し予防する自然の諸要素や古代のマレビト神などがあげられる（大貫 1985: 68）。それらは共同体に社会的位置づけのない存在、すなわち「マレビト神／異邦人」であり、いかなる力をも吸収するという特徴をもった存在であった。それらのもつ創造的要素を内部領域に導入するための文化的方法として「儀礼」があり、その儀礼に携わる者は「媒介者」として重要な役割を果たしていたのである（大貫 1985: 68）

コロナ禍で生命の危険が予測されるにもかかわらず、どこかに隙間を見つけて「そと」へ出たい・歩きたいと普通の生活者は希求する。「ロックダウン」が施行された海外では無断外出者は罰金を課されたり、逮捕されたりする場合もあった。ここで問うべきは、なぜ人はかくも「そと」を欲求するのであろうかという、「観光」を考えるうえにおいても本質的な疑問である。コロナ禍の状況においては、生存と社会秩序維持のために「そと」を拒否され、「うち」にいることを強制された。その窮屈ではあっても清浄性が保持され安全とされる「うち」からの「開放」として、「そと」は措定されていた。一方、東日本大震災などでは「うち」(自宅)という安全で清浄な場所を喪失し、「そと」(避難所)で人とのつながりによって生存を保つことを強いられた。「そと」にとって「うち」は、そして「うち」にとって「そと」は希求され憧れの対象となるのである。両者はそれぞれにとって必要不可欠な存在であり、重要なのは「そと」だけでも「うち」だけでもなく、両者がともにあることとであった。

今回もふくめて災害時に明らかになったことは、「普通の生活者/観光者」の「民俗的世界」にとって、「うち」と「そと」は二項対立的に設定されているのではなく、「そと」には「うち」が、「うち」には「そと」が必要不可欠な存在であり、絶え間ない両者間の「往還」のなかにわれわれ「普通の生活者/観光者」の「生活世界/日常」が措定されていることであった。それゆえ一方が欠如する状況が訪れると、他方はそれを全存在をかけて希求したのであった。「普通の生活者/観光者」にとって「そと」への「移動/観光」は決して不要不急のものではなく、「生活必需品」であることを認識すべきである(橋本 2021b: 104-105)。

（2）「普通の生活者／観光者」と非-人間的存在

この緊急事態宣言下における「移動／観光」自粛要請には、先にも述べたとおり、通常は気づかぬささやかなものではあるが「生活」にとって何が必要不可欠なのかについての考慮が欠如していた。普通の生活者の日常生活にとって、そして普通の観光者の通常の観光生活にとって必要な「そとに行き・歩く」とは何であるのか、そもそも「普通の生活者／観光者」の存在について考える必用があるのかどうかさえも問題にされなかった。それについて考える機会が訪れたのは、新型コロナウイルス感染の第一波が一段落し、第二波への危機感が募るなかで社会科学系研究者たちによる「ポストコロナ時代」を展望する議論が開始されてからであった。「普通の生活者／観光者」という概念自体も、いわば当たり前すぎて、これまで問題として浮上してこなかったものであった。

この「普通の生活者／観光者」という用語は、『観光と環境の社会学』（古川彰・松田素二 2003）のなかで鳥越皓之の「生活環境主義」の考えに基づいて使用されている「普通の生活者・地域生活者」を参考にしている。この「生活者」は、さまざまな知恵や制度が埋めこまれた生活世界で普段暮らしを営む人びとで、ローカルな地域社会が生活のなかで育んできた知恵・実践を、現代的状況のなかで見直し、外部からの諸力と交渉しながら自分たちの生活システムを保全し、それと連動するかたちで環境保全をおこなってきた人びとである。地域社会が生活のなかに埋めこんできたユニークな環境保全の論理と、時には自然に積極的に手を加えるこれまで論理化されなかった生活システム優先の思考・実践をあらわすスローガンとして採用したのが「生活環境主義」であった（古川・松田 2003: 214-215）。その考えに基づいて、地域の人びとが観光者をいかに迎えているかを検証したのが『観光と環境の社会学』であった。「当該社会に居住する人びとの生活の立場」に立ち、生活保全を図るうえで環境を保護し、「小さな共同体」が重点を置くべき生活システムを尊重し、「居住者の生活の立場」を考慮した観光のあり方を模索していた。

生活者に関しては、「普通の生活者・地域生活者」の概念を参考にしているが、「普通の観光者」という概念はそれからさらに派生させたものである。普通の観光者にとって普通の生活者は「そと」の存在であり、観光のまなざしの対象となる。生活者にとって観光者もまた「そと」の存在であり、迎え・時に拒否する対象となる。ここで重要なのは、普通の生活者は同時に普通の観光者でもあるという点である。普通の観光者は特別な存在ではない。「楽しみ」のために「うち」を一時的に離れれば観光者となり、「うち」に戻れば生活者となる。「うち」と「そと」、生活者と観光者は、一つのものの両面である。ここに「そと／うち」の、そして「生活者／観光者」のハイブリッドを語る意味がある。

ここではさらに、アメリカ大陸先住民を扱ったエドゥアルド・コーンの『森は考える』（2016）を参考にする。われわれを取り囲む非－人間的存在である新型コロナウイルスをも含む「他のたぐい」の生命形態（雑草・害虫・新種の病原菌・野生動物、科学技術でつくり出された突然変異体など）〈とともに〉生きるようになることで提起される難問をまえに、いかに人間的なるものがそのなかにいるものから区別されると同時に連続するのかを分析する適切な道を切り開くことが重大で喫緊の課題となる（コーン 2016: 22）とコーンはいう。その主張を受けて、コロナ禍によって変容を被ったわれわれの「観光観」を反映する観光研究においては、存在論的転回が必要となるのである。

（3）危機に「対峙」する「民俗的世界観／観光観」

日本における民俗的世界では、「マレビト」は海の彼方の老いも死もない世界から定期的に訪れる古代日本の神である。その神は村人に幸運をもたらすために巡回しているが、危険をもたらす潜在力もあわせもつ。『古事記』における須佐之男命《すさのおのみこと》が、すべての災難と無秩序の原因であるとともに救済をもたらし破壊の後の創造を象徴しているように、「マレビト」も両義性をもつ存在である（大貫 1985: 54-55）。民俗的世界では、荒ぶる神に対しては「恐怖」しながらも儀礼をもって迎え、荒御霊《あらみたま》を鎮めてもらい、送り出す。「マレビト」神に対しては「畏怖」しながら定期的に迎え、饗応をして幸運をたまわり、送り出す。そして現代の「観光」においては、観光者を「客人《まろうど》」として迎え、接待をして、よい思い出とともに送り出す。さらに、地域文化観光が目的とする「交流」においては、仲間として迎え、「ともにあること」を楽しむのである。大衆観光の現場で失念しがちなことは、「客／他者」が恐怖・畏怖すべき対象であり、迎える側はしっかりと観察しつつ「対峙」しなければならないという心構えである。今日では毎年のように地震・津波・大雨・疫病などの何らかの自然災害や政治的・社会的・経済的混乱に遭遇しており、危機に「対峙」する姿勢を常に保つことを求められている。

2　アフターコロナ時代の地域と観光

「地域文化観光」とは、地域の人びとが発見・創造し、場合によっては他地域から借用してきたモノを、熱心に育てあげて「ほんもの」にした「地域文化」を発信する観光である（橋本 2018: v）。ここではこの内容を再検討し、あらたに非－人間的存在をも「地域のもの」に含めた存在論的転回を試みる。近年の文化人類学の領域では「自然と人間」の関係について、それぞれの民族的・民俗的思考から西洋的な二項対立的発想を批判的に乗り越える試みがはじまっている。それは先に述べた「民俗的世界観／観光観」につながる思考である。フィリップ・デスコラの「自然の人類学」、エドゥアルド・ヴィヴェイロス・デ・カストロのアメリカ大陸先住民の思考としての「多自然主義」と思考の永続的な脱植民地化の提唱や、マリリン・ストラザーンのメラネシア的思考の特徴である『部分的つながり』（2015）などで実践されている。ここでは、日本の「民俗的世界観／観光観」における「そと」からの脅威に対する「民俗的対峙方法」について考えてみよう。

（1）災害と「対峙」する

対峙とは、とくに想像もつかぬような大きな存在に対して、畏れを抱きつつも臆することなく向きあって立ち続けることをさす言葉として本書では使用している。それは自然と人間との関係のあり方でもある。二〇一一年三月の東日本大震災での津波被害への対応として二つの方法がとられた。いわば近代合理主義的／科学的な対応としては、波の高さが一〇メートル以上だったことを受けて、宮城県気仙沼市などは巨大防潮堤の建設を選び、沿岸部六五カ所で全長約四〇キロメートル、最大の高さが一四メートル以上の堤防を造設し、海岸線を走る車や近くの建物、そして人間の視界から海が排除された。これは今日のコロナ禍の状況においては、他者を恐れて近づけず「ロックダウン」によって隔離・遮断をおこない、「非接触」状況をつくりだす発想であり、短期的に結果を求める対策である。それに対し「民俗的対応」とでもいえるのが女川町《おながわちょう》方式で、防潮堤を結果的に拒否した。「ハード面の強化だけでは完璧な防災を目指すことに限界がある」と考え、新しいまちづくりの基本理念として「防災」よりも「減災」を掲げた。町民の命を守るために、「避難するための情報を確実に伝え、避難のための道路や場所を確保する」というソフト対策に重点を置いたのである。リスクに「対峙」する民俗的対応といえよう（橋本 2021b: 110）。

これは海も山も「地のもの」で、相互に対話が可能だと考える「多自然的」発想（ヴィヴェイロス・デ・カストロ 2016: 41-79）であり、「海との交渉」を可能にする「海にひらかれた世界」を選択したのである。「自然と人間」を二項対立的に捉える近代的思考からは、津波対策に一〇メートル以上の堤防設置という発想しか生まれない。自然・動物・人工物・ヒト・カミをすべて「対峙」すべき存在としてしっかりと観察し迎える「世界観」からは、すべてのモノとの対応・交渉を可能にする「民俗的世界観／観光観」が拓けてくるのである。近代科学的／合理的なやり方がまず前提となるが、それを踏まえつつ観光者／他者に「対峙」し、民俗的工夫をもって「そと」と「うち」の境界領域にいる「仲間」のように迎え、歓待・交流し、そして送りだすやり方を発見・創造する必要がある（橋本 2021b: 111）。

（2）民俗的対応を見る

通常の橋を架けても季節ごとの洪水によって流されてしまう場合には、「流れ橋」や「沈下橋」

などの民俗的な考案が見られる。流れ橋は、固定されていない橋桁と橋板が橋脚にワイヤーロープで繋がれているだけで、水がひいたあとにロープを手繰り寄せて橋桁と橋板を元に戻す仕組みである。京都府久世郡久御山町と八幡市を結ぶ木津川に架けられた「上津屋橋《こうづやばし》」は、橋の強度を強めて水の圧力に耐えようとする「近代科学的」発想ではなく、構造物の一部が流されてしまうことによって破壊にいたる圧力を受け流すという考え方に基づく柔構造の設計／民俗的発想である。また、欄干のない木造の橋で周囲の景観が整っていることもあり、時代劇の撮影現場としてもよく知られており、多くの観光者が訪れている。近年は、復旧までに数カ月かかることや、数千万円単位の修繕費が発生することから批判もでていたが、二〇一三年の流出後には流れ橋交流プラザの来場者が増加し、橋が流れること自体が観光の大きな魅力と考えられるようになり、永久橋への架け替えに反対する声が強くなった。従来の「流れ橋」構造と景観を維持したまま七五センチメートルかさ上げして復旧することになったという（橋本 2021b: 111）。

四万十川には増水時に沈んでしまうように設計された「沈下橋」が架けられている。流木などが引っかかって壊れるのを防ぐため欄干がなく、幅が狭いので通常は車が一台しか通れないが、見通しがよいため対向車が通過するまで橋のたもとで待機する暗黙のルールがある。これも「普通の生活者」の民俗的工夫であるといえよう。「清流」四万十川とこの沈下橋を目的に多くの観光者が訪れている。水面までの距離が短いので、橋の中央にたたずんで清流を間近に満喫することもできる。

また、新聞などでは特殊堤防「畳堤《たたみてい》」を「景観に配慮した止水対策」として紹介していたが、これを単なる「景観への配慮」と考えるのは、ここで問題にしている「民俗的対応」についての配慮が欠けているといえよう。高い堤防の建設が検討されたが、「家から川が見通せるようにしてほしい」との地元住民の要望を受けて整備されたのが三・一キロメートルにわたる「畳堤」であった。兵庫県たつの市の揖保川《いほかわ》など国内に三カ所ある。揖保川では川が増水すると住民らが倉庫などで保管する畳をもちより、コンクリート製の溝に一五〇〇枚の畳を差し込むと堤防が一メートルほどかさ上げされる。畳は水に接すると膨張し、強度が増すので、土嚢《どのう》を積むより作業が軽くなり、平時は川を見渡すことができる。川と対峙する民俗的世界が展開しているのである（橋本 2021a: 139）。

新聞が引き合いに出す「景観」とは、ジョン・アーリも述べているように、そこを走り抜けていく鉄道などが作りだした「新たなパノラマ」である。環境を自分と分離した実体と見なし、それによって「まなざしと風景との虚構のつながり」が作りだされるのである（アーリ 2015: 153）。人びとが住まい、実用が見られる土地から旅行者を切り離し、早々と過ぎるフレームパノラマとして眺められるようになったものがこの新聞がいう「景観」である。しかし、ここでとりあげた川や海は、そこで普通の生活者が生存を保つための実用の対象であり、かつ変化を見逃すまいと毎日観察する対象である。いわゆる「景観」という語に回収されてはならない。新聞では「景観を損なわない止水対策」と説明されていたが、むしろこれは恩恵をもたらしながらも時に災害をもたらす「自然」に畏怖・恐怖を抱きつつ、「対峙」する普通の生活者の「民俗的対応」というべきである。

(3)「民俗的世界」からの観光論

普通の生活者／観光者の民俗的世界においては、「人間と非-人間／自然」そして「ホストとゲスト」の関係は二項対立的ではなかった。両者の境界融解的なあり方に注目すべきである。柳田国男の『遠野物語』（1978）を引きあいに出すまでもなく、昔話や伝説のなかでは人間と非－人間とをともに「うち」にも「そと」にも措定してきた。「異人」にさらわれたり助けられたりした話、「異界」の山男・山女・雪女との遭遇譚、カッパとの駆引き、そしてザシキワラシやオシラサマの物語などが掲載されている。また、山中深く分け入れば山の神・天狗などと出会い、死者が住む「異界」を垣間見ることもままあった。「異界」の存在と友好的に接したり、秘密を守ったりすれば恩恵をもたらしてくれることも多い。民俗的世界観では、非－人間や霊的な「他者」をつねに「うち」にも「そと」にも設定し、恩恵をもたらすゲストだけではなく、害をもたらすゲスト（自然災害・疫病・害虫・荒ぶる神）をも迎え、「歓待／儀礼」をもって接遇し、送り出している。その世界観を考慮に入れた「自然／非－人間」と「対峙」する観光論が必要となっているのである。

そのためには「人間と非－人間」の対立融解の展望を拓く必要がある。あらゆる差異が融解するのがポストモダンの特徴であり、今日では普通の「生活者と観光者」の境界と同様に「ホストとゲスト」の境界も融解している。しかしこの境界融解の現象は、一概にポストモダンの特徴というわけでもない。先のアメリカ大陸先住民や日本の民俗的世界においては「人間と非－人間」の間の境界ははるか以前から融解していた。

自然と文化の対立、自然と人間との対立を措定してきたのが近代である。重要なのはテーゼとアンチテーゼはともに真であるが、同一の現象を異なる相の下で把握しているのだと示すことである。「精霊は人である」と述べることは、それらは人格であると述べることであり、非－人間に主体という言表行為の位置を占めうる意識的な志向性と行為の力能を賦与することである。主体とは魂をもつものであり、魂をもつものは誰でも視点／パースペクティヴをもちうるのである。視点が賦与されるあらゆる存在は主体でありうる。それらは（潜在的に）主体であるがために人間であると考えるのである（ヴィヴェイロス・デ・カストロ 2016: 53-54）。

清水高志は「幹－形而上学としての人類学」で、「一なる対象」が「多なる対象」でもありうるということは、ただモノのうちに断絶を見出すことを意味するだけではなく、対立的にみられる二項が、いわば同じものの両面として扱われうることを示すという。「主体と対象」といった役割の二項対立のペアを複数交差する地点から出発して考察すると、主体や対象はまた同時に一としても多としても扱うことが可能になる。さらに「個別と一般」を「一と多」「主体と対象」の二項対立に三重に交差させると、個別化と一般／普遍化の運動そのものも、そこでは同じものの両面となるという。このようにして「一と多」関係、人間と動物という「主体と対象」関係が中性化する。その上であえて役割が割り振られることを、デスコラやヴィヴェイロスなどは追っていることになる（清水 2016: 252）。

ホストとゲストの対立も先に述べたように中性化している現状があり、自然災害も新型コロナウイルスも視点をもつ非－人間として捉える観点が必要である。文化、すなわち主観的なものは普遍性の形相を帯び、自然、すなわち客観的なものは特殊性の形相を帯び、自然と文化のカテゴリーは関係的な布置、可動性のあるパースペクティヴ、つまりは視点を示す。それをパースペクティヴィズムといい、そこでは人間という存在が宇宙に住まう動物や他なる主体（神々・精霊・死者、宇宙の別の位階の住人、植物・天文学的現象・物体・人工物）を見る様態は、これらの存在が人間や互いを見る様態と根本的に異なるという（ヴィヴェイロス・デ・カストロ 2016: 42）。その世界では、自然災害も新型コロナウイルスも視点をもっており、主体として人格化されると捉える。その世界では、新型コロナウイルスはどのような主体として現れるのであろうか。新しいのは、このハイブリッドが目に見えるようになったことであり、それによって私たちの分析的なカテゴリーが「取り違え／多義的（equivocation）であることに気づく可能性がひらかれ」（デ・ラ・カデナ 2017: 64）たことなのである。

「客人を迎えること」は、資本主義的／市場経済的関係でゲストを受容することと同じではなく、それ以上の意味をもつ。それは、モノ／非-人間をも含む「他者」を、土地のカミと人びとの領域に迎えることとである。「ホストとゲスト」を人間の枠内で捉えるならば、これまでと同様、「近代観光」の枠組みに留まる。しかし、「地のもの」（Earth Being）つまり、山・川・植物・動物も、人工物も、疫病・災害もアクターと捉えるハイブリッドな世界を考えねばならない。人に「自然と文化」を二項対立的に捉える近代的思考からは、津波対策に一〇メートル以上の堤防設置という発想しか生まれない。海も山も「地のもの」であり、相互に対話が可能だと考える世界もあるという「多自然的」発想からは、「海との交渉」を可能にする「海にひらかれた世界」を選択する道が拓ける。動物・自然・人工物・ヒト・カミ〈とともに〉ある「世界観」は、新型コロナウイルスも含むすべてのモノと「対峙」し、対応・交渉を可能にする世界観／観光観である。

3 「地域文化観光」の存在論的再定義

「地域文化観光」とは、「地域の人びとが発見・創造（ときに借用）した、地域の文化資源を、育てあげ、発信する観光」（橋本 2018）である。これを選択する消費者は現状ではそれほど多くはないが、必要と考える人びとはいる。この観光を創出するには地域で「地域文化を発見・創造」する「地域人材」を育成・確保する必要があるが、都市住民のニーズを探りあらたに掘り起こすセンスが求められ、地域だけで育てあげることは難しい。しかし、「そと」にいながらもその地域のファンである人もまた「地域の人びと」であると考えると、そのような人材が地域との交流を通して、地域生活者の立場にたった「ものがたりづくり」に参加する例も多くある。しかしこの定義も活動も、人間中心主義的であったと反省せざるをえない。

現在のコロナ禍での観光の危機的状況を踏まえると、これまで議論してきたリスクに対峙する「民俗的世界観／観光観」に裏打ちされた「地域文化観光」に鍛え直すことが必要となる。「コロナとの共生」というかけ声だけでは、安易な人間中心主義的な考え方しか見出せない。新たな「地域文化観光」の生成過程には、それに関わる人間と非‐人間（海・山・川・動物・植物・ウイルス・災害・人工物）などの「地のもの」すべてが主体としてたち現れる。ポストコロナ時代に「地域文化観光」創出に関わる主体は、海・山・川の視点、動物・植物の視点、そして霊的なものの視点とともに「新型コロナウイルス」などの視点をも「地のもの」に含んだあり方を見極めねばならない。

「地域文化観光」は、「人間と非-人間を含む「地のもの」すべてが主体となり、相互に対話・交渉をするなかでたち現れてくる「地域文化資源」の生成変化する「ものがたり」〈とともに〉発信する観光」と、存在論的に再定義される必要がある（橋本 2021b: 115）。

（1）「地域文化観光論」再考

近年の大衆観光の市場では、観光資源は「ストーリー付与＝意味づけ」次第で価値が出るといわれている。すなわちストーリーが一定程度の人びとに受け入れられ、「よく知られたもの」になれば、それを確認しようとする大衆観光者の関心を集め、ヒット商品となる。しかしそれは、「地域文化観光論」の視点からは「地域文化資源」の疎外というリスクを出現させる状況となる。地域が発見・創造したものに大都市の消費者が食いつくような「意味づけ＝ストーリー付与」をすれば観光商品として大ヒットするが、この商品化の過程で「意味・ストーリー」は単純化され消費しやすいものに変容する。外部の資本はこのように単純化された「分かりやすい言葉」を遣い、大衆観光者に受け入れやすいものにして拡散し、一時的な「価値」をさらに増大して大量消費品となることをめざすが、すぐに飽きられ、短期的利益追求の対象で終わってしまう。地域の素材を使って外部資本が作りあげた「ストーリー付与＝意味づけ」は、地域を離れた実体のないイメージとして「そと」で大量消費され、「地域」にはなにももたらされない事例も多い。日本各地で見られる「ご当地キティ」「ご当地キューピー」「ご当地パンダ」もその例で、大仏キティ・舞子キティ・お遍路キティ・渦潮キューピー・横浜パンダなどは地域を離れて一同に集められ売買されることも多い。

地域の「普通の観光者／生活者」であるわれわれは、分かりやすく手頃な値段の観光商品にまずは飛びつくが、愚かな消費者ではない。日常使いか特別な場合か、ニーズに応じた商品選択をする。「地域文化観光」とは、「地域の人びとが発見・創造（ときに借用）した地域の文化資源を、育てあげ、発信する観光」である。あらためて「民俗的観光観／世界観」に基づいた「ものがたり」に裏打ちされた「地域文化観光」を推進するためには、「普通の生活者／観光者」が「自然／他者」と「対峙」する民俗的な方法に自覚的になる必要があることを指摘したい。

「そと」から「緊急事態宣言・移動自粛要請」が到来し、それがわれわれの「うち」なる日常に変容を迫ったとき、緊急避難的にとりあえず家族とともに頭を低くして最初の波が通り過ぎるのを待つ。しかし時間の経過とともに少し頭をあげ、「そと」の様子を観察しはじめ、まず「うち」と「そと」の境界領域にいる親しい仲間や近所の知り合いの安否を確かめ、必要な応急処置をとる。次にさらなる「そと」の存在である日常的なつながりのある仕事の同僚やつきあいのある人びとの様子をうかがうといった「身の丈に合った」対応をする。コロナ禍のなかで普通の生活者であり同時に観光者であるわれわれがとった行動は、このような「地のもの」としての「民俗的な対応」であった。まずは「生活世界」の安全を図り、その安全が確認できたときに、生活維持のために「うち」での「楽しみ」を模索した。これは生活世界を維持するための「生活必需品」としての「楽しみ」であった。

「地のもの」の一員である人間は、「地のもの」の視線を感じ取り、対応・交渉し、生活世界を維持する。いまは近代科学的／合理的な対応が優勢であり、マスクをかけ、消毒し、身体的距離を保ち、換気を心がけている。流れ橋や畳堤のような民俗的工夫が活かされた対処法がたち現れる姿をまだ見ることはないが、方向性は見えている。「普通の生活者／観光者」が生活に根ざした知恵を使い、リスクを減じながら、仲間との「密接／親密」な「おしゃべり／雑談」と「そとへの移動／観光」を可能にする方向である。これはわれわれがごく普通の生活を送るための「生活必需品」である。普通の生活者にとっての「観光的なるもの」の重要性は、「そと」に「移動し／歩き」、仲間と会い、雑談の「楽しみ」を享受することにある。緊急事態宣言下の状況でこそ、事態にしっかりと「対峙」し、普通の生活者／観光者の生活世界を見極め、「民俗的観光観」に基づいた「生活必需品」としての「観光」を案出する必要がある。

(2)「なりわい」(生業)としての「地域文化観光」

地域文化観光者とは、よく知られたものを「確認」するだけの大衆観光者ではなく、地域の人びとが育てあげた「地域文化」を、交流を通して自ら「発見」し、観光体験を豊かに思い出深いものにしていく人びとである。今回のコロナ禍を機に、女川町のように高い防潮堤を作らずに海と対峙するあり方や、流れ橋・沈下橋のような柔軟な構造を見習い、「地域文化観光」を、地域の人びとの「つながり」をもとに、「地のもの／非－人間」をも含んだ「つながり」のあり方として、鍛え直す必要性を強く感じた。都会におけるホスピタリティ産業（飲食業・宿泊業・接待業など）のなかには外出自粛要請による来店客数の急激な減少で、閉店を余儀なくされた店も多く見られた。都市と比較して、地域においては経済的基盤と労働形態を多様化することによって、現金収入が不足しても食べ物を自分の畑から調達し、助け合いながら生活を維持する「民俗的」知恵にあふれた地域づくりを実現することが可能であることが今回あらためて確認された。田畑・里山・里海などの地域資源は、観光資源・観光対象となる「景観」であるよりも、地域の人びととの「なりわい／生業」の基盤であり生き延びるための実用的な資源であったのである。単一的に経済的利益を求める都市のホスピタリティ産業と、地域の人びととの多様な「なりわい／生業」のあり方との違いが明確になった。農山漁村において同時に複数の仕事に携わる多業形態は生活を維持するためのあたりまえの姿であった。その「なりわい／生業」の一つとして「地域文化観光」に従事するあり方が見えてくるのである（橋本 2021a: 146）。

（3）リスク社会にたち現れる「観光的なるもの」

観光者の来訪がなくても生き延び、来訪があったときには十分堪能してもらい、思い出深い豊かな「体験」をもち帰ってもらえる「地域文化観光」にする必要がある。その「地域文化観光」で求められる「地域性」は、リスク社会に対峙する人びとの活動のなかにあらたな姿でたち現れてくる。そしてその「地域性」を育てあげる活動のなかで、主体となる「地域の人びと」もまたたち現れてくるのである。

「観光的なるもの」は、どこにでも出現する。「地域芸術祭」における「アートネクサス」（一八〇‐一八三頁参照）を考察するなかで、「アート的なるもの」が「観光的なるもの」としても同時にたち現れてくる状況を確認し、あらたに「観光ネクサス」という概念を導入した（橋本 2022c）。それは市民マラソンや「よさこい踊り、よさこいソーラン」などの「スポーツ的なるもの」に関しても同様であった。「観光的なるもの」は「アート的なるもの」「スポーツ的なるもの」、そして今日のリスクを避ける行動のなかにも出現する。全世界的な「新型コロナウイルス感染リスク」に直面する社会において必要とされる近隣での「健康ウォーキング」や、通信機器を使ったテレワーク・オンライン会議といった新たな日常のなかにも、「観光的なるもの」はそれを求める人びとの発想・工夫とともにたち現れてくるのである。

毎朝決まった時間に集まってウォーキングや犬の散歩を楽しんでいた仲間は、夫婦や家族単位に分かれるようになった。しかし、生命維持のために意識的にウォーキングを実践する人数は、自宅に軟禁状態になった普通の生活者／観光者を中心に確実に増えている。健康ウォーキングのなかに人は「楽しみ」を見つけだす。四月五月六月と京都郊外の公園では灌木の林の中に鴬の声を聞く。なかには「谷渡り」を聞かせる鴬もいる。小山を登るバイパスを歩きながら、側溝から顔を出したタヌキの姿を見つけてたち止まり、自転車通学中の高校生に「タヌキ」と目配せをする。「観光的なるもの」の「楽しみ」は健康ウォーキングにも出現する。通信機器を利用した「オンライン帰郷」、離れた仲間内での「オンライン食事会」、そしてまさにアットホームな「オンライン飲み会」など、家でくつろぎながら仲間との「雑談」を楽しむ工夫は、ある意味で「民俗的対処方法」といえよう。そこにも新たな「観光的なるもの」が出現している。これまでの「観光」の定義では、物理的な「ホームからの離脱と異郷への移動」が必須条件であったが、情報機器の発達により「ヴァーチャル空間への移動」も含まれることになる。そこでもそれなりの「非日常性」と「観光的なるもの」の「楽しみ」を経験することが可能となっている。

毎年数十万人を集める京都祇園祭の山鉾《やまぼこ》巡行が新型コロナ感染症予防のために中止になった。大衆観光者のまなざしを集める山鉾巡行は中止されたが、疫神や死者の怨霊を鎮めなだめるという祭り本来の目的を果たすために、榊《さかき》を白馬の背にたてた行列が町を練り歩く「御神霊渡御祭《ごしんれいとぎょさい》」を八坂神社は執行し、御旅所《おたびしょ》に榊を供えた。祭りの「観光的なる」部分は背後に退いたが、逆に「疫病退散」という御本体の神事自体は以前にも増して存在感を強めた。厄除けの粽《ちまき》の注文量も例年より増え、本来の「宗教的なるもの」が前面に現れ出た。これもまた祭り本来の意味を明らかにして、リスクに対処した「民俗的対応」といえよう。

4　観光人類学研究を広め・深める歩み

観光学術学会が二〇一二年初頭に発足し、二〇二二年には一〇年が経過した。毎年七月の研究大会と二月の研究集会でシンポジウムが開催され、そこで議論された内容が論文として雑誌『観光学評論』に掲載されている。そのシンポジウムのテーマを見直してみると、今日の人文・社会科学における理論的課題がとりあげられ、観光研究の幅を広げ、理論的に深めてきたことがうかがえる。「文化論的転回と日本における観光人類学――観光／文化／人類学のはざまからの視点」（鈴木 2013）には、文化人類学研究者に多大な影響を与えた「ライティング・カルチャー・ショック」以後の「人類学の危機」を乗り越えるツールとして観光人類学が注目された一九九〇年代後半の議論が反映されている。観光人類学は「観光開発・文化本質主義・文化と権力・文化の商品化」への批判的研究を進めてきたが、もはや人類学の危機を乗り越えるための単なるツールとして消費されるべきではないと鈴木涼太郎はいう。そして「文化論的転回／ポストモダン人類学」以後の観光人類学が取り組むべき問題としては、「観光振興・まちづくり」への実践的な参与やツーリストそのものの研究などが必要になると鈴木は指摘したが、今日ではさらに「絶対的歓待と互酬的贈与」の問題の解明や観光研究の「存在論的転回」への視野を拓いていく必要があると考える。

（1）哲学的領域と観光研究

遠藤英樹は「「歓待を贈与する観光」へのディアレクティーク」（2021）で、「観光は……観光客に対して経験や感動をあたえ、世界に歓待を贈与することが重要になってくる」という（遠藤 2021: 35）。ジャック・デリダが問題として投げかけた「絶対的な歓待」（デリダ 2018: 112）については、「私」という中心性や固有性が排除されており「不可能性の可能性」としか描けない、通常は非現実的な問いかけとなる（檜垣 2019: 103）。この「絶対的な歓待」は、しかしながら移民・難民・無国籍者などの境界的他者の庇護という緊急的な課題（河野 2020: 43）や、インド系宗教におけるような宗教者への贈与を想定した場合（藏本 2021: 66）には具体的な問題となる。それに対してマルセル・モースの「贈与⇔返礼」の義務からなる「互酬性」は、現実的な社会的連帯が形成される契機を明らかにする。観光における通常の「歓待」を考える場合にはモースの互酬的贈与が、リスク社会における「歓待」を考える場合にはデリダの「絶対的な歓待」が参照されることになる

（橋本 2022a: 64）。

ジョン・アーリの『観光のまなざし』（2014）にはミシェル・フーコーの「権力」論や「まなざし」論が、その後のパフォーマンス研究にはアーヴィング・ゴッフマンの「行為と演技」論が採用されている。そして最近ではゴッドフリート・ライプニッツやミシェル・セールに遡ることができるブルーノ・ラトゥールなどのアクターネットワーク論が、現代の観光現象を分析する手がかりとなっている。さらに、ジル・ドゥルーズとフェリックス・ガタリの多様体・リゾームなどの概念が観光研究の「存在論的転回」のために参照されることになるが、デリダよりも現実的な問いかけになるであろうと思われる。彼らの「生成変化」（becoming）の概念は、ティム・インゴルド『メイキング』（2017）へと受け継がれ、観光研究においても「歩くこと・徒歩旅行」と「ともに／そって」なされる「生成変化」の視点から「移動／観光」の現場を観察・分析し、観光研究の幅を拡げる可能性が拓かれようとしている。

そのほかエドゥアルド・コーンの「多自然主義／パースペクティヴィズム」においてはチャールズ・パースの記号論（イコン・インデクス・表象）が、「情動／アフェクトゥス」研究ではバールーフ・スピノザからドゥルーズが、現象学的問いかけではエドムント・フッサールやマルティン・ハイデッガーが、実存主義・アンガージュマン（参与）ではジャン＝ポール・サルトルが、近代化・合理化論ではマックス・ヴェーバーが参照され、観光研究の理論的な深化に貢献している（橋本 2022b: 64-65）。

（2）他領域に観光研究が回収される動きを恐れずに

先に述べた観光研究の領域を広げ深化を促す動向に対して、観光研究が他の領域に回収される可能性をもつ動向もある。たとえばモビリティ研究は、動くモノ・ヒトのみならず動かぬモノ・ヒトをも対象にする研究領域であるがゆえに、すべての移動を全面的に包摂する可能性をもち、観光研究そのものがそこに回収される「危険性」があることになる。しかし「それは、観光ではない！」と叫び、退けたり無視したりすることがあってはならない。観光を超える現象をも「観光的なるもの」として捉え、考察の対象にする心構えが求められる。異なる領域に観光が位置づけられることを恐れず、自らその考察の先頭にたつ覚悟があってはじめて観光研究の新たな糸口が開かれるのである。

「脱観光化」をめぐる動きを考えてみよう。それは「観光化」の概念を超える動きとなり、別の領域に観光を位置づける可能性をもつ。しかし「脱・○○」や「反・○○」、「非・○○」という動きや概念は、あるひとつの「○○化」という概念の生成と同時にたち現れてくるものである。たとえば「近代化」（または「商品化」）に関しても同様で、「近代化（商品化）」という概念が生成されると同時に「反・近代化（商品化）」「脱・近代化（商品化）」そして「非・近代化（商品化）」という動きや概念が生成していることを肝に銘じなければならない。それらは最初の動きと同時に生成するものとして分析・考察する必要がある。それゆえ「それは観光ではない」と口にすることは禁句となる。観光研究者を名乗る者は、「反・観光化」「脱・観光化」「非・観光化」の動きに対しても、「それもまた観光的なるもの」であると考えて「観光研究」に包摂してしまうか、またはこの領域を超えて自ら新たな領域を切り拓き、歩んでいく覚悟が求められる（橋本 2022b: 65）。

（3）地域で生きる「われわれ」にとっての「野生の思考／ブリコラージュ」

現在のコロナ禍、そしてアフターコロナ時代の観光と研究においては、「つながり」をいかに想像／創造するかが求められている。観光現場が変化し、県や国を超える観光や大規模なイベントは人と人との接触状況が大きくなると予想され自粛および禁止状態になっているが、接触状況が小さいと想定される県内での観光や小規模なイベントは承認され、「マイクロツーリズム」などと称されて奨励されることになる。そして非接触状況となるオンラインによる会議や観光などのヴァーチャルリアリティの世界はこれまでになく活発に開発され、利用もされている。

コロナ禍の状況下で二〇二一年初頭から経営困難になった多くの中小のホテルが売りに出され、自己資金や銀行の貸出しを受けられる力のある企業による買いあさりがはじまっている。アイディアと資金力のある企業は「非接触接遇」ホテルを実現したり、他社を合併したりして観光業の独占化を進めている。それに対して、したたかに地域で生き残るために「地のもの／われわれ」は、在来知を活かした民俗的工夫を模索する必要がある。

ここではクロード・レヴィ＝ストロースの『野生の思考』（*La pensée sauvage*）が参考になる。レヴィ＝ストロースは、西洋の科学的思考を「飼いならされた」「栽培種化された」技術者の仕事にたとえ、それに対置して「野生の思考」を人類に普遍的にみられる知的操作の様式で、器用人《ブリコルール》の仕事である器用仕事《ブリコラージュ》にたとえている。器用人とは、玄人（西洋的な技術者）とはちがって、あり合わせの工具・材料を用いて自分の手で物をつくる人である。器用仕事とは物事がおかれている関係を組みなおし、それに別の何かを意味させる作業、あり合わせの素材の集合体のなかに新たな構造、つまり秩序を作りだす作業である、と浜本満はいう（浜本 1994）。いま必要とされるのは「野生の思考」である。それはそこに「あるもの」（モノ・ヒト・出来事・ものがたり）が提示するアフォーダンス（利用・解釈可能性）を使って、これまでの「くびき」から解放された「あり方」を探ることを可能にする。これまでの思考のままでは現在と同様の閉塞状況を招くだけであり、現在の状況にしたたかに対応する「野生の思考」、すなわちブリコルールによるブリコラージュが求められているのである。

観光業では苦戦していても、食べ物と仕事はあるという「あり方」、先に述べた「なりわい」が、われわれ「地のもの」には必要である。農業で確保する食べ物と別業態の仕事から得る現金が最低限はあるという「あり方」である。タイ北部山地カレン社会では農業をしつつ、農泊や地域泊（民泊・ゲストハウス）をする「半（観光）業」形態を促進している。須永和博がいう「観光に抗するマイナー・サブシステンス化」（須永 2021: 355）を実践する人びとのあり方である。また、岩原紘伊が紹介するインドネシアのバリにおける観光者数を求めないＣＢＥＴ（コミュニティ・ベースド・エコロジカル・ツーリズム）のように、コミュニティ・エンパワーメントの道具として観光を使うあり方（岩原 2020: 134）もある。そこでは、観光者数獲得を目指さない「地域社会活動／地域づくり」のための観光実践が、「地域で生きるわれわれ」のためのひとつの「あり方」として模索されている。

（4）「観光人類学」の新たな歩み

日本の観光人類学の領域では新たな動きがはじまっている。大学院時代に観光研究を志し、何年にもわたるフィールドワークをおこない、博士論文を書きあげて出版するという世代（鈴木 2010; 須永 2012; 土井 2015; 安田 2016; 田中 2020; 岩原 2020; 古川 2020）が活躍を始めている。また、二〇二一年に出版された市野澤・碇・東編著の『観光人類学のフィールドワーク』（2021）は、フィールドでの研究者自らの経験を紹介した初学者や卒論執筆者向けの導入書であるが、最新の学問的動向を紹介しつつ、その限界を具体的な「観光の現場」で乗り越える研究ということもできる。哲学的傾向が強くなっている文化人類学の領域ではあるが、現在を生きる人びとにとっての具体的で身近な「旅行という地上での存在の仕方のひとつ」（土井 2021: 59）として、現場における生のレベルの問題に引き戻して研究することを可能にするものである。

近年の観光研究は文化論的転回→移動論的転回→存在論的転回→生成論的転回へと変遷、またはこれらの間を往還しているということができる。土井清美は「スペインの巡礼路を歩く旅」のなかで、自らの研究を存在論的転回から離れた「現象学的フィールドワーク」と便宜的に名づけて、世界との身体的関わり方によって新たにたち現れるものを「生成的に」捉える方法だという（土井 2021: 287）。静的な「存在」よりも動的な「生成変化」を捉え、身体の物質性や情動そして周囲との関わり方を問題とする視座をもつ「観光・旅・巡礼を通してわかることの研究」への転回である。「現象学的フィールドワーク」は、研究対象となる人たちが周囲の空間や環境のなかでどのように暮らしているか、徹底的に経験に即して内在的に捉える観点をもつ。ハイデッガーが「世界−内−

存在」で、世界と存在は不可分に結びついているというように、「旅行環境－内－旅行者」の分厚い時空間を研究対象とするのである（土井 2021: 57-58）。私も土井の見解に同意するが、視点を少し変えて、非－人間と人間を対称的に認識すべき存在論的世界においてフィールドワーカーの「生成変化する実存」をも注視するあり方である、というべきだと考えている（橋本 2022b: 66）。

おわりに——新たなフィールドを歩くこと

本書の最初に述べたように、「人類学する」ことと「民族誌の仕事」は別の作業であるが、インゴルドは両者に共通する要素である「生成変化する主体」に注目していた（インゴルド 2017）。フィールドワーカー自身が、フィールド経験を通していかに「生成変化」したかについても語らねばならない。インゴルドに従えば、「道にそって」現れる環境を近くで監視し、絶えずそれに反応しながら振る舞い、周囲に敏感になって、何を明らかにすべきか、何をテーマとすべきかを発見していく「徒歩旅行者」が、フィールドワーカーであるということになる。本書では、この存在論的視点に立ったフィールドワークを提案してきた。そのフィールドワーカーがもつ視点は、痕跡から動きを再構築する狩人や羊飼いからヒントを得ていた。狩人は動物の足と同じように大地の感覚を発達させ、羊飼いも同様に動物とともに歩くことで羊の目を通した世界をありのままに見、動きながら生草を食べるリズムを理解しているのである（Ingold 2016: 11）。エデンサーは、「廃墟歩き」のような見知らぬアフォーダンスに満ちた空間に身を置くことは、ドゥルーズとガタリ（2020）がいう「動物に生成する」（'becoming animal'）契機となるという（Edensor 2016: 231）。新たなフィールドワーカーは、自らの空間／ホームと研究者自身をも対象とする。ホームにあるフィールドワーカーはそれぞれの身体にとってそれぞれの道がどのようにたち現れるかを観察する。古川不可知は『「シェルパ」と道の人類学』(2020)で、重い荷物を背負ったポーターの道は、段差のある階段をまっすぐに登るトレッキング観光者の道とは異なり、段差を避けて蛇行していくという。ホームでのウォーキングの途中においても、他の歩行者にとって道がどのようにたち現れているかを観察し、また林の中で聞く鳥の声を聞き分けてどのように住まい移動しているかを感じ取る力を養う必要がある。ホームにあるフィールドワーカーは、ホームと自身の身体を対象とし、それぞれのホームに住まう者同士の「つながり」を想像/創造しながら新たな地平を切り拓くことが必要となるのである。

よく知られたものをはじめて見るように、ベルトルト・ブレヒトの舞台では突然全員が動きをゆっくりとしたり、不自然な姿勢で止まったりする「異化」作用を意図的に舞台に取り入れ、日常の光景から異なる意味を読み取らせようとしていた。当初はこの解釈の押しつけを不快に感じたが、人類学的フィールドワークをはじめると、海外のフィールドでは日本的な感覚が「異常」な感覚であったことを突きつけられ、日本に戻ると海外での日常が「異常」であったことを思い知らされることになった。ブレヒトの舞台でおこなわれていた「異化作用」を、今日の世界では意図的におこなう必要がある。ヴァーチャルな世界が当たり前に現実の世界に侵入しており、利用者が現実とヴァーチャルとを日常的に「往還」し、そこに違和感を抱かない現実が出現している。しかし、それが当たり前になっている現実を、スローモーションやストップモーションを導入し、一時的に突き放し「異化」して考える必要がある。アクターネットワーク論的にいうと、ブラックボックス化して当たり前になっている現実を、それぞれのアクターのそれ以前の状態に戻って捉え直すことである。そのためには、日常的な事物を別の視点から捉え直す操作が必要になる。

「廃墟歩き」「動物の視点」「シェルパの歩き方」への注目もみな「異化」するための視線であった。「地域芸術祭」の歩き方においてもまた、徒歩「歩行者」と自転車「歩行者」、そして自動三輪バイク「歩行者」となることで、それぞれの仕方・速度によって「地域」のたち現れ方が異なってくるのである。北ナムビアの狩猟採集民アコー・ハイ・オムにとっての「なりわい／生業」が世界に「住まう」ことであり、その土地の人間と非－人間の足跡はその土地のローカルな資源となる。カナダのチチョでは、先人の足跡を踏みたどり、そこに自分の足跡を混入させて共存の関係をうちたてる。マレーシアのバテックの子供においては森に放たれ、親の後ろからついていき、道をたどりながら知が形成されていく。親や先人とともに軌跡をたどり歩くことが知る方法となっていた。われわれもまた「地域芸術祭」の地域で迷うこと、作品をアーティストとともにめぐり歩くこと、「アーティスト・イン・レジデンス」の現場にいること、そして作品世界をめぐり歩くことによって、たち現れる異なる世界を「体験／実感」するのである。

すべての「人間と非－人間」よりなる「地のもの」が形成するネットワークに、それぞれが多様に関わっており、それが描くラインがどのように「むすび」あい、どのような「ものがたり」がたち現れるのかを紐解くきっかけに本書がなることを祈念している。

あとがき

本書は、ひとりの人類学研究者がこれまで「歩いた」軌跡である。南太平洋の島嶼国フィジーを歩き、「観光まちづくり」の先進地域を歩き、そして過疎地域で開催された「地域芸術祭」を歩いた軌跡である。

長年にわたって全国を訪ね歩いた永六輔は、「誰かと、どこかで」という言葉のように、ここではない別の場所で生業を営む芸人・職人の仕事と生き様・死に様を紹介した。記憶に残るのは「知らない横丁の角を曲がれば、もう旅です」という一節である。歩きなれたまちでも、はじめての角を曲がれば、そこにあらたな発見があり、旅となる。それは大人〈とともに〉道をたどりながらものがたりを聞き、知が形成される子供の歩き方に通じる。歩くという動きが知る方法であり、先行者（大人）は後継者（子供）が追えるように足跡を残し、ものがたりを聞いた者は自分なりの理解を育んでいくのである。

一九八二年、いまから四〇年前の三月初旬、雪の降る東京から成田空港へ、そして翌朝に南太平洋フィジー共和国の灼熱のナンディ空港にひとり降りたった時の心細さと、ここで何とかフィールドワークをはじめるのだとの気持ちを新たにしたことを思い出す。それから二〇年後の二〇〇三年からは、研究者仲間と一緒に、湯布院・内子・遠野・川越・谷中などの地域振興課・観光協会・有志の人びとを訪ね、「観光まちづくり」活動を「歩いて」きた。二〇一三年からは熊本県小国町のツーリズム大学や北海道札幌の「北の観光リーダー育成セミナー」の調査をしたが、その知見は本拠地の京都府宇治地域での「まちづくり人材育成」のための活動に活かされている。また、二〇一四年からは越後妻有や瀬戸内で開催されている「地域芸術祭」の調査をはじめたが、そこは「住まう者」の多くが離れていった山村・離島の過疎地で、蔓草・雑草・竹・木々が侵入をはじめた休耕地や空き家に「アーティスト／現代アート」が介入し、その介入の「痕跡／足跡」をたどろうと鑑賞者／観光者が足を踏み入れる「文化的仕掛け」が展開していた。「地域芸術祭」では作品だけが記憶に残るということはない。急な細い道を登り、山が迫る古民家や物置小屋にたどり着くまでの道を「歩く」経験や、その家を含んだ光景の方が印象に残る場合が多くあった。

「地域芸術祭」の鑑賞者／観光者には、次から次へと観光対象の間を輸送される大衆観光者のように作品から次の作品へ「よく知られたものを確認するだけ」という経験ではなく、作品の展示場を探して地域を歩きまわったという記憶が強く残るのである。あらかじめ渡された地図を頼りに歩いても見つからず、目的地にたどり着けず、または行きすぎて迷うのである。「道に迷う」経験をあらかじめ想定していると考えられるのが「地域芸術祭」であった。不安な気持ちをもちはじめると、「周りを観察する」ことに意識的になり、その「場所を発見」することが可能になる。それは、出発点から目的地へのたんなる移動ではなく、フィールドワーカーと同様の、「歩き／発見」をする経験となる。

現在、「観光まちづくり」による地域活性化プロジェクトを進めているところも多い。しかし成果を得ることが難しいのが現状である。その大きなヒントとなるのが、越後妻有や瀬戸内の島々で見られたような、「地域アートの制作過程」が発揮する「地域の人びと」を「取り込む」作用であった。目玉となる有名アーティストの作品だけではなく、地域の人びと〈とともに〉作りあげられ、「地域のもの」となった作品が、「観光まちづくり」に取り組む人びとにヒントを与えるのである。本書で提示する「完全な地域化＝土着化」までの過程を測る六つの基準は、新たに始めたイベントが「地域化の過程」のどの段階にあるかを分析する目安となる。「観光まちづくり」に取り組んでも思わしい成果が得られない地域や、成果を得られたと思ってもいつしか停滞を余儀なくされている場合に、この基準はプロジェクトを見直す手がかりになる。

「地域芸術祭」を「歩く」なかで、私は現代アートというモノが地域の人びとや鑑賞者／観光者をどのように魅了するのかを明らかにしようとアクターネットワーク論に関心をもった。アクターネットワーク論は、ヒト・モノ、社会・自然、マクロ・ミクロといったこれまで対立すると考えられていた要素が融解し混淆的（ハイブリッド）なネットワークが形成されていく過程を明らかにする。ヒトとモノを二元論的に対立させて考えるのではなく、対称的（対等）に扱う議論を展開するのである。越後妻有の鉢集落の廃校に「鉢&田島征三　絵本と木の実の美術館」が作られた。廃校（モノ）となった小学校には地域の人びとのさまざまな「思い／ものがたり」が蓄積されている。アーティストが地域の人びとのモノに寄せる「思い／ものがたり」を探り当て、モノに働きかけた。それがきっかけとなり、「思い／ものがたり」が喚起され、地域の人びとを動かし、制作活動に参加させていったのであった。展示されると、思い出を食べるオバケのトペラトトを退治するものがたりと地域の人びと〈とともに〉にある作品が、鑑賞者／観光者を引きつけているのである。「芸術祭」の作品を私のカメラで撮って本文で使わせていただいているが、ここであらためて謝意を表したい。

大衆観光の大きな特徴は「よく知られたものを確認する」ことであるが、今日の状況下で強調・見直されるべきは「地域〈とともに〉ある歩きかた」である。「狩人」は獲物の道をたどって、あらゆる獲物の「来歴／生き様」を追跡・追想する。現在のわれわれもまた道にそって思いをめぐらし、道に刻まれた地域の人びとの生きるあり様を感じとり体感する新たな「旅／観光」というハイブリッドを探求するべきである。また「旅と観光」という語の使用に関しては、私自身も所属している「旅と観光研究ネットワーク」という観光人類学研究者のグループの会の発起人の方々に事前にこの語を使用することについてお断わりを入れた。

海外でのフィールドワークは「ひとり旅」であったが、科研調査では研究者仲間との旅が可能になった。科学研究費補助金・基盤研究（B）（2）「「（人と人を結ぶ）地域まるごとミュージアム」構築のための研究」（二〇〇三年）では、同じ大学の教員仲間であった松田凡・杉本星子・森正美さんたちとの遠野・湯布院・川越・谷中・内子の旅が思い出に残っている。基盤研究（C）「観光まちづくりと地域振興に寄与する人材育成のための観光学理論の構築」（二〇一三年）では、堀野正人・遠藤英樹・森正美・岡本健・金武創・片山明久さんたち、そして当時研究を手伝ってくれた山田香織・川崎和也さんたちとの小国と札幌のツーリズム大学調査の旅なども、「思い出深い、よい旅」であった。「仲間〈とともに〉」旅ができたことに感謝したい。最後になるが、近年朝が早くなりメール返信の時間を見て驚かれることが多いが、その私の本書出版の相談に、早朝にもかかわらず「朝ラン」の前に快く応じてくださり、決定後には原稿の最初の読者となり、編集作業では的確な質問・コメントを校正原稿に書き入れてくださった新曜社の渦岡謙一さんに感謝の意を表したい。

二〇二二年六月

橋本和也

Legat, Allice (2016) "Walking Stories; Leaving Footprints," in ed. by Tim Ingold and Jo Lee Vergunst, *Ways of Walking: Ethnography and Practice on Foot,* London and New York: Routledge, pp.35-49.

Mauss, Marcel (1936) "Les techniques du corps," *Journal de Psychologie* 17: 3-4, 15 mars - 15 avril 1936. Communication présentée à la Société de Psychologie le 17 mai 1934

——— (1979), *Sociology and Psychology: Essays,* trans. T. Brewster, London: Routledge and Kegan Paul

Nash, D. (1981) "Tourism as an Anthropological Subject," *Current Anthropology* 22: 461-481

Olwig, Kenneth (2016) "Performing on the Landscape versus Doing Landscape: Perambulatory Practice, Sight and the Sense of Belonging," in ed. by Tim Ingold and Jo Lee Vergunst, *Ways of Walking: Ethnography and Practice on Foot,* London and New York: Routledge, pp.81-91

Orlove, B. (2002) *Lines in the Water: Native and Culture at Lake Titicaca,* Berkeley, CA: University of California Press

Selwyn, Tom (ed.) (1996) "Introduction,"in *The Tourist Image: Myths and Myth Making in Tourism,* John Wiley & Sons, pp.1-32

Taylor, John P. (2001) "Authenticity and Sincerity in Tourism," *in Annals of Tourism Research* 28(1): 7-26

Tuck-Po, Lye (2016) 'Before a Step Too Far: Walking with Batek Hunter-Gatherers in the Forests of Pahang, Malaysia' in ed. by Tim Ingold and Jo Lee Vergunst, *Ways of Walking: Ethnography and Practice on Foot,* London and New York: Routledge, pp.21-34

Van Der Duim, Ren (2007) "Tourismscapes: An actor-network perspective," in *Annals of Tourism Research* 34(4): 961-976

Vergunst, Jo. L. (2016) "Taking a Trip and Taking Care in Everyday Life," in ed. By Tim Ingold and Jo Lee Vergunst, *Way Of Walking: Ethnography and Practice on Foot,* London and New York: Routledge, pp.105-121

Wang, Ning (1999) "Rethinking Authenticity in Tourism Experience," in *Annals of Tourism Research* 26(2): 349-370

America. Atheneum

Bourdieu, Pierre (1977) *Outline of a Theory of Practice,* trans. R. Nice, Cambridge: Cambridge University Press.

Certeau, Michel. de (1984) *The Practice of Everyday Life. Berkeley,* CA: University of California Press.

Cohen, Erik (1988) "Authenticity and Commoditization in Tourism" in *Annals of Tourism Research* 15(3): 371-386

Eco, Umberto (1986) *Travels in Hyper Reality,* William Weaver (tr.) Harcourt Brace & Company

Edensor, Tim (2016) "Walking Through Ruins," in ed. by Tim Ingold and Jo Lee Vergunst, *Ways of Walking: Ethnography and Practice on Foot,* Routledge London and New York, pp.123-141

Gell, Alfred (1998) *Art and Agency: An Anthropological Theory,* Oxford: Clarendon Press

Gibson, James (1986) *The ecological approach to visual perception,* Hillsdale, NJ: Lawrence Erlbaum Associates

Ingold, Tim (2011) *Being Alive: Essays on movement, knowledge and description,* London and New York: Routledge

——— (2016) "Introduction," in ed. by Tim Ingold and Jo Lee Vergunst, *Ways of Walking Ethnography and Practice on Foot,* London and New York: Rootledge, pp.1-19

——— (2017) "Anthropology contra ethnography," *Hau: Journal of Ethnographic Theory* 7(1): 21–26

Ingold, Tim and Jo Lee Vergunst, (2016). *Ways of Walking: Ethnography and Practice on Foot,* London and New York: Rootledge

Jameson, Fredric (1983) "Postmodernism and Consumer Society,"in ed. by Hal Foster, *The Anti-Aesthetic Essays on Postmodern Culture,* Seattle and Washington: Bay Press, pp.111-125

Jóhannesson, Gunnar T. (2005) "Tourism translations: Actor-network theory and tourism research,"in *Tourist studies* 5(2): 133-150

Kent, J. Noel (1983) *HAWAII Islands under the Influence,* New York: Monthly Review Press,

Lefebvre, Henri (1991) *The Production of Space,* Trans. by D. Nicholson-Smith, Oxford: Blackwell

ブレンドン，ピアーズ（1995）『トマス・クック物語り――近代ツーリズムの創始者』石井昭夫訳，中央公論社
ベンヤミン，ヴァルター（1998）『パサージュ論』第3巻，今村仁司・三島憲一ほか訳，岩波現代文庫
――――（1999）『複製技術時代の芸術』高木久雄・高原宏平ほか訳，晶文社
堀野正人（2019）「観光まちづくり論の変遷における人材育成の位置づけ――経営・政策志向を相対化する視点の必用性」橋本和也編著『人をつなげる観光戦略――人づくり・地域づくりの理論と実践』ナカニシヤ出版，pp.32-51
マキァーネル，ディーン（2012）『ザ・ツーリスト――高度近代社会の構造分析』安村克己・須藤廣・高橋雄一郎・堀野正人・遠藤英樹・寺岡伸悟訳，学文社
宮本結佳（2018）『アートと地域づくりの社会学――直島・大島・越後妻有にみる記憶と創造』昭和堂
安田慎（2016）『イスラミック・ツーリズムの勃興――宗教の観光資源化』ナカニシヤ出版
柳田國男（1978）「遠野物語」『定本 柳田國男集』第4巻，筑摩書房，pp.1-54
山崎真之（2016）「揺れ動くホストとゲスト――エコツーリズムと小笠原新島民の生活実践をめぐって」『観光学評論』4(2): 107-119
山中速人（1992）『イメージの楽園――観光ハワイの文化史』筑摩書房
吉田竹也（2020）『地上の楽園の観光と宗教の合理化――バリそして沖縄の100年の歴史を振り返る』人間社
吉田春生（2006）『観光と地域社会』ミネルヴァ書房
ラトゥール，ブルーノ（2008）『虚構の「近代」――科学人類学は警告する』新評論

外国語文献

Appadurai, Arjun (1995) “Playing with modernity: The Decolonization of Indian cricket, “ in C. A. Breckenridge (ed.), *Consuming modernity: Public culture in a South Asian world,* Minneapolis: University of Minnesota Press, pp.23-48
Boorstin, Daniel J. (1964) *The Image: A Guide to Pseudo-Events in*

を巡って』世界思想社
―――― (2018)『地域文化観光論――新たな観光学への展望』ナカニシヤ出版
―――― (2019)「人づくり・地域づくりのための理論の構築に向けて」橋本和也編著『人をつなげる観光戦略――――人づくり・地域づくりの理論と実践』ナカニシヤ出版，pp.168-188
―――― (2021a)「コロナ禍以後の観光――「一般生活者・一般観光者」の民俗的視点から」『立命館大学人文科学研究所紀要』125: 125-150
―――― (2021b)「観光研究の存在論的転回――非－人間的存在（新型コロナウィルス）と観光」遠藤英樹編著『アフターコロナの観光学――COVID-19以後の「新しい観光様式」』新曜社，pp.102-116
―――― (2021c)「「宇治・伏見観光とまちづくり」実践の「地域文化論」的考察――「ものがたり」としての「地域との協働」」片山明久編著『旅行者と地域が創造するものがたり観光――宇治・伏見のいまとこれから』pp.187-214
―――― (2022a)「フィールドワーカーの人類学――歩くことをめぐって」『立命館大学人文科学研究所紀要』131: 63-89
―――― (2022b)「観光学術学会の10年、そしてこれから」『観光学評論』10(1): 63-67
―――― (2022c予定)「アート――さまざまな「移動」を促す地域芸術祭」（第17章）神田・遠藤・松本・高岡・鈴木編著『現代のツーリズム・モビリティーズ――動きゆく観光と観光学』ナカニシヤ出版（未刊）
浜本満 (1994)「クロード・レヴィ＝ストロース『野生の思考』」綾部恒夫編『文化人類学の名著50』平凡社，pp.274-281
檜垣立哉 (2019)『ドゥルーズ　解けない問いを生きる（増補新版）』筑摩書房
福武總一郎・安藤忠雄ほか (2011)『直島　瀬戸内アートの楽園』新潮社
フーコー，ミシェル (2020)『臨床医学の誕生』解説（斎藤環），みすず書房
藤田直哉 (2016)『地域アート――美学／制度／日本』堀之内出版
古川彰・松田素二 (2003)『観光と環境の社会学』新曜社
古川不可知 (2020)『「シェルパ」と道の人類学』亜紀書房
ブルデュー，ピエール (1993)『資本主義のハビトゥス――アルジェリアの矛盾』原山哲訳，藤原書店

高司・浜田明範・田口陽子・丹羽充・里見龍樹訳，水声社
須永和博（2012）『エコツーリズムの民族誌――北タイ山地民カレンの生活世界』春風社
ソンタグ、スーザン（1979）『写真論』近藤耕人訳，　晶文社
多木浩二（2000）『ベンヤミン「複製技術時代の芸術作品」精読』岩波現代文庫
ターナー，ヴィクター（1981）『象徴と社会』梶原景昭訳，紀伊國屋書店
田中孝枝（2020）『日中観光ビジネスの人類学――多文化職場のエスノグラフィ』東京大学出版会
デスコラ，フィリップ（2016）「自然の人類学」矢田部和彦訳『現代思想 人類学の時代』臨時増刊号 44(5): 26-40
デ・ラ・カデナ，マリソール（2017）「アンデス先住民のコスモポリティクス――「政治」を超えるための概念的な省察」田口陽子訳『現代思想人類学の時代』臨時増刊号 45(4): 46-80
デリダ，ジャック（2018）『歓待について』広瀬浩司訳，筑摩書房
土井清美（2015）『途上と目的地――スペイン・サンチャゴ徒歩巡礼路 旅の民族誌』春風社
――――（2021）「スペインの巡礼路を歩く旅――現象学的フィールドワーク」市野澤潤平・碇・東賢太郎編著（2021）『観光人類学のフィールドワーク』ミネルヴァ書房，pp.271-289
ドゥルーズ，ジル＆フェリックス・ガタリ（2020）『千のプラトー』宇野邦一・小沢秋広・田中敏彦・豊崎光一・宮林寛・守中高明訳，河出書房新社
ド・セルトー，ミシェル（1987）『日常的実践のポイエティーク』山田登世子訳，国文社
ハイデッガー，マルティン（1994）『存在と時間（上・下）』細谷貞雄訳，筑摩書房
橋本和也（1985）「フィジーの火渡り――ツーリズムの人類学的研究」『社会学年報』11: 167-181
――――（1999）『観光人類学の戦略――文化の売り方・売られ方』世界思想社
――――（2003）「観光開発と文化研究」橋本和也・佐藤幸男編著『観光開発と文化――南からの問いかけ』世界思想社，pp.54-82
――――（2011）『観光経験の人類学――土産物とガイドの「ものがたり」

光様式」』新曜社，pp.24-39
大貫恵美子（1985）『日本人の病気観――象徴人類学的考察』岩波書店
河野正治（2020）「歓待の人類学・序」『文化人類学』85(1): 42-55
川森博司（2000）『日本昔話の構造と語り手』大阪大学出版会
――――（2001）「現代日本における観光と地域社会――ふるさと観光の担い手たち」『民族學研究』66(1): 68-86
北川フラム（2014）『美術は地域をひらく――大地の芸術祭10の思想』現代企画室
――――（2015）『ひらく美術――地域と人間のつながりを取り戻す』筑摩書房
――――（2018）『北アルプス国際芸術祭2017　～信濃大町　食とアートの廻廊～　水・木・土・空』現代企画室
久保明教（2011）「世界を制作=認識する――ブルーノ・ラトゥール×アルフレッド・ジェル」春日直樹編『現実批判の人類学――新世代のエスノグラフィへ』世界思想社，pp.34-53
藏本龍介（2021）「社会を想像／創造する贈与」『文化人類学』85(4): 659-671
クリフォード，ジェームズ&ジョージ・マーカス（1996）『文化を書く』春日直樹・足羽與志子・橋本和也・多和田裕司・西川麦子・和迩悦子訳，紀伊國屋書店
コーン，エドゥアルド（2016）『森は考える――人間的なるものを超えた人類学』奥野克己・近藤宏監訳，亜紀書房
清水高志（2013）『ミシェル・セール――不変学からアクターネットワークまで』白水社
――――（2016）「幹 - 形而上学としての人類学」『現代思想　人類学のゆくえ』臨時増刊号44(5): 250-265
鈴木涼太郎（2010）『観光という「商品」の生産――日本～ベトナム旅行会社のエスノグラフィ』勉誠出版
――――（2013）「文化論的転回と日本における観光人類学――観光／文化／人類学のはざまからの視点」『観光学評論』1(2): 159-172
須藤廣（2017）「観光者のパフォーマンスが現代美術と出会うとき――アートツーリズムを中心に、参加型観光における「参加」の意味を問う」『観光学評論』5(1): 63-78
ストラザーン，マリリン（2015）『部分的つながり――人類学の転回』大杉

文献リスト

日本語文献

アーリ，ジョン（2015）『モビリティーズ――移動の社会学』吉原直樹・伊東嘉隆訳，作品社

――――（2006）『社会を越える社会学』吉原直樹・伊東嘉隆訳，作品社

アーリ，ジョン&ヨーナス・ラースン（2014）『観光のまなざし 増補改定板』加太宏邦訳，法政大学出版局

足立明（2009）「人とモノのネットワーク――モノを取り戻すこと」田中雅一編『フェティシズム論の系譜と展望』京都大学学術出版会，pp.175-193

足立重和（2004）「常識的知識のフィールドワーク――伝統文化の保存をめぐる語りを事例として」『社会学的フィールドワーク』好井裕明・三浦耕吉郎編，世界思想社，pp.98-131

アパデュライ，アルジュン（2004）『さまよえる近代――グローバル化の文化研究』門田健一訳，平凡社

市野澤潤平・碇陽子・東賢太郎編著（2021）『観光人類学のフィールドワーク――ツーリズム現場の質的調査入門』ミネルヴァ書房

岩原紘伊（2020）『村落エコツーリズムをつくる人々――バリの観光開発と生活をめぐる民族誌』風響社

インゴルド、ティム（2014）『ラインズ――線の文化史』工藤晋訳，左右社

――――（2017）『メイキング――人類学・考古学・芸術・建築』金子遊・水野友美子・小林耕二訳，左右社

――――（2020）『ライフ・オブ・ラインズ――線の生態人類学』筧菜奈子・島村幸忠・宇佐美達朗訳，フィルムアート社

ヴィヴェイロス・デ・カストロ、エドゥアルド（2016）「アメリカ大陸先住民のパースペクティヴィズムと多自然主義」近藤宏訳『現代思想 人類学のゆくえ』臨時増刊号 44-5，pp.41-79

エリオット，アンソニー&ジョン・アーリ（2016）『モバイル・ライブズ――「移動」が社会を変える』遠藤英樹監訳，ミネルヴァ書房

遠藤英樹（2021）「「歓待を贈与する観光」へのディアレクティーク」遠藤英樹編著『アフターコロナの観光学―― COVID-19 以後の「新しい観

や　行

ら　行

わ　行

ま　行

な　行

は　行

た　行

さ　行

か　行

事項索引

た　行

な　行

は　行

人名索引

著者紹介

橋本和也（はしもと　かずや）

京都文教大学名誉教授。立命館大学客員教授。前観光学術学会会長。専門は観光人類学、文化人類学。

著書：『キリスト教と植民地経験』（人文書院）、『観光人類学の戦略』（世界思想社）、『観光開発と文化』（橋本・佐藤共編著、世界思想社）、『ディアスポラと先住民』（世界思想社）、『ラグビー＆サッカー in フィジー』（風響社）、『観光経験の人類学』（世界思想社）、『フィールドワーカーズ・ハンドブック』（鏡味・関根・橋本・森山共編著、世界思想社）、『観光学ガイドブック』（大橋・橋本・遠藤・神田共編著、ナカニシヤ出版）、『地域文化観光論』（ナカニシヤ出版）、『現代観光学』（遠藤・橋本・神田共編著、新曜社）、『人をつなげる観光戦略』（橋本編著、ナカニシヤ出版）。翻訳書：A.M. ホカート著『王権』（人文書院、のち岩波文庫）、J. クリフォード＆ G. マーカス編著『文化を書く』（春日・足羽・橋本・多和田・西川・和邇共訳、紀伊國屋書店）、V. スミス編著『ホスト・アンド・ゲスト』（市野澤・東・橋本監訳、ミネルヴァ書房）など。

新曜社

旅と観光の人類学

「歩くこと」をめぐって

初版第1刷発行　2022年6月30日

著　者　橋本和也

発行者　塩浦　暲

発行所　株式会社　新曜社

〒101-0051　東京都千代田区神田神保町3-9
電話（03）3264-4973㈹・Fax（03）3239-2958
E-mail：info@shin-yo-sha.co.jp
URL：https://www.shin-yo-sha.co.jp/

印　刷　メデューム

製　本　積信堂

ISBN978-4-7885-1763-9　C1026

好評関連書

遠藤英樹・橋本和也・神田孝治 編著
ワードマップ 現代観光学 ツーリズムから「いま」がみえる
現代を特徴づけるものとなった観光。それを学ぶ愉しさを新鮮なキイワードでガイド。
四六判292頁 本体2400円

遠藤英樹 編著
アフターコロナの観光学 COVID-19以後の「新しい観光様式」
コロナ禍のなかで見えてきた「新しい観光様式」とは何か？ その新しい可能性を提案。
四六判236頁 本体2600円

山口誠・須永和博・鈴木涼太郎 著
観光のレッスン ツーリズム・リテラシー入門
観光の可能性は尽くされたのか。「自由になるための技能」としての観光の画期的入門書。
四六判192頁 本体1400円

山下晋司 編
観光文化学
観光がもたらす時間・空間・モノ・経験から時代の動向を読み取り、現代社会を展望する。
A5判208頁 本体2100円

青木義英・廣岡裕一・神田孝治 編著
観光入門 観光の仕事・学習・研究をつなぐ
観光学部・学科の学生のため、観光関連の仕事と学問を「一冊で見通せる」初めての教科書。
A5判192頁 本体2100円

才津祐美子 著 日本生活学会今和次郎賞受賞
世界遺産「白川郷」を生きる リビングヘリテージと文化の資源化
文化遺産を保存すること、その中で生きるとは？ 住民と研究者の視点を交錯させながら探る。
四六判240頁 本体2800円

（表示価格は税抜き）

新曜社